우리말과
히브리어로
엮어 읽는

이사야

우리말과
히브리어로
엮어 읽는

이사야

이환진

대한기독교서회

우리말과 히브리어로 엮어 읽는

이사야

2017년 6월 10일 초판 1쇄

역 주 이환진
펴낸이 서진한
펴낸곳 대한기독교서회
편집책임 편집2팀

등록 1967년 8월 26일 제1967-000002호
주소 서울시 강남구 테헤란로103길 14(삼성동)
전화 편집 (02) 553-0873~4 영업 (02) 553-3343
팩스 편집 (02) 3453-1639 영업 (02) 555-7721
e-mail cls1890@chol.com
http://www.clsk.org
facebook.com/clskbooks

직영서점 기독교서회
종로 5가 기독교회관, 전화 (02) 744-6733 팩스 (02) 745-8064

책번호 2231
ISBN 978-89-511-1878-4 93230

the Christian Literature Society of Korea, Seoul
Printed in Korea

* 책값은 뒤표지에 있습니다.

•머리말•

이 책은 이사야를 우리말로 읽어본 것입니다. 히브리어 성서(마소라 본문)를 우리말로 풀어보면서 잘 이해가 되지 않는 곳은 쿰란 사람들이 기원전 1세기에 남긴 두루마리를 많이 참조했습니다. 『성(聖) 마가 수도원 이사야 두루마리』(1QIs[a])라고 제가 이름 붙여본 이 두루마리는 성서 가운데 가장 오래된 사본입니다. 그리고 때때로 시리아 교회가 기원후 2-3세기경에 시리아어로 번역한 페쉬타 역 성서를 참조하기도 했습니다. 이탈리아의 밀라노에 소장되어 있는 『암브로시아누스 코덱스』(Codex Ambrosianus)도 참조했습니다. 그리고 아주 가끔 『대표본』(代表本, 1854)이라는 한문성경도 참조했습니다. 간결하고 아름다운 문체로 번역한 이 성서는 어떻게 서양의 성서를 동양의 눈으로 읽을 수 있을까 고민한 중국 고전 문학입니다.

이사야서는 본디 성서 히브리어로 기록되었습니다. 하지만 이 책에서는 그 초점이 우리말에 있습니다. 히브리어 본문을 살려보려고 애썼지만 될 수 있는 한 우리말 어법에 어울리게 읽어보려고 노력했습니다. 그래서 이 책 제3부에서는 간추린 사전을 수록했는데요. 보통 사전은 히브리어를 먼저 수록하고 우리말 뜻을 그 다음에 싣습니다. 하지만 이 책에서는 우리말을 먼저 싣고 히브리어를 나중에 실었습니다. 따라서 서로 다른 히브리어가 같은 우리말로 표기되기도 하였습니다. '갈대'라는 말은 성서 히브리어로 '카네'도 있고, '고메'도 있고, '아로트'도 있습니다. 문맥에 따라 모두

'갈대'로 읽을 수 있는 말이기에 같은 말로 옮겼습니다. 또 동사 부분에서도 흔히 전치사로 분류하는 히브리어 '베이트'나 '알'도 '공격하다'로 번역하기도 했습니다. 성서 히브리어 문법학자들이 전치사로 분류하는 말을 우리말로는 동사로 옮긴 것이지요.

그리고 무엇보다도 항목을 의미 영역에 따라 분류했습니다. 식물이나 건축물과 같은 식으로 분류를 했다는 뜻입니다. 이러한 사전은 유진 나이다(Eugene Nida) 박사가 요한네스 루(Johannes Louw)와 함께 1989년에 쓴 『의미 영역에 따른 신약 그리스어-영어 사전』(*Greek-English Lexicon of the New Testament Based on Semantic Domains*)에서 그 예를 찾아볼 수 있습니다. 이 사전의 분류를 많이 참조했습니다. 따라서 이 책의 제3부에 들어 있는 간추린 사전은 우리말이 성서 히브리어보다 우선한다는 생각으로 쓴 부분입니다. 이 부분에서는 고대 셈어를 많이 인용했습니다. 의미의 영역을 함께 살펴보기 위한 것입니다. 그리고 여러 유럽어 번역 성서와 한문성경도 가끔 인용했습니다. 이들 언어권에서는 성서가 어떻게 번역되는지 그 용어와 쓰임도 함께 살펴보기 위한 것입니다.

이사야를 사랑하는 분들에게 이 책이 자그마한 도움이 되기를 바라는 마음입니다. 한번 읽어보시고 많은 충고 부탁드립니다. 이 책을 펴내는 데 힘써주신 대한기독교서회의 서진한 사장님께 깊이 감사드립니다. 그리고 일일이 교정해주신 편집부 권오인 부장님께 감사의 말씀을 드립니다.

2017년 봄학기

냉천동 탁사 기념관에서

이환진

• 차례 •

• 일러두기 •

1) 사 2.3 ⇨ 이사야 2장 3절
2) 야(훼) ⇨ 히브리어로 '야'(yāh)로 되어 있는 경우
3) 『성(聖) 마가 수도원 이사야 두루마리』(1QIs[a]) ⇨ 이스라엘 사해(死海) 서북쪽 쿰란 제1동굴에서 발견된 이사야 두루마리a로 예루살렘에 있는 '시리아 교회 성(聖) 마가 수도원'에 소장되어 있었다. 본디 기원전 1세기에 쿰란 공동체가 남긴 것이다.

제1부

서문: 이사야는?

• 서문 •

이사야는?

이사야는 희망의 예언자입니다. 절망 속에서도 희망을 노래한 예언자이지요. 그는 새 노래를 부르라고 부추깁니다. 어둠이 깊을수록 노래 불러야 한다고 우리에게 충고하지요.

노래하라 야훼께
새 노래를!
땅 끝에서 그분께 드리는 찬양을!
(사 42.10)

이렇듯 노래는 이사야의 주제입니다. 이렇게 노래해야 할 이유는 바로 노래가 우리의 마음을 편하게 하기 때문입니다. 노래를 부르면 우리의 마음이 달라지기 때문이지요. 그래서 이사야는 이렇게 외친 겁니다.

위로하라 위로하라 내 백성을!
(사 40.1)

'하느님이 이렇게 말씀하셨다!'라고 하지요. 내 겨레의 아픔과 고통 그리고 쓰라린 가슴을 부여안고 함께 아파하고 함께 괴로워해야 할 이유가 바로 여기 있습니다. 그렇다면 이렇게 위로해야 할, 아니 위로받아야 할 사람은 누구일까요? 모든 몸입니다. 모든 사람입니다. 한낱 풀에 지나지 않는 인간이라고, 이사야는 이렇게 말합니다.

모든 몸은 풀이라
오래간다 해보았자 들판의 꽃에 지나지 않으니
풀은 마른다
꽃은 시든다
아, 야훼님 그 위에 숨을 훅 부신다
그렇게 꽃일 뿐이라 사람은!
풀은 마른다
꽃은 시든다
우리 하느님 하시는 말씀 영원히 서리라
(사 40.6-8)

오래간다고 해보았자 잠시 피었다 지고야 마는 꽃에 불과하다는 것! 이것이 바로 이사야의 인간 이해입니다. 아름다운 모습으로 피어나는 꽃 한 송이도 금세 시들고야 말지 않느냐고 이사야는 우리에게 묻습니다. 그럼에도 불구하고 그분의 사랑, 그분의 돌봄 덕에 우리는 목숨 부지하고 살지 않느냐고 말하는 것이지요.

이사야가 이렇게 말하는 인간 이해는 하느님이 어떤 분이시냐 하는 문제와 관련이 있습니다. 특이하게도 이사야는 하느님을 여러 호칭으로 부릅니다. 시편에 등장하는 수많은 호칭처럼 이사야 또한 여러 호칭으로 그분을 부르는데 그 가운데에서도 가장 특이한 것은 '고엘'(go'el)이라는 호칭입니다. 그냥 '고엘'이 아니라 '너의 고엘'이라고 언제나 부르죠.[1)] 하느님 스스로 그렇게 부르시는 겁니다. 그러다가 이스라엘이 '우리의 고엘'이라고 고백하기도 합니다.[2] '고엘'이라는 말은 '무르는 이'라는 뜻입니다. 달리는 '몸값을 대신 갚아주는 이'라고 말할 수도 있습니다. 이렇게 이사야가 인간을 '몸'이라고, 곧 몸뚱아리라고 부른 것과 관련이 있는 셈입니다.

그런데 이 '고엘'은 '메시아'와 관련이 있습니다. 몸값을 대신 지불하는 일! 이것이 바로 메시아 개념입니다. 죽을 우리 몸을 대신해서 죽는 일! 이것이 메시아가 하는 일이라고 우리는 고백합니다. 이것은 유명한 고난받는 종의 노래에서 확인할 수 있습니다.

> 우리가 들은 것 누가 믿을까?
> 누굴 위해 야훼께서 힘을 쓰시나?
> 그는
> 가녀린 싹처럼
> 메마른 땅에 내린 뿌리처럼
> 우리가 보기에
> 볼품도 없고 멋지지도 않아
> 매력도 없고 보고 싶지도 않아
> 그는 멸시받고
> 사람들이 피하고
> 병들어 고통받고
> 사람들이 얼굴 돌리고
> 멸시받아 사람들 거들떠도 안 보나
> 그는
> 우리 아픔 짊어진다

---

1) 이사야 41.14, 43.14, 44.24, 48.17, 49.26, 54.5, 54.8, 60.16.
2) 이사야 47.4, 50.34.

우리 고통 메고 간다
우리는 생각했다
그는 하느님께 얻어맞아
병들었다고—
그는 상처 입었다
우리의 죄 때문에—
그는 두들겨 맞았다
우리의 허물 때문에—
우리가 잘되라고
얻어맞았다
그가 입은 상처 때문에
우리가 나았다
우리는 양떼처럼
모두 다 뿔뿔이 흩어졌다
제 갈 길 가기 바빴다
야훼께서 그를 치셨다
우리가 지은 모든 죄 때문에—

그는
함부로 대해도
묵묵히 따랐다
입을 열지 않았다
도살당하는 양처럼
몸을 내놓았다
털 깎는 양처럼
아무 말도 하지 않았다

부당한 재판으로 끌려가는
그가 살 곳을 어떻게 묘사할까?
한마디로 그는
산 자의 땅에서 끊어졌다
내 겨레의 죄 때문에
얻어맞았다
그의 무덤은
악인들 곁에 있다
부자들 틈에 그의 주검이 있다
불의를 행한 적 없어도
거짓을 말한 적 없어도
야훼님 그를 짓이겨
병들게 하셨다
그의 목숨 제물로 삼으셨다
그는 후손을 보리라
장수하리라
야훼님 품으신 생각
그를 통해 뻗어가리라
고난 속에서 그것을 경험하리라
헌신으로 보람을 찾으리라

나의 종은
수많은 사람의 편
그가 짊어지고 있는 것
그들의 죄
하여 수많은 사람은 그의 몫

수많은 사람은 그의 것
자신을 죽음에 기꺼이 내놓아
죄인 취급당해도
그는
수많은 사람의 허물을
그렇게 지고 간다
죄인들 편에 서서
그렇게 중재한다
(사 53장 전문)

이렇게 고엘은 고난받는 종의 모습으로 거듭납니다. 바로 메시아입니다. '수많은 사람의 허물을 그렇게 지고' 가는 것이지요. '그는 우리 아픔 짊어지고' 갑니다. '우리 고통 메고' 갑니다. 우리의 죄 때문이지요. 우리 대신 제물로 삼은 것입니다.

* * *

그렇긴 해도 그의 탄생은 숭고해야만 했습니다. 그의 몸을 낳은 몸! 그 몸을 이사야(7.14)는 '알마'('ālmāh)라고 부릅니다. 성서 히브리어 '알마'를 여러 성서는 어떻게 번역했을까요? 우선 그리스어 칠십인역은 잘 아는 대로 '파르테노스'(παρθένος)로 번역했습니다. '처녀'라는 뜻입니다. 물론 '젊은 여자'라는 뜻도 있습니다. 기원전 2-1세기경에 번역되었을 것으로 추정하는 이 칠십인역 성서는 이 용어를 '처녀'로 이해한 것입니다. 이보다 약 400-500년 뒤에 나온 것으로 보이는 페쉬타 역, 곧 시리아 교회의 성서는 히브리어 본문을 그대로 직역했습니다. 히브리어 '알마'를 시리아어 '브툴토'(또는 브툴타)로 옮긴 것이지요. '처녀'라는 뜻입니다. 이와 거의 같은 시기에 나온 라틴어 불가타 역도 같은 뜻으로 번역했습니다.

> propter hoc dabit Dominus ipse vobis signum
> ecce virgo concipiet et pariet filium et vocabitis nomen eius Emmanuhel.

이 성서 또한 '처녀'라는 뜻의 '비르고'(virgo)로 읽은 것이지요. 그렇다면 기원후 8세기경에 나온 것으로 추정하는 유대인들의 아람어 성서는 어떨까요? 타르굼이라고 부르는 이 성서는 성서 히브리어 '알마'를 '올렘타'('ôlēmtā')라고 옮깁니다. '소녀'(young girl)나 '젊은 여자'(young woman)라는 뜻입니다. 이렇게 유대교 전통에서는 '젊은 여자'로 번역한 것을 알 수 있습니다.[3] 이러한 전통은 현대에서도 이어져 유대인 영어 성서 케렌(Keren) 성서[4]도, NJPS[5]도 '그 젊은 여자'(the young woman)나 '그 여자'(the woman)로 이 용어를 번역합니다.

그러나 그리스도교 전통에서는 칠십인역의 이해에 따라 '처녀'로 번역하는 전통이 있습니다. 위에서 인용한 가톨릭교회의 불가타 역과 시리아 교회의 페쉬타 역이 그 증거입니다. 그렇다면 종교개혁을 주도한 루터는

---

3) 많은 중세 유대인 성서 주석가들은 '알마'를 '젊은 여자'로 설명한다. 특히 킴키(Kimchi 또는 Radaq)는 '알마'가 이사야의 아내나 히스기야의 아내를 가리킬 수 있다는 견해를 피력한다. Menachem Cohen, ed., *Isaiah.*, Mikra'ot Godelot 'Haketer.' A Revised and augmented scientific edition of 'Mikra'ot Gedolot' Based on the Aleppo Codex and early Medieval MSS.(Ramat-Gan, Israel: Bar Ilan University, 2003), 56-57(히브리어)을 보라.

4) "Therefore the Lord himself shall give you a sign; Behold, the young woman is with child, and she shall bear a son, and shall call his name 'Immanu-el."

5) "Assuredly, my Lord will give you a sign of His own accord! Look, the woman is with child and about to give birth to a son. Let her name him Immanuel."

어떻게 이 용어를 이해하고 있을까요?

> Darum wird euch der Herr selbst ein Zeichen geben:
> Siehe, eine Jungfrau ist schwanger und wird einen Sohn gebären,
> den wird sie nennen Immanuel.

루터 역이라고 부르는 이 성서는 '어떤 처녀'(eine Jungfrau)라고 번역합니다. 그리스도교의 전통적인 해석을 따르고 있습니다. 이런 전통은 스위스에서 나온 취리히 성서(ZB)도 마찬가지입니다.[6] 다만 'die Jungfrau'라고 정관사 die로 바꾼 것이 다를 뿐이지요. 그런데 비교적 최근에 나온 독일어 복음성서(DGN)는 같은 낱말이기는 하지만 이것을 '그 젊은 여자'(die junge Frau)로 옮깁니다.

> Deshalb wird der Herr euch von sich aus ein Zeichen geben:
> Die junge Frau wird schwanger werden
> und einen Sohn zur Weld bringen,
> den wird sie Immanuel (God steht us bei) nennen.

물론 두 역본의 차이는 정관사 'die'(DGN)를 쓰느냐, 부정관사 'eine'(루터 역)를 쓰느냐의 차이도 있습니다. 히브리어 정관사 '헤이'(h)를 어떻게 이해하느냐의 문제입니다. 루터 역은 부정의 정관사(indefinite definite article)로 이해했고, 독일어 복음성서(DGN)는 정관사로 이해하고 '그'(die)

---

6) "〈Siehe, die Jungfrau wird schwanger werden und einen Sohn gebären, und man wird ihm den Namen Immanuel geben〉, was übersetzt heisst: 〈Gott mit uns.〉"

라는 뜻으로 옮겼습니다. 이런 차이도 중요합니다. 하지만 같은 낱말을 띄어쓰기로 구분하여 이렇게 '처녀'와 '젊은 여자'로 달리 이해한 것이 더 중요하지요. 물론 루터 역의 'Jungfrau'는 '처녀'를 뜻하기도 하고 '젊은 여자'를 뜻할 수도 있습니다. 이중효과(double entendre)를 노린 듯합니다. 그렇기는 하지만 현대에 나온 독일어 복음성서보다는 '처녀'라는 뉘앙스를 더 풍기는 것이 사실입니다.[7)] 이러한 경향은 1900년대 초 마르틴 부버(Martin Buber)가 번역한 성서[8)]에서도 찾아볼 수 있습니다.

> Da, die Junge wird schwanger
> und gebiert einen Sohn.
> Seinen Namen soll sie rufen:
> Immanuel, Bei uns ist Gott!

간결한 문체로 유명한 이 부버 역은 그냥 단순하게 '젊은 여자'(die Junge)라고 번역합니다. 유대인들의 전통을 잘 반영하고 있지요.

그러면 영어 성서의 경우는 어떨까요? 먼저 1611년에 나온 제임스 왕역(KJV)은 이렇게 이 구절을 번역합니다.

> Therefore the Lord himself shall give you a sign;

---

7) 독일어 성서 가운데 지금도 번역 중에 있는 기본성서(BasisBibel)가 있다. 이 성서는 현재 신약과 시편만 나온 상태이다. 신약 마태복음(1.23)에서 루터 역처럼 '처녀'(die Jungfrau)로 번역한다. "'Seht doch! Die Jungfrau wird schwanger werden und einen Sohn bekommen. Sein Namen ist Immanuël.' Das bedeutet: 'Gott ist mit uns.'"

8) *Bücher der Kündung. Verdeutscht von Martin Buber gemeinsam mit Franz Rosenzweig*. Die Schrift 3. 8. Auflage der neubearbeiteten Ausgabe von 1958. Stuttgart: Deutsche Bibelgesellschaft, 1992.

Behold, a virgin shall conceive, and bear a son,
and shall call his name Im-man'-u-el.

'어떤 처녀'(a virgin)로 옮깁니다. 이 용어는 신약 마태복음(1.23)[9]에서도 그대로 사용하지요. 이 번역어는 1881년에 나온 영어개정역(RV)이나 이 번역을 미국식 영어로 바꾸어 표기한 미국표준역(ASV)[10]까지 이어집니다. 물론 이것을 개정한 영어 개정표준역(RSV)도 이 용어를 채택하여 사용하고 있지만 이것을 다시 고친 신개정표준역(NRSV)[11]은 '그 젊은 여자'(The young woman)로 번역합니다. 특이한 것은 품격 높은 영어로 번역한 것으로 평가받는 유진 피터슨(Eugene Peterson)의 『메시지』(2002)입니다.

So the Master is going to give you a sign anyway.
Watch for this:
A girl who is presently a virgin will get pregnant.
She'll bear a son and name him Immauel(God-with-Us).

'지금 처녀인 소녀'(a girl who is presently a virgin)라는 표현을 사용하여 소녀라는 점과 처녀라는 점을 나타내고자 했군요. 히브리어 '알마' 에 '소녀'나 '젊은 여자'라는 뜻이 있다는 사실을 잘 알고 있으면서도 교리적인 문제로 이렇게 타협한 것이 아닌가 짐작합니다. 영어 성서 가운데 1995년에 미국성서공회가 펴낸 현대영어역(CEV)이 있습니다. 영어가 제2외국

---

9) "Behold, a virgin shall be with child, and shall bring forth a son, and they shall call his name Em-man'-u-el. which being interpreted is, God with us."

10) NASV도 'a virgin'을 채택하면서 난하주에 'maiden'이라는 대체 번역어를 제시해놓았다.

11) 신약 마태복음 1.23에서는 '그 처녀'(the virgin)로 옮긴다.

어인 사람들을 위해 번역한 것으로 알려진 이 성서는 이렇게 번역합니다.

But the Lord will still give you proof.
A virgin is pregnant:
She will have a son and will name him Immanuel.

이렇게 번역문에서 '어떤 처녀'(a virgin)라는 전통적인 번역어를 사용합니다. 하지만 난하주의 설명은 다음과 같습니다.

처녀: 또는 '젊은 여자.'
이 히브리어 단어는 이해하기 어렵다. 이 문맥에서 사실 이 단어가 동정녀 탄생을 뜻하지는 않는다. 기원전 약 200년에 나온 것으로 나중에 그리스도교인들이 사용한 그리스어 번역은 '파르테노스'(παρθένος)라는 용어를 채택했는데 이중효과를 지니고 있는 용어이다. 번역자는 '젊은 여자'라는 뜻으로 사용했지만 마태는 이 용어를 '처녀'라는 뜻으로 이해하여 1장 23절에서 인용한다. 예수의 어머니에 대한 적절한 묘사이다.

이 설명은 앞서도 인용한 독일어 성서 루터 역의 이해와 같습니다. 그리스도교 신앙의 입장에서 번역한 것입니다. 그런데 프랑스어 성서 꾸랑 역(BFC)은 다른 태도를 취하고 있습니다.

Eh bien,
le Seigneur vous donne lui-même un signe:
la jeune femme va être enceinte et mettre au monde un fils.
Elle le nommera Emmanuel, "Dieu avec nous."

'그 젊은 여자'(la jeune femme)라고 번역하지요. 그렇지만 신약 마태복음(1.23)[12]에서는 '그 처녀'(la vierge)라는 용어를 사용하여 옮깁니다. 신약에서는 그리스도교의 신앙을 반영하여 번역한 것이라고 말할 수 있지요. 이렇게 나라마다 히브리어 '알마'의 이해가 다릅니다. 프랑스어 꾸랑 성서(BFC)는 따라서 유대교 전통의 이해를 구약 이사야(7.14)에서 따르고 있다고 말할 수 있습니다. 하지만 영어 성서의 경우 미국의 개신교회가 사용하던 개정표준역(RSV)을 위시한 성서는 전통적인 그리스도교회의 이해를 따라 이사야 본문을 번역했다고 말할 수 있습니다.

* * *

메시아가 '알마'의 몸에서 나왔다고 말하는 이사야는 하느님이 그러한 모성을 지니고 계신 분이라고 말합니다. 아기집을 가지고 계신 분이 바로 하느님이라고 말하지요. 아기집으로 표현되는 모성을 이사야는 이렇게 말합니다.(49.15) "어미가 자식을 애지중지하듯 내가 너희를 애지중지하지 않겠느냐?" 여기서 애지중지한다는 말이 바로 아기집과 관련이 있는 말이기 때문입니다.

이 모성은 새 하늘과 새 땅으로 바뀝니다. 창조입니다. 아기집에서 품듯 그분의 품속에서 새 하늘과 새 땅을 품는 것입니다. 낳는 것이죠.

이런 말 들어본 자 누군가?
이런 것 본 적 있는 자 그 누군가?
땅이 진통을 하던가 한 날에?

---

12) La vierge sera enceinte
et mettra au monde un fils,
qu'on appellera Emmanuel.

한 민족이 갑자기 탄생하던가?
……
바로 나 아닌가?
네 하느님 말씀하신다
(사 66.8-9)

이렇게 창조는 아기를 낳는 일입니다. 메시아의 탄생은 이렇게 새로운 세상의 도래입니다. 새 하늘과 새 땅이 바로 그 표상이지요. 그래서 그분은 이렇게 선언합니다.

하늘은 나의 어좌
땅은 나의 발받침—
(사 66.1)

내가 만든
새 하늘과 새 땅은
내 뜻대로 설 것이다
(사 66.22)

이 소식은 전파되어야 하고 이 소문은 널리널리 퍼져야 하는데 그 발길은 아름답습니다. 그 발자국 소리는 환희에 찬 소리입니다.

산등성이 내달려
기쁜 소식 전하는 발걸음이여!
평화를 알리는
복된 소식 알리는 이여!

'이겼다!'
소식 전하는 이여!
시온에게 말하는 이여!
'네 하나님 다스리신다!'
(사 52.7)

그런데 이 평화의 소식은 구체적으로 표현되어야 합니다.

그날이 되면
이집트에서 아시리아까지
고속도로가 뚫릴 것이다
아시리아인과 이집트인이 친구가 되고
이집트인과 아시리아인이 친구가 된다
이집트인들이 아시리아인들을 섬길 것이다

그날이 되면
이스라엘은
이집트와 아시리아와 함께 친구가 될 것이다
그 땅의 복덩이가 되리라
만군을 거느리신 야훼님
복 내리신다
"복 받아라
내 겨레 이집트야
내 솜씨 아시리아야
내 차지 이스라엘아"
(사 19.23-25)

메시아가 할 일은 온 세상이 서로 소통하고 함께하는 중재자의 역할입니다. 큰 나라이든 작은 나라이든 서로 왕래하고 화합하는 일! 평화! 이것이 바로 메시아가 해야 할 일입니다. 이사야는 이것을 꿈꾸고 노래한 사람입니다. 우주적 사건은 아기집 속에서 출발하고 바로 그 구체적인 삶의 현장 속에 창조가 꿈틀거리는 일이죠. 그것이 바로 새 하늘과 새 땅이라고 이사야는 말합니다. 이사야가 말하는 메시아는 개인일 수도 있고 공동체일 수도 있습니다. 개인이나 공동체의 평화를 위해 소식 전하고 그 평화를 위해 몸부림치는 일! 이것이 메시아의 일입니다. 그렇기에 이사야는 메시아가 이런 태도로 살아가야 할 것을 우리에게 말합니다.

주님 야훼께서 내게
잘 가르치는 입 주셨다
피곤한 이에게
용기 주는 말 할 수 있는 입을—
아침에 아침에 날 일깨우신다
귀를 열어주신다
제자가 그리하듯—
주님 야훼께서 내 귀 여신다
거역 못해 도망치지 못해
매질에 등짝 내밀고
턱을 내밀어 수염 뽑히고
체면 차리는 것 상상도 못해
그러나
주님 야훼께서 내게 힘 주신다
수치란 있을 수 없어
얼굴을 세울 수 있어

나 확신하는 것
난 쓰러지지 않으리라
(사 50.4-7)

의인이 쓰러지나
거들떠보는 자 아무도 없다
신실한 사람 잡혀가나
신경쓰는 자 하나도 없다
불의 때문에
의인이 잡혀간다
그래도 그는
죽는 순간까지 평화롭다
앞만 보고 나아간다
(사 57.1-2)

이사야는 이렇듯 우리에게 앞만 보고 나아가라고 말합니다. 아침마다 일깨워주시는 주님, 아침마다 귀를 열어주시는 주님을 의지하여 새로운 창조를 노래하며 나아가라고…. 오래간다고 해보았자 한낱 풀에 지나지 않는 인생! 아름답게 피었다 할지라도 금세 시들고야 마는 한 송이 꽃! 이러한 인간 이해를 가진 이사야이지만, 그래도 날마다 아침마다 귀를 열어주시는 그분! 일깨우시는 님! 그분 홀로 임금이시라[13]고 노래하며 앞만 보고 나아가야 할 것을 이사야는 우리에게 말합니다.

13) 시편(93.1, 97.1, 99.1)의 주제이기도 하다.

제2부

이사야 본문 읽기

1장

1 아모츠의 아들 이사야가 유다와 예루살렘에 대하여 본 환상이다.
유다 왕 웃시야와 요담과 아하스와 히스기야 때의 일이다.

들으라 하늘아 귀 기울이라 땅아

2 들으라 하늘아
귀 기울이라 땅아
아, 야훼께서 말씀하신다
내가 기른 내가 키운 아이들
나를 거스르는구나
3 소는 주인을 알아본다
나귀도 주인의 구유를 안다
이스라엘은 모른다
내 겨레는 알지 못한다

4 아!
죄짓는 나라
죄에 찌든 무리
나쁜 자식들
고꾸라질 녀석들
나 야훼를 버리는구나
이스라엘의 거룩한 이 나를 깔보는구나
등을 돌리고 말이야

5 매를 벌지 벌어
계속해서 대들지[1)]
머리가 아프구나
마음이 상했구나
6 발바닥부터 정수리까지
성한 곳 하나 없어
상처와 멍투성이
얻어맞은 자국뿐
누르지도 않는다
싸매지도 않는다
기름으로 문지르지도 않는다
7 폐허가 된 너희 땅
불타버린 너희 마을
너희 토지가 너희 앞에 있는데도
적들이 먹어버린다
적들이 뒤집어놓아
폐허가 되어버렸다
8 딸 시온이 남았구나
포도원 초막처럼
호박밭[2)] 장막처럼
포위당한 마을처럼 —
9 야훼께서 조금이라도
생존자 남겨놓지 않으셨다면

---

1) 문자적으로 '무엇 때문에 매를 또 버는가? 계속해서 성나게 한다'
2) 예레미야 10.5를 보라.

우리는 소돔과 같았을 거야
우리는 고모라 같았을 거야

예물이 아니라 정의를

10 야훼의 말씀을 들으라
소돔의 족장들아
우리 하느님의 가르침에
귀 기울이라
고모라 사람들아
11 이렇게나 많은 예물이
내게 다 무슨 소용이냐?
야훼께서 계속 말씀하신다
살라 바치는 가축?
신물이 났다
기름덩이도 소 피도
염소도 양도
나는 역겹기만 하다
12 내 얼굴 보러 온다 하지만
누가 너희에게
이런 것 가져오라 했더냐?
내 뜰을 밟지
13 말라
더는 말이다
쓸데없는 곡식예물 가져오지 말라

분향도 역겹다
새 달? 안식일?
엄숙하게 지낸다고?
모두 다 쓸데없는 짓이다
나는 함께하지 않을 것이다
14 새 달? 정규 모임?
나는 정말로 증오한다
내 어깨에 올려놓은 짐일 뿐
견딜 수 없다
15 너희가
손을 활짝 펴 들어 올리고는
위를 향하여 바라보는구나
기도하고 기도하고 또 기도해보라
내가 듣기나 하겠느냐?
너희 손에 가득한 피는 어쩌고?
16 몸을 닦으라
더 이상 못된 짓 할 생각 말라
내가
이렇게 눈뜨고 있다
악을 멈추라
17 선을 배우라[3)]
정의를 따르라
힘든 사람 도우라
부모 없는 아이들

---

3) 또는 '착하게 살아갈 길 배우라'

권리를 보장하라
홀몸이 된 여인들
편을 들어라

상식대로 살라

18 자, 상식을 배우라[4)]
야훼께서 계속 말씀하신다
너희 죄가
심홍색처럼 붉을지라도
눈처럼 희어지리라
염색한 털실처럼 불그레할지라도
양털처럼 희어지리라
19 너희가 와서 듣기만 하면
땅이 내는 풍성한 것 먹으리라
20 너희가 날 거절하고 거스르면
칼이 너희 삼키리라
야훼님 입에서 나오는 말씀이다
21 어쩌다가
그녀가 매매춘 여성이 되었는가?
믿음직스러운 마을이었는데
한때 가득했던 정의가
그 안에 살던 인의가

---

4) 또는 '바른길을 배우라'

지금은 살인자의 소굴이 되었다
22 네 은은 찌꺼기가 되고
네 술은 물에 씻겨 내려가고
23 네 통치자들은 불량배 도둑떼라
뇌물만 좋아하고
선물만 바란다
부모 없는 아이들
편 들어줄 자 없고
홀몸이 된 여인들
너희를 찾지 않는다

24 만군을 거느리신 주 야훼님 선언하신다
이스라엘의 힘세신 분이다
아, 내 원수들에게 실컷 분풀이할 것이다
내 적들에게 보복할 것이다
25 다시 그들에게 손쓰리라
그들을 맞서리라
잿물처럼 네 찌꺼기를 녹일 것이다
네 찌끼를 없앨 것이다
26 네 지도자들을 데려오리라 옛날처럼
네 자문관들을 처음처럼—
그런 뒤
너를 부를 것이다
정의의 도성
믿음직스러운 마을—

예루살렘을 정의로 구하리라

27 시온이 정의로
그 돌아선 이들이 인의로 구원받을 것이다
28 못된 짓 일삼는 자들 죄인들
다 함께 박살날 것이다
야훼님 떠난 자들
망할 수밖에 없을 것이다

29 아, 너희는 쓰러지리라
그토록 좋아하는 상수리나무 때문 아니냐?
너희는 혼란 속에 빠지리라
그토록 가고 싶어하는 정원[5] 때문 아니냐?
30 아, 상수리나무 같은 너희
그 잎이 마르리라
메마른[6] 정원 같으리라
31 모아놓은 재산이라야
아마 부스러기 같아
쌓아놓기만 하는 자 불꽃과 같아
누구도 끌 수 없는
그 불에 모두 다 타버릴 것이다

---

5) 이사야 65.3을 보라.
6) 문자적으로 '물 없는'

2장

1 아모츠의 아들 이사야가 유다와 예루살렘에 대하여 본 말씀이다

칼을 두드려 쟁기로

2 끝 날에 벌어질 일이다
야훼의 집이
산 위에 든든히 설 것이다
그 어떤 산보다도 든든할 것이다
모든 나라가
물밀듯이 그에게 몰려오리라[7)]
3 여러 나라 사람들이 와서 말할 것이다
가자, 야훼의 산에 오르자
야곱의 하느님의 집으로
그의 길을 배우자
그의 길을 따르자
그래, 가르침 하면 시온이 아니냐?
야훼의 말씀 하면 예루살렘 아니냐?[8)]
4 뭇 나라를 판단하신다
수많은 나라 사람들 중재하신다
그들이

---

7) 또는 '기뻐하며 그를 바라보리라'
8) 문자적으로 '시온에서 가르침(토라)이 나온다 야훼의 말씀이 예루살렘에서'

칼을 두드려 쟁기를 만든다
창을 두드려 전지가위를 만든다
나라가 나라를 맞서 칼을 들지 않을 것이다
전쟁을 결코 알지[9] 못할 것이다

가자 함께 가자

5 야곱 집안아!
가자 함께 가자
야훼님 빛을 따라—
6 너는 네 겨레의 길 버렸구나
야곱 집안아!
동쪽 관습이 만연하다니
블레셋 사람들처럼
그렇게 점을 많이 치다니
이방 녀석들 풍습이 차고도 넘치다니
7 그 땅에 은과 금 가득하다
보물이 끝도 없다
그 땅에 군마가 가득하다
병거가 끝도 없다
8 그 땅에 우상이 가득하다
손으로 만든 것
그 앞에서 엎드려 절한다

---

9) 사사기 3.2를 보라.

단지 손으로 만든 것인데도 말이다

9 사람이

자신을 구부릴 수밖에 없으리라

인간이

자신을 낮출 수밖에 없을 것이라

아, 용서하지 않을 것이다[10)]

10 바위 속으로 들어가라

땅 속으로 숨으라

야훼님 높으신 분

그분의 공포

말로 다 할 수 없다

찬란한 그분의 위엄

이루 다 말할 수 없다[11)]

11 거만한 눈 치켜뜬 인간

낮아지리라

교만한 사람

꺾일 수밖에 없으리라

야훼님 홀로 높으실 뿐

바로 그날에—

12 아, 만군을 거느리신

야훼님의 날이다

---

10) 또는 '자신을 높이지 말라'

11) 문자적으로 '야훼의 공포 때문에, 그분의 찬란한 높으심 때문에'

교만과 자만심 내리치신다
하늘 높은 줄 모르는 그 마음
낮추신다
13 레바논의 높고 가파른 산
그 백향목마다
바산의 상수리나무마다
14 높디높은 산마다
높고 가파른 언덕마다
15 높이 솟은 망대마다
든든한 성벽마다
16 다시스의 상선마다
당당하고 큰 배마다—
17 교만한 인간 내리치신다
거만한 사람 꺾으신다
야훼님 홀로 높으실 뿐
바로 그날에—

18 우상이란 우상은
모조리 사라질 것이다
19 사람들이
바위 동굴로 땅 속으로
들어갈 것이다
야훼님 공포
말로 다 할 수 없다
찬란한 그분의 위엄
이루 다 말할 수 없다

그분이 행차하실 때
땅이 기겁할 것이다
20 바로 그날에
사람들
날아다니는 여우와 박쥐에게
내동댕이쳐지리라
은으로 만든 우상
금으로 만든 우상과 함께 —
그 앞에 엎드려 절하려고
만든 것뿐이니 —
21 그들은 바위틈으로
그 틈바구니 속으로 숨을 것이다
야훼의 공포
말로 다 할 수 없다
찬란한 그분의 위엄
이루 다 말할 수 없다
그분이 행차하실 때
땅이 기겁하리라

22 인간을 더 이상 높이지 말라
단지 코로 숨 쉬고 있을 뿐[12)]
그것이 뭐 그리 대단한 일이라고?

12) 시편 62.10을 참조하라.

아, 예루살렘이여 유다여!

3장

1 자,
만군을 거느리신 주 야훼님
예루살렘과 유다에서
버팀목 없애버리실 것이다
모든 물과 모든 빵
2 전사와 용사
사사와 예언자
점쟁이와 원로
3 오십부장
귀족과 자문관
재주꾼 현자와 장인[13)]을—
4 그분이
소년들을 지도자로 삼을 것이다
아이들이 그들을 다스릴 것이다
5 그리하여 사람들이
서로서로 억압할 것이다
젊은이가 노인을
별 볼 일 없던 자가 귀한 사람을
못살게 군다
6 동료가 동료를 압박한다

---

13) 문자적으로 '점쟁이'

아비 집에 옷이 있는 자 말한다[14)]

어서 우리 우두머리가 되어주시오

이 상처를 싸매주시오

7 그 동료가 대답한다

상처를 싸매줄 수 없소

우리집에는 먹을 것도 옷도 없다오

나를 백성의 우두머리로

삼을 생각 마시오

8 아, 예루살렘이 걸려 넘어진다

유다가 자빠진다

말과 행실로

야훼님

위엄 있는 그분 얼굴[15)] 욕되게 하는구나

9 그들의 편파가 그들을 고발한다

그들의 죄가 말한다 소돔처럼—

덮을 수 없다

빌어먹을 녀석들!

불행이 덮칠 것이다

10 의인은? 복 받는다

그 행실의 열매 먹으리라

11 악인은? 벼락 맞을 것이다

하는 짓대로 그 열매 따먹으리라

---

14) 잘 알 수 없는 부분이다.

15) 문자적으로 '눈'

12 내 겨레 그 통치자는 어린아이라
여성들이 그를 다스릴 것이라[16)]
아, 내 겨레여!
네 지도자는 틀려먹었다
그들의 길 혼란의 길이다 —

야훼께서 자리잡으신다(시 82편)

13 야훼께서 판결하려고 자리잡으신다
수많은 민중의 편 들려고 일어서신다
14 야훼께서 재판정에 들어서신다
그 겨레 원로들 또 그 장관들 맞서시려고 —
너희는
포도원 강탈한 자들이 너희더냐?
빈자들 약탈한 곳이 너희 집이더냐?
15 어떻게 내 겨레 짓이길 수 있더냐?
빈자들 억압할 수 있더냐?
만군을 거느리신 주 야훼님의 선언이다

머리를 밀어버리리라

16 야훼께서 이어서 말씀하신다

16) "여성이 남성을 껴안으리라"(렘 31.22)라는 말을 참조하라.

아, 시온의 딸들이 교만하여
머리를 흔들며
눈알은 이리저리 굴리고
점잖은 척 걷지만
다리에 딸랑딸랑 소리 내는
꼬락서니하고는—
17 주님께서
시온의 딸들의 머리칼 밀어버리신다[17)]
야훼께서 그들의 머리
깎아버리신다

18 그날이 오면 야훼께서 없애버리실 것이다. 발목 장신구, 머리띠, 달
모양 장식, 19 귀걸이, 팔찌, 베일, 20 터번, 팔 장식, 허리띠, 목걸이,
부적, 21 반지, 코걸이, 22 축제용 긴 옷, 긴 겉옷, 어깨 걸치개, 지갑,
23 레이스 달린 가운, 린넨 의상, 손수건, 어깨 망토이다.

24 그러면 이런 일 벌어지리라
향수 대신 악취
에이프런 대신 밧줄
장인 솜씨 왕관 대신 대머리
화려한 옷 대신 넝마
아름다움 대신 수치가[18)]—

---

17) 처절한 치욕을 상징하는 행위이다.(Saadia, NJPS)
18) 쿰란 공동체의 『성(聖) 마가 수도원 이사야 두루마리』(1QIs[a])를 따라 옮긴다. 마소라 본문에는 "아름다움 대신"이라고만 되어 있다.

25 그 주민은 칼에
남자들은 전투 중에 쓰러지리라
26 이 문 저 문
애곡하리라 통곡하리라
그 안은 텅 비리라
땅바닥에 주저앉으리라

일곱 여자가 한 남자를

4장

1 일곱 여자가 한 남자에게 달려들 것이다. 그날이 오면 벌어질 일이다
우리 함께 밥 먹어요
우리 함께 옷 입어요
당신 이름만 있으면 돼요
그렇게
부끄러움 없애주세요
2 그날이 오면
야훼님 광채
아름다움과 영광을 더욱더 빛내리라
땅의 열매를
존귀와 위엄을
남은 이스라엘에게 —
3 시온의 생존자들
예루살렘에 남아 있는 자들

거룩하다 말하리라
예루살렘에서 생명을 얻었다고 기록되어 있는 모든 자들이 —

4 주님께서 씻어내실 것이다
시온의 딸들의 찌꺼기를
예루살렘의 흘린 피를 —
더러움 말끔히 씻어내실 것이다
정의의 숨결로
정화의 숨결로 —

5 야훼께서 만드실[19] 것이다
온 성소 위에
시온 산 모임 장소 위에
낮에는 구름으로
밤에는 화염으로
천막을 칠 것이다
그렇게 임재하실 것이다
6 장막은
한낮에 그늘 만들고
뜨거운 열기
주룩주룩 내리는 비
막아줄 것이다
지켜줄 것이다

---

19) 문자적으로 '창조할'

포도원 노래(1)

5장

1 사랑하는 내 님께 나 노래 부르련다

내 사랑에게 드리는 포도원 노래

포도밭 내 님의 것
기름진 언덕 위
2 땅 갈고 흙 일궈
가장 좋은 넝쿨 심었다오
그 안에 망대 짓고
포도즙 틀도 파놓았어
포도알 송이송이 맺히길
그렇게도 고대했건만
아, 그만 들포도 맺혔다오
3 아,
예루살렘 주민아
유다 사람들아
한번 판단해보라
나와 내 포도원 사이를—
4 내 포도원에
무슨 일 더 할 수 있을까?
실패하다니?
포도알 송이송이 맺히길

그토록 고대했건만
그만 들포도가 맺히고 말다니!

5 이제 내가 너희에게 말하리라
내가 포도원에게 할 일을—
울타리 없앨 거야
망가지겠지
담장을 무너뜨릴 거야
넘어지겠지
6 그냥 놔줄 거야[20)]
가지치기하지도 않을 거야
밭이랑 갈지도 않을 거야
찔레와 엉겅퀴만 무성하겠지
그리고 구름에게 빌어야지[21)]
제발 비 내리지 말라고—

7 아, 이스라엘 집안이 바로
만군을 거느리신 야훼님 포도원이다
유다 사람들이
그분이 그토록 기뻐하는 식물이다
그런데
그토록 고대했던 정의 대신
불의만 판칠 뿐

---

20) 잘 알 수 없는 부분이다.
21) 문자적으로 '명령하다'

그토록 고대했던 공평 대신
아우성만 메아리칠 뿐

8 빌어먹을 놈들!
집에 집을 더 짓고
밭에 밭을 더 늘린다
그 땅 한가운데에서
너희만 살려고 그리하는구나
9 내가 들은 대로
만군을 거느리신 야훼께서 하시는 말씀이다
분명히 말한다
큰 집은 폐허가 되리라
넓은 집 화려한 집
사는 사람 찾을 수 없으리라
10 한 쌍 소가 열흘 걸려 갈아야만 하는 포도원
포도주 한 잔 겨우 내리라
수천 킬로그램 씨 뿌린 밭
곡식 한 줌 내리라

11 빌어먹을 놈들!
새벽부터 밤늦도록
술잔을 기울이는 자
그 술에 타버리리리라
12 파티 열어
리라와 류트 연주하며
소고 치고 플루트 불고

술잔 기울이는 자
아무 생각 없는 자
야훼님 하시는 일
그분 하시는 일 무엇인지
생각조차 않는다
13 그리하여
포로가 될 것이다
내 겨레가
알지도 못한 채 —
굶주림에 죽어가는 수많은 군중
목말라 고통스러운 수많은 대중
14 그리하여 저세상[22)]
목구멍 벌린다
크게 벌린다
아가리 떡 벌린다
그 크기 헤아릴 수 없다[23)]
내려간다
아래세상으로
그 광채도 그 욕망도
모두 다 함께[24)] —
15 사람이 고꾸라진다

---

22) 문자적으로 '스올'
23) 시편 73.9에는 악인이 이러한 모습으로 묘사되어 있다. 고대 시리아 우가릿 문학 가운데 『바알』(KTU 1.5:2–3)과 『새벽과 해거름』(KTU 1.23:61–62)이라는 작품에도 비슷한 생각이 등장한다. 저세상을 엄청난 식욕에 비교하고 있다.
24) 이사야 14장을 보라.

인간이 나자빠진다
거만한 눈 지닌 인간 나자빠진다
16 만군을 거느리신 야훼님
법정에 오르신다
거룩하신 하느님
거룩하시다 판결난다
당신의 정의 실천으로 —
17 초원에서
어린 양 풀 뜯어먹듯
이방인
잔해 속에서
빵조각 뜯어먹으리라

18 빌어먹을 놈들!
거짓의 밧줄로 죄를 질질 끄는 자들
밧줄을 병거에 꽉 동여매듯
허물을 꽉 동여매는 자들
19 이렇게 말하는 자들
'빨리 하지 빨리 하라고 해
그분이 할 일 말이야
우리가 알아보게 말이야
빨리 벌어지면 좋겠네
빨리 생기면 좋겠어
이스라엘의 거룩하다는 분
그의 계획 말이야
우리가 알아보게'

20 빌어먹을 놈들!
선을 악이라
악을 선이라 말하는 놈들!
어둠을 빛이라
빛을 어둠이라 삼는 놈들!
쓴 것을 달다
단 것을 쓰다 하는 놈들!
21 빌어먹을 놈들!
제 눈에
현자인 척
제 얼굴에
현인인 척

22 빌어먹을 놈들!
술 마시는 일에 전사
술 섞는 일에 용사
23 뇌물 받고는
악인을 바르다 하고
빈자[25]의 인권은
신경도 쓰지 않는 놈들
24 그리하여
불꽃에 불타버리는 겨처럼
화염에 타버리는 건초처럼
그들의 뿌리는 썩으리라

25) 또는 '의인'

그들의 싹은 먼지처럼 날리리라
아,
만군을 거느리신 야훼님
그 가르침 거부한 까닭이다
이스라엘의 거룩한 분
그 말씀 조롱한 까닭이다

25 그리하여
야훼께서 분노하신다
당신의 겨레에게 —
당신의 손 뻗으신다 내리치신다
이 산 저 산 요동친다
여기저기 시체가 나뒹군다
길거리 휴지처럼 —
그래도 분노 멈추지 않아
당신의 손 뻗으신다
또 뻗으신다
26 신호를 보내신다[26)]
멀리 있는 나라들에게 —
휘파람 부신다[27)]
땅 끝 주민들에게 —
그러면 재빨리 오리라
엄청 빨리 오리라

---

26) 문자적으로 '깃발을 들어올린다'
27) 이사야 7.18을 보라.

27 누구도 피곤치 않다
넘어지지도 않는다
졸지도 않는다
자지도 않는다[28)]
허리띠 풀어지지도 않는다
신발끈 끊어지지도 않는다
28 뾰족한 화살
팽팽한 활시위
차돌 같은 군마 말굽
회오리바람 같은 병거 바퀴
29 그들의 포효는 사자의 포효
큰 짐승처럼 포효한다
으르렁댄다 움켜쥔다 낚아챈다 그 먹잇감
구해낼 자 누구랴?

30 으르렁댄다 그날이 오면
바다가 으르렁대는 것처럼—
그리고 바라본다 내려다본다
아, 깜깜한 어둠이다
그리고 희미한 빛—
어둠이다
낮게 깔린 구름 속으로—

28) 시편 121.4와 비교해보라.

누굴 보낼까

6장

1 웃시야 왕이 죽던 해의 일이다. 나는 주님께서 높디높은 어좌에 앉아
계신 것을 보았다. 그분의 옷자락은 성전을 가득 채웠다. 2 스랍들[29)]
이 그분 앞에 서 있었다. 그들에게는 각각 여섯 날개가 있었다. 두
날개로는 얼굴을 또 두 날개로는 다리를 가리고 있었다. 그리고 두
날개로는 날았다.

3 서로 소리치며 말했다
거룩하신 분 거룩하신 분 거룩하신 분![30)]
만군을 거느리신 야훼님!
온누리에 님의 영광 가득합니다

4 소리치는 소리에 문지방이 흔들거렸다. 집은 구름으로 가득 찼다.
5 내가 소리쳤다.

"아, 나는 망했습니다. 나는 입술이 깨끗지 못한 사람입니다. 입술이 깨끗지 못한 사람들 속에 섞여 삽니다. 그런데도 만군을 거느리신 야훼 임금님을 직접 뵙다뇨?"

6 스랍들 가운데 하나가 내게 날아왔다. 제단에서 숯불 하나를 손에

---

29) 뜻을 잘 알 수 없는 말이다. 케루빔('예배자들')과 비교할 수 있는 신적인 존재들이다.
30) 또는 '거룩하다 거룩하다 거룩하다'

든 채 — 7 그러고는 내 입술에 갖다 댔다.

"자, 이것을 네 입에 갖다 댔다. 이제 네 죄가 떠났다. 네 죄가 깨끗
해졌다."

8 그때 나는 말씀하시는 주님의 목소리를 들었다. "누구를 내가 보낼
까? 누가 우리 대신 갈까?" 내가 말했다. "네, 나를 보내세요." 9 그
분이 말했다. "가라! 이 겨레에게 말하라."

듣고 또 들으라
알지 못하느냐?
보고 또 보라
듣지 못했느냐?
10 이 겨레
그 마음이 둔하구나
그 귀가 두껍구나
그 눈이 감겼구나
눈이 있어도 보지 못한다
귀로 들으라 속으로 알라
돌아오라
그리고 자신을 고치라

11 내가 말했다
"언제까지인가요, 주님?"
그분이 말씀했다
"마을에 주민이 없어 폐허가 되고

집안에 사는 사람 없고
땅이 망가져 못쓸 때까지이다."
12 야훼께서 주민을 없애시리라
버림받은 곳 수도 없을 것이다
그 땅 가운데에서 –
13 그러나 열에 하나는
그 안에 남으리라
돌아오리라
베어버린 삼나무 상수리나무에
남아 있는 밑동 같을 것이다
그 밑동이 거룩한 씨이다

스알야숩

7장

1 유다 왕 웃시야의 손자이며 요담의 아들인 아하스 때에 벌어진 일이
다. 아람 왕 르신과 이스라엘의 왕 르말리아의 아들 베가가 예루살
렘을 공격하러 왔다. 하지만 할 수 없었다.
2 다윗 왕실에 보고가 들어왔다. "아람이 에브라임과 동맹을 맺었다.
그들의 마음과 백성의 마음이 바람에 흩날리는 숲의 나무처럼 벌벌
떨고 있다." 3 야훼께서 이사야에게 말씀하셨다. "어서 가라. 아하스
를 만나라. 네 아들 스알야숩[31]과 함께 가라. 위 수로[32] 자락에서 만

31) 이사야 10.21을 보라. '남은 자가 돌아오리라'는 뜻이다.

나라. 빨래 빠는 사람의 밭으로 가는 길목이다. 4 가서 그에게 이렇
게 말하라. 마음을 단단히 먹으라. 진정하라. 무서워 말라. 마음을
잃어서는 안 된다. 횃불이 두 개씩이나 타고 있다고 말이다. 르신과
아람 사람들 그리고 르말리아의 아들이 준동하고 있다고 하는 말이
다. 5 아람 사람들이 나쁜 계획을 세웠다. 에브라임 그리고 르말리아
의 아들과 함께 이렇게 말하면서 말이다. 6 올라가 유다를 치자. 정
복하자. 끝장내자. 토알의 아들[33]을 왕으로 앉히자."

7 주님 야훼께서 이렇게 말씀하신다
성공하지 못한다
일이 벌어지지 않는다
8 아람 사람들의 머리는 다마스쿠스
다마스쿠스의 머리는 르신일 뿐이다
65년이 지나면
에브라임은 쓰러질 것이다
단지 한줌의 무리가 될 신세이다
9 에브라임의 머리는 사마리아
사마리아의 머리는 르말리아의 아들일 뿐이다
믿지 말라
정말 믿지 말라

---

32) 이사야 22.9의 '아래 수로'(ברכה התחתונה)를 참조하라.

33) 누군가를 지칭할 때 이름을 부르지 않고 '…의 아들'이라고 부르는 것은 깔보는 행위이다.(NJPS) 사무엘상 10.11, 20.27, 20.30, 20.31 등을 보라. 사울을 가리켜 '기스의 아들이 예언자라는 말인가?'(삼상 10.11)라고 말하는 것이 대표적이다.

임마누엘 아기

10 야훼께서 또 아하스에게 말씀하셨다. 11 “네 하느님 나 야훼에게 징
표를 달라고 구하라. 아래로 저세상에나 위로 하늘로-” 12 그러자
아하스가 대답했다. “묻지 않겠습니다. 하느님을 시험하지도 않겠습
니다.” 13 그분이 말씀하셨다. “다윗 가문아, 들으라!” 이번에는 이
사야가 말했다. “우리 하느님이 도움이 안 된다니 말이 됩니까? 사
람이나 도움이 안 되지 않나요? 14 내가 분명히 말한다. 주님 그분께
서 분명히 징조를 보이실 것입니다. 그래요, 그 젊은 여자가 임신하
여 아들을 낳고 임마누-엘[34]이라고 부를 것입니다. 15 그 아이는
무엇이 좋고 나쁜지 배울 때까지[35] 요구르트와 꿀을 먹을 겁니다.
16 그런데 그 땅이 버림받을 것이오. 그 아이가 무엇이 좋고 나쁜지
배우기 전에 벌어질 일입니다. 임금님이 무서워하는 두 왕 때문이
죠. 17 야훼께서 임금님과 임금님의 겨레 또 임금님의 가문에 일이
닥치게 하실 것입니다. 전에는 경험하지 못한 일이죠. 에브라임이
아시리아 왕을 배신하듯 유다를 배신했기 때문입니다.”

휘파람 부시는 그분

18 그날에 벌어질 일이다. 야훼께서 휘파람 부신다.[36] 이집트 운하 끝

34) 히브리어 마소라 본문에는 ‘임마누-엘’(עמנו אל)로 표기되어 있다. 쿰란 공동체의 『성(聖) 마가 수도원 이사야 두루마리』(1QIs[a])는 ‘임마누엘’(עמנואל)이라고 붙여서 표기한다.

35) 문자적으로 ‘나쁜 것(악)을 거부하고 좋은 것(선)을 택하기를 배울 때까지’

36) 이사야 5.26을 보라.

자락에 있는 파리떼에게 그리고 아시리아 땅에 있는 벌떼에게도.
19 그러면 그들이 떼로 몰려와 내려앉을 것이다. 울퉁불퉁한 와디
에, 바위틈에, 가시덤불마다, 물이 고여 있는 곳마다.
20 그날에 벌어질 일이다. 주님께서 칼을 끊어버리실 것이다. 아시리
아 왕과 함께 유프라테스 강 너머. 머리칼과 다리털 그리고 턱수
염까지도 잘라낼 것이다. 21 사람마다 송아지와 소떼와 가축 한 쌍
씩 구해낼 것이다. 22 그 땅에 남은 자들이 요구르트와 꿀을 먹을
것이다.
23 그날에 벌어질 일이다. 은 천 개만큼 값나가는 천 개의 포도넝쿨이
서 있는 곳에 가시와 엉겅퀴가 무성할 것이다. 24 그 대신 칼과 활이
활개칠 것이다. 가시와 엉겅퀴가 온 땅을 뒤덮을 것이기 때문이다.
25 그러나 자그마한 언덕[37]마다 가시덤불과 엉겅퀴가 뻗어나가지는
못할 것이다. 그곳에 가축떼를 풀어놓을 것이다. 양과 염소가 그곳
에서 뛰어다닐 것이다.

마헬 살랄 하스 바스

8장

1 야훼께서 내게 말씀하셨다. "어서 큰 파피루스[38]에 평범한 글자로[39]
글을 쓰라. 마헬 살랄 하스 바스[40]라고. 2 그리고 믿을 만한 증인을

37) 문자적으로 '괭이로 경작할 만한 크기의 언덕'
38) 또는 '가죽이나 쇠로 만든 판'
39) 무슨 뜻인지 잘 알 수 없다.
40) '약탈이 빠르다, 노략이 재빠르다'의 뜻

부르라. 우리아 사제와 예베레크야의 아들 스가랴를 증인으로 내세
우라." 3 나는 여예언자[41]와 가까이하였다. 그가 임신하여 아들을
낳았다. 그러자 야훼께서 내게 말씀하셨다. "그의 이름을 마헬 살랄
하스 바스라고 지어라. 4 그 아이가 엄마 아빠를 부르기[42] 전에 다
마스쿠스의 재물과 사마리아의 노획물을 아시리아 왕이 빼앗아갈
것이다."

5 야훼께서 또 나에게 말씀하셨다.

6 이 겨레가 거부했다.
잔잔히 흐르는 실로암 물[43]을
르신과 르말리아의 아들의 기쁨을—

7 그리하여
자, 주님께서 그들을 치신다
크고 엄청난 유프라테스 강
아시리아 왕과 그 모든 군대[44]가
운하마다 넘치리라
강바닥 위로 흐르리라

8 홍수처럼 유다를 휩쓸리라
그 목까지 차오르리라

---

41) 이사야의 아내를 가리킨다.

42) 문자적으로 '아빠 엄마 소리를 배우기 전에'

43) 실로암 수로를 가리킨다. 실로암 새김글(KAI 189.5)을 보라. 기혼 샘에서 예루살렘 성벽 안으로 물을 대는 터널 수로이다. '시온 산에 거주하시는 만군의 야훼'(사 8.18)를 상징한다.(NJPS)

44) 또는 '영광'

임마누엘 임마누엘

넓디넓은 너의 땅
그만큼
그분
그 날개 활짝 펴시리라
아, 임마누-엘![45]
9 단결하라 나라들아
박살나리라
땅 끝 사람들아 귀 기울이라
허리를 질끈 동여매라
박살나리라
허리를 질끈 동여매라
박살나리라
10 모의해보라
실패하리라
일 벌려보라
실패하리라[46]
아, 임마누-엘![47]

---

45) 쿰란 공동체의 『성(聖) 마가 수도원 이사야 두루마리』(1QIs^{a})는 '임마누'(우리와 함께하신다)와 '엘'(하나님)을 붙여서 '임마누엘'(עמנואל)로 표기한다. 히브리어 마소라 본문은 두 말을 띄어서 표기한다.

46) 시편 2편을 참조하라.

47) 주 44를 보라.

토라를 봉하라

11 야훼께서 내게 이렇게 말씀하셨다. 그분이 나를 뽑아내시고는[48] 이
겨레의 길을 따라 걷지 말라고 당부하셨다.

12 이 겨레가 모의한다고
함께 모의하지 말라
이 겨레가 두려워한다고
함께 두려워 말라
무서워 말라
13 만군을 거느리신 야훼님
그분만 거룩하다 하라
오직 그분만 존숭하라
14 그분만 성소에 계셔야 한다[49]
이스라엘 두 집안에게
공격하는 돌
걸려 넘어지는 바위
예루살렘 주민에게
덫과 걸림돌—
15 수많은 대중
걸려 넘어지리라
자빠지리라
박살나리라

48) 문자적으로 '내 손을 꽉 붙잡고.' 이사야 41.9, 41.13, 42.6, 45.1을 보라. 또한 예레미야 31.32도 보라.(NJPS)

49) 에스겔 11.16을 보라. 시편 114.2를 참조하라.

덫에 걸려 잡히리라
16 증언을 한데 묶으라
가르침을 봉하라
내 제자들과 함께 —

나는 야훼님 기다렸다

17 나는 야곱 집안을 외면하시는 야훼님을 기다렸다. 나는 그분을 신뢰
한다. 18 아, 여기 내가 있다. 또한 시온 산에 거하시는 만군을 거느
리신 야훼, 그분께서 징조와 징표를 내게 주신 그 자녀들도.
19 사람들이 너희에게 말할 것이다. 조상신을 찾으라. 때를 아는 현자
들을 찾아가라. 속삭이는 영, 우는 영을 찾으라. 사람들이 죽은 신들
을 찾는구나. 살아 있는 신은 어쩌란 말이냐? 20 가르침 받고 증언
을 얻기 위해서구나. 새벽까지 기다릴 일 있어? 이렇게 말하는구나.
21 불쌍하게도 배고파 헤매는구나. 굶주릴 때 왕에게 또 신들에게 대
드는구나. 하늘을 향하여 애원을 하고 22 머리를 떨구고 바라보아도

아,
고난과 어둠
고통과 비통뿐

23 고통당하는 땅에 새벽이 밝아온다. 스불론과 납달리 땅을 굴복시킨
왕에게 — 바닷길 영광의 길 걸을 것이다. 요르단과 갈릴리 저편 땅
에도 —[50)]

찬란한 빛 보리라

9장

1 어둠속 헤매던 겨레
찬란한 빛 보리라
칠흑같이 어둔 땅
거기 사는 사람들
밝은 빛 보게 되리라
2 너
그 나라 찬란하게 하리라
기쁨을 더욱 크게 하리라
너의 앞에서
그들이 기뻐하리라
그 기쁨 추수 때 기쁨 같아
노획품 나누는 것처럼
펄쩍 뛰며 좋아하리라

아기가 태어났다

3 아,
그들이 멘 멍에
등짝을 내려치는 막대기

---

50) 칠십인역과 불가타 역은 이 절부터 9장이 시작된다.

몸을 후려치는 회초리
부러뜨리리라
미디안 시대[51)]처럼 —
4 아,
악독의 전리품[52)]
수치의 온갖 의상
불이 집어먹는다
화염이 집어삼킨다
5 우리에게
아기가 태어났다
아들이 태어났어!
위엄이 서려 있구나[53)]
그를 이렇게 부르라
'놀라운 섭리자[54)]
힘이 센 용사
어좌에 앉은 이[55)]
평화의 임금!'
6 엄청난 그 위엄
한없는 평화
다윗의 어좌에
그 나라에 내리리라

---

51) 사사기 7-8장(NJPS)
52) 타르굼을 따라 읽는다.
53) 문자적으로 '그의 어깨에는 권위가 있다'
54) 또는 '은총을 베푸실 이.' 이사야 25.1을 참조하라.
55) 또는 '영원한 아버지'

든든하리라
확고하리라
정의와 바름
지금부터 영원토록
이어지리라
만군을 거느리신 야훼님
그분의 열정 아니고서야
어찌 이런 일 있을 수 있으랴?

7 주님께서 말씀을 보내셨다. 야곱을 거스르는 말씀이다. 이스라엘에
게 내렸다.
8 이 겨레 모두 소리친다[56)]
에브라임이, 사마리아 주민이
거만하게 큰 소리로 —
9 "벽돌이 떨어진다
우리는 부스러기로 집 지었다
돌무화과나무를 베어 넘어뜨린다
우리는 삼나무 키웠다
그 대신 — "
10 야훼께서
원수 르신에게 승리를 안겨주셨다
그 적들을 발가벗기셨다
11 아람이 동쪽에서

56) 쿰란 공동체의 『성(聖) 마가 수도원 이사야 두루마리』(1QIs[a])를 따라 읽는다. 히브리어 마소라 본문에는 '안다'로 되어 있다.

블레셋이 서쪽에서
이스라엘을 집어삼켰다
엄청난 입으로—

그러나 분노 거두지 않으신다
당신의 팔 뻗고 계신다

12 그래도 여전히
이 겨레 돌아오지 않는다
그를 치신 그분께—
만군을 거느리신 야훼님
아직도 찾지 않는다
13 야훼님
이스라엘에서 끊어내신다
머리를 꼬리를
종려가지를 갈대를
단 하루 만에 그리하신다
14 원로가 귀족이
바로 그 머리라
15 이 겨레 이끈다는 지도자들
잘못된 자들
오히려 갈팡질팡
혼돈만 줄 뿐
16 그리하여
주님께서 그 청년들에게
자비를 베푸시지[57] 않을 것이다

부모 없는 아이들 홀몸이 된 여인들
어여삐 여기시지 않을 것이다
모두 하느님 모르고
악하기 때문이다
입만 열면 불경스레 말할 뿐
그리하여
분노를 거두지 않으신다
당신의 팔 뻗고 계신다

17 악이
이미 불처럼 타오른다
가시와 엉겅퀴를 집어삼킨다
수풀을 먹어버린다
연기로 화한다

18 만군을 거느리신 야훼님
분노하시어
땅이 진동한다
이 겨레는
집어삼키는 불
서로서로 아끼지 않는다
19 오른쪽으로 채간다
그러나 배고프다

---

57) 쿰란 공동체의 『성(聖) 마가 수도원 이사야 두루마리』(1QIs^{a})를 따라 읽는다. 히브리어 마소라 본문은 '기뻐하지 않는다'로 되어 있다.

왼쪽에서 집어삼킨다[58]
하나 배부르지 않다
제 자식 살 또한 뜯어먹는다
20 므낫세는 에브라임의 것
에브라임은 므낫세의 것
힘 합해 유다에 맞선다

여전히 분노 거두지 않으신다
당신의 팔 뻗고 계신다

불의를 써 내려가는 자들

10장

1 빌어먹을 놈들!
악을 새기는 놈들!
불의를 써 내려가는 놈들!
2 가난한 자의 권익을 짓밟다니
내 겨레 빈자의 인권을 무시하다니
홀몸이 된 여인이 전리품
부모 없는 아이가 노획물이라니
3 어찌하려느냐, 심판의 날에?
큰 재난[59]

---

58) 한문성경 『대표본』(1854)의 '左呑右噬'(좌탄우서)를 참조하라.

멀리서 밀려오리라
누구를 기대어
도망치려느냐?
네 시체[60] 어떻게 하려느냐?
4 동료 죄수 아래 쓰러지는데
살해당한 자 아래 넘어지는데 —

그런데도 분노 거두지 않으신다
당신의 팔 뻗고 계신다

분노의 막대기

5 빌어먹을 아시리아,
화가 치밀어 올라
휘두르는 내 막대기야!
분노 어쩌지 못해
움켜쥐고 있는 내 몽둥이야!
6 나 그를 보내리라
내게 대드는 그 나라 거슬러 —
내 분노 어쩌지 못해
그 나라 치려고 나 명령하리라

---

59) 히브리어 '쇼아'(שואה)를 옮긴 말이다. 현대 히브리어에서는 '홀로코스트'(holocaust)나 '포그람'(pogram)을 가리킨다. 근대 역사에서 유대인들의 대학살을 나타내는 말로 사용한다.

60) 히브리어 '카보드'(כבוד)를 옮긴 말이다. 이사야 10.16과 22.18을 보라.(NJPS)

노획물로 삼으라
포획물로 삼으라
짓밟아버리라
밖에 널려 있는 진흙처럼—
7 못된 속셈 가지고 있으니
못된 궁리 마음에 가득 차 있으니
적지 않은 나라들 끊어버리려
머리 쓰고 있으니
8 이렇게 그분 말씀하신다
왕들을 장군으로 삼으리라
무엇이 다르냐?
9 카르카미쉬와 칼로가?
하맛과 아르파드는?
다마스쿠스와 사마리아는?
10 나 움켜쥐리라
신들을 우상들을—
예루살렘이 사마리아보다
더 낫단 말이냐?
이유를 대보라!
11 예루살렘에게 못한단 말이냐?
사마리아에게 한 일을?
그 우상들도 말할 것 없다

12 주님께서 계획하신 것 시온 산에서 예루살렘에서 다 하신다. 말할
수 없는 아시리아 왕의 자만과 엄청난 거만을 꺾어버리신다. 13 그분
말씀하신다.

힘껏 하리라

내 머리[61] 다 짜내 하리라

나는 할 수 있다[62]

나라들의 경계를 지워버리리라

그 보물을 훔쳐가리라

수많은 사람들 끌고가리라

14 힘껏 하리라

나라들의 보물을 그물에—

버려진 알 모으는 사람처럼

온 땅 그렇게 모으리라

퍼덕거리는 날개처럼

쩝쩝거리는 입술처럼—

15 도끼가 춤추고 있지 않은가?

그 위에?

막대기가 춤추듯

들고 있는 그 사람 위에서?

지팡이가 그 사람 위에서

그리하듯—

16 주님[63]

---

61) 문자적으로 '내 지혜'

62) 문자적으로 '나는 현명하다'

63) 여기서 히브리어 마소라 본문은 '주님'을 '하-아돈'(האדון)으로 표기한다. 다른 곳은 모두 '아도나이'(אדני)로 표기한다. 쿰란 공동체의 『성(聖) 마가 수도원 이사야 두루마리』(1QIs[a])도 마찬가지이다. 그래서 NJPS는 구별하기 위하여 '하-아돈'(האדון)을 '만유의 주님'('the Sovereign Lord')으로 번역하고, '아도나이'(אדני)는 '나의 주님'('my Lord')으로 번역하기도 한다.

만군을 거느리신 야훼님
살진 이스라엘
말라버리게 하신다
그의 몸뚱아리[64] 아래
불길이 타오른다
불같이 타오른다
목구멍부터 살집까지
수척해진 환자 같다[65]
17 이스라엘의 빛은 불
그 거룩한 분은 불꽃이다
가시를 불사른다 집어삼킨다
엉겅퀴를 단 하루 만에 —
18 무성한 수풀 그 농지
19 숲에 남아 있는 나무
얼마 되지도 않아
아이도 셀 수 있으리라

20 그날이 오면 벌어질 일이다
남은 이스라엘
도망친 야곱 집안
자신을 친
아시리아[66]에게 기대지 않으리라

---

64) 히브리어 '카보드'(כבוד)를 옮긴 말이다. 이사야 10.3과 22.18을 보라.
65) '목구멍부터 … 병자 같다'는 부분은 문맥상 그 뜻을 분명하게 하기 위해서 18하반절을 옮겨와 번역한다.(NJPS)
66) 이사야 7.13과 10.24를 보라.

그러나 기대리라
야훼님 이스라엘의 거룩한 분께
진심으로—
21 남은 자 돌아오리라
야곱이 돌아오리라
전사이신 하느님께로—
22 네 겨레가, 이스라엘아,
바다의 모래처럼 많아지리라
그 남은 자 돌아오리라
파멸을 선포하셨다
홍수처럼 보복하리라
23 주님 만군을 거느리신 야훼님
온누리에서 일하신다
선포하신 파멸을 실행하신다

24 그리하여 주님 만군을 거느리신 야훼님 말씀하신다
두려워 말라
아시리아를—
시온에 사는 내 겨레여!
막대기로 때리고
지팡이로
너희를 후려쳤던 그들을
이집트에게도 똑같이 그랬던 그들을—
25 금세 내 분노 거두리라
그들을 없애려 치밀어 오르던 내 화를—
26 만군을 거느리신 야훼님

채찍을 드시리라
그를 향하여
오렙 바위에서 미디안을 쳤던 것처럼[67] —
지팡이를 거두시리라
바닷가에서 이집트에게 했던 것처럼 —

27 그날이 오면 벌어질 일이다
등에서 짐을 벗어놓으라
목덜미에서 멍에를 —
멍에가 무거워 부서질 것이다

28 그분이 행차하신다
아얏을 향해 —
미그론으로 나아오신다
믹마스에서 짐보따리 푸신다
29 그들은 건넌다
'게바는 우리 숙영지야!'
라마가 깜짝 놀란다
사울의 기브아가 도망친다
30 비명을 지르라, 밧 갈림이여!
귀 기울이라, 라이샤여!
소리지르라, 아나돗이여!
31 마드메나가 도주한다
게빔 사람들 도피처 찾는다

---

67) 사사기 7.25를 보라.

32 바로 그날[68)]
늪에서
그가 우뚝 서서는
팔뚝을 휘두른다[69)]

딸 시온 산아
예루살렘 언덕아
33 그래, 주님[70)]
만군을 거느리신 야훼님
도끼로 나무를 찍어내시리라
큰 나무 베어내시리라
높은 나무 쓰러뜨리시리라
34 숲속 수풀이
쇠로 난도질당하리라
레바논 나무가
구리[71)]로 쓰러지리라

---

68) 문자적으로 '같은 날'
69) 이사야 13.2를 참조하라.
70) 이사야 10.16의 난하주를 보라.
71) 아카드어 '우루두'(urudu)에 근거하여 성서 히브리어 '아디르'(אדיר)를 '구리, 동'으로 옮긴다.(NJPS)

마침내 평화가

11장

1 다윗 가문에서[72] 싹이 돋는다
그 밑동에서 가지가 자라난다
2 그에게 내린다 야훼님의 숨결이
지혜와 통찰의 숨결
조언과 용기의 숨결
헌신과[73] 야훼 경외의 숨결이 —
3 야훼 경외로
그는 진실에 예민하다
보는 것으로만 판단하지 않는다
들은 것으로만 결정하지 않는다
4 가난한 자 바르게 판결한다
흙투성이 공정하게 판단한다
엄하게 땅을 다스린다[74]
그의 입에서 나오는 입김으로
악인을 죽인다
5 정의의 띠 허리에 두른다
진실의 띠 허리에 찬다

---

72) 문자적으로 '이새의 줄기에서'
73) 또는 '깨달음'(지식, 앎). 이사야 11.9와 53.11을 보라.
74) 문자적으로 '내리친다'

6 이리가 양과 함께 살 것이다
표범이 그 새끼와 함께 눕는다
송아지뿐 아니라
잡아먹으려던 짐승마저 함께 키운다[75)]
꼬마 아이가 그들을 돌본다
7 암소와 곰을 초원에 놓아 먹인다
그 새끼들도 함께 눕는다
사자가 들소처럼 풀을 뜯는다

8 젖먹이가 뱀굴에서 장난을 친다
아기가 뱀굴에 손을 넣다 뺐다 한다
9 나쁜 것도 못된 것도 하지 않으리
거룩한 나의 산에서는—
땅에는 야훼께 드리는 헌신[76)]으로
가득하리라
물이 바다를 뒤덮은 것처럼—

뭇 나라의 표준

10 그날이 되면 다윗 가문[77)]이
우뚝 설 것이다

---

75) 쿰란 공동체의 『성(聖) 마가 수도원 이사야 두루마리』(1QIs[a])를 따라 읽는다.
76) 또는 '야훼님에 대한 깨달음'(지식, 앎)
77) 문자적으로 '이새의 뿌리'

뭇 나라의 표준[78]이 되리라
사람들이 그에게 물으러 올 것이다
그가 사는 곳
유명해지리라

11 그날이 되면 주님께서 다시 손을 쓰실 것이다. 남아 있는 당신의 겨
레를 거두실 것이다. 아시리아, 이집트, 파트로스, 에디오피아, 엘람,
바빌론, 하맛, 해변 땅에서 —

12 그분이
깃발로 신호할 것이다
버림받은 이스라엘
모으시리라
흩어진 유다를
긁어모으시리라
땅 끝 사방에서 —
13 그때는
에브라임의 질투가 끝나리라
유다의 적들이 끊어지리라
에브라임이 유다를
질투하지 않으리라
유다가 에브라임 맞서는 일
없으리라

78) 문자적으로 '깃발'

14 그들이 블레셋 날개 타고[79)]
서쪽으로 날으리라
함께 동쪽 사람들 탈취하리라
에돔과 모압이
그들 손에 떨어지고
암몬 사람들
그들의 말 들으리라

15 야훼께서 이집트 강가[80)]를 말리신다. 손을 뻗어 뜨거운 바람을 보내
신다. 그리하여 유프라테스 강이 일곱 와디[81)]로 갈라질 것이다. 그
러면 신발을 적시지 않고도 건널 수 있을 것이다. 16 그리고 남아 있
는 그의 겨레가 통과할 고속도로가 뚫릴 것이다. 아시리아에 남아
있는 이들 말이다. 이스라엘이 이집트 땅에서 올라오던 날과 같을
것이다.

찬양 노래

12장

1 너는 말하리라 그날
노래 불러드립니다

79) 또는 '블레셋의 등을 타고'
80) 또는 '이집트 해변길'
81) 또는 '개울'

야훼님!
내게 화내셨더라도
내시던 화 거두시고
나를 위로하시기 때문이죠
2 아,
내게 승리를 안기시는 하느님
믿습니다
공포에 떨지 않아요
야훼님은 나의 힘 나의 노래
야훼님
그분은 나의 승리[82]라[83]

3 물을 길으라
기쁨으로
승리의 샘물에서
4 너는 말하리라 그날에
야훼께 노래 불러드려라
그분의 이름 부르라
뭇 사람들에게 알리라
그분이 하신 일
그분의 이름 드높이라
그렇게 선포하라
5 찬양하라 야훼님

82) 또는 '구원'
83) 출애굽기 15.2와 시편 118.14를 보라.

아, 드높은 일 하신다
이 일을 알리라
온 땅에—
6 소리질러 기뻐하라
시온 주민아!
아, 크시다 너희 중에
이스라엘의 거룩한 분은—

바빌론은 벌 받으리라

13장

1 바빌론에 대한 선언. 아모츠의 아들 이사야의 예언

2 벌거숭이 언덕에
깃발을 올리라
소리지르라
손짓하여
귀인의 문에 들어오라
하라
3 나 이미 선언하였다
내 손님들에게
내 분노 실행하라고
그래, 난
건장한 내 사람들 불렀다

자랑스러운 나의 전사들을—

4 들린다
이 산 저 산에
군중의 함성이—
엄청난 무리의 외침 같구나
들린다
이 나라 저 나라에
들끓는 함성이—
모여드는 나라의 외침이로구나
만군을 거느리신 야훼님
소집하신다
전투 병력을—
5 몰려온다
멀리서 하늘 끝에서—
야훼님
당신의 분노의 무기
온 땅을 쑥대밭 만드시려고—

야훼의 날

6 소리지르라!
야훼님의 날 다가왔다고—
샤다이[84] 님의 재앙이다
7 그리하여

모든 손이 마비된다
사람마다 좌절한다
8 공포에 질려
갑작스러운 고통 격통에
사로잡힌다
몸부림치는 임산부 같다
공포에 질려
서로서로 쳐다본다
무서워
얼굴이 얼어붙었다
9 아,
야훼님의 날 다가온다
가차없는 분노 격노로
온누리 초토화시키시려
거기서 그 죄인들 쓸어버리시려고—
10 하늘의 별과 은하수
빛을 내지 못한다
뜨는 해 어둡고
달빛 또한 없구나

11 "나
세상에게 보복하겠다
그 악 때문이다
악인들

---

84) 보통 '전능하신 분'으로 번역하는 말이다.

그 죄 때문이다
귀족들의 거만을
꺾어버리겠다
독재자들의 교만을
끝장내겠다
12 정금보다 사람이
더 귀하게 하겠다
오빌의 금보다 인간이 — ”

13 그리하여
하늘이 으르렁거린다
대지가 흔들거린다
만군을 거느리신 야훼님
그 분노 때문이다
그분이 화내시는 바로 그날에 —
14 쫓기는 영양처럼
목동 없는 양떼처럼
사람마다
자기 겨레에게로 돌아가리라
사람마다
자기 땅으로 도망치리라
15 남아 있는 자
칼이 꿰뚫으리라
사로잡힌 자
칼에 쓰러지리라
16 보는 데서

아기들 내동댕이쳐지리라
집마다 약탈당하리라
아내들 간강당하리라

17 자,
내가 그들을 거슬러
메데를 일으키리라
은보다 가치 없는 것들
금을 우습게 여기는 것들
18 그들은
활로 젊은이들 쏘아
갈기갈기 찢어 죽이며
갓난아기들 가엽게 여기지 않고
아이들 불쌍히 여기지 않는다

19 뭇 나라의 영광 바빌론
갈데아인들의 자부심
소돔과 고모라가 되게 하신다
하느님께서 —
20 영원토록 회복되지 못한다
세대마다 사람 살지 못한다
아랍 사람 거기에
텐트 치지 못한다
그 어떤 목자도
가축떼 풀지 못한다
거기에 —

21 짐승들 거기에 누우리라
집마다 부엉이 가득하리라
타조가 집을 삼으리라
사티로스 거기서 춤추리라
22 들개가 그 성곽에 자리잡는다
용이 환락의 왕궁에—
때가 되었다
가까이 왔다
그의 날
그렇게 길지는 않을 것이다

포로가 되돌아온다

14장

1 야훼께서 야곱을 어여삐 여기신다. 이스라엘을 다시 뽑으신다. 고향
땅으로 데려가신다. 그때는 이주 노동자도 그들에게 몸 붙여 살 것
이다. 야곱 집안과 함께 살 것이다.[85] 2 뭇 나라가 야곱 집안을 데려
갈 것이다. 고향 땅으로 데려갈 것이다. 이스라엘 집안이 야훼님의
땅에서 그들을 남녀 종으로 소유할 것이다. 그들은 포로 잡은 자의
포로가 될 것이다. 강제노동 감독관의 감독관이 될 것이다.
3 야훼께서 너를 쉬게 하실 날에 벌어질 일이다. 슬픔과 고통이 사라
질 것이다. 그들이 해야만 했던 강제노동도 없을 것이다. 4 너는 바

85) 시편 83.9를 참조하라.

빌론 왕을 비꼬아 이렇게 노래하리라.

아,
강제노동 감독관 끊어졌구나
억압[86)]이 끝장났어
5 야훼님
악인의 지팡이 부러뜨리셨다
통치자의 막대기를—
6 화가 나시어
뭇 나라를 내리치셨다
쉬지 않고 내리치셨다
분에 가득 차
뭇 나라 세게 치셨다
인정사정 볼 것 없이 후려치셨다

7 온누리 고요하다 조용하다
박수하며 환호한다
8 소나무가 네 꼴에 좋아라 한다
레바논의 백향목도—
네가 누웠구나
너도 우리처럼 떨어졌구나

86) 쿰란 공동체의 『성(聖) 마가 수도원 이사야 두루마리』(1QIs[a])를 따라 읽는다. 히브리어 마소라 본문은 무슨 뜻인지 잘 알 수 없다.

스올 신탁

9 아래세상[87)]
너 때문에 시끄럽구나
네가 내려온 것 보고—
죽은 신들 시끄럽다
온 땅의 통치자들이—
자리에서 일어선다
뭇 나라 왕들이—
10 모두 다 말한다 네게
한 목소리로 말한다
너 또한 우리와 똑같아졌구나
우리와 하나가 되었어!
11 네 자랑이
떨어지고야 말았어
이곳 아래세상으로
멋진 네 악기도—
벌레는 네 침상이고
구더기는 네 이불이구나!

12 어떻게 떨어진 것이냐?
하늘에서?
새벽별 헬렐아!

---

87) 히브리어 '쉬올'을 옮긴 말이다. '폐허의 땅'이라는 문자적인 뜻을 지닌 말로 흔히 '스올'로 음역한다. 하지만 여기서 '아래세상'으로 옮긴다. '저세상'으로도 읽을 수 있다.

어떻게 떨어진 것이냐?
아래 땅으로?
제국 억압자야!

13 너는 속으로 말한다
하늘로 올라갈 거야
위로 엘의 별까지
난 내 어좌 높일 거야
모임 산에 앉을 거야
자폰[88] 꼭대기에—
14 난 구름의 등
올라탈 것이야
엘르욘[89]과 같아질 거야
15 아,
그러다가
아래세상으로 떨어졌구나
구덩이 바닥으로[90]—
16 너를 보고는
너를 찬찬히 뜯어보고는

88) 또는 '북방산'

89) 흔히 '지존자'나 '지극히 높으신 분'으로 옮기는 말이다.

90) 에스겔 32.17-32를 보라. 여기서 '구덩이'는 아래세상을 상징하는 말이다. 성서는 죽은 사람들을 흔히 '구덩이로 내려간 사람들'(יורדי בור)이라고 말한다. 성서 시대보다 약간 이른 시기에 살았던 우가릿 사람들도 죽은 사람들을 '땅으로 내려간 사람들'이라고 말하기도 한다. 곧 '구덩이'는 아래세상을 가리키는 상징어이다. 성서 시대의 신앙인들은 이 세상이 산 자의 땅과 죽은 자의 땅으로 나뉘어 있다고 생각했다. 그리고 두 세상은 철저하게 분리되어 있어서 서로 오갈 수 없다고 생각했다.

'이 자가 바로 그 자야?
세상을 뒤흔들어놓았다는
바로 그 자란 말이야?
나라들 들었다 놨다 했다는
바로 그 자란 말이지?
17 세상을 광야처럼
그 도성들을 초토화시켰다는 자로군
죄수들 절대로
집으로 돌려보내지 않았다는 자로군'
18 모든 왕국 임금들
영광 속에서 눕고
각자 자기 집[91]으로 돌아가지만
19 너는
네 무덤에서 내팽겨쳐질 것이다
끔찍한 시체가 될 것이다
짓밟힐 것이다
칼에 살해당한 채 그 옷 입고
바위 구덩이로 내려간 사람들처럼 —
20 네게는
그들과 같은 무덤이 없다
네 나라를 파괴했기 때문이다
네 겨레를 살해했기 때문이다

못된 놈들

91) '집'은 무덤을 가리킨다. 전도서 12.5를 보라.

그 자식들 이름 다시는 부르지 말라
21 그 자식들 살해할 곳 마련하라
그 애비[92]가 지은 죄 때문이다
다시는 땅을 차지하지 못하게 하라
세상이
성읍으로 더러워지리라

바빌론, 그 이름 지우리라

22 나는 일어나리라
그들을 치리라
만군을 거느리신 야훼님의 선언이다
바빌론이라는
그 이름 지워버리리라
그 나머지도
그 후손도
그 자손도 —
야훼님의 선언이다
23 그곳을
해오라기 집으로
물 웅덩이로 만들리라
파멸의 빗자루로 쓸어버리리라
만군을 거느리신 야훼님의 선언이다

92) 문자적으로 '그의 조상'

24 만군을 거느리신 야훼님
맹세하신다
내가 계획한 대로 이루어진다
내가 디자인한 대로 성사된다
25 아,[93)]
아시리아를 내 땅에서 끊어내리라
내 산[94)] 위에서 박살내리라
멍에를 벗겨내리라
그 등에서 짐을 덜어내리라
26 이것이 내가 할 계획이다
이 땅에 내가 할 생각이다
이것이 내 손이다
온 나라에 내가 뻗은 손이다
27 아,
만군을 거느리신 야훼님
계획하시면
그 누가 망칠 수 있으랴?
그분이 손을 뻗으시면
그 누가 거둘 수 있으랴?

28 아하스 왕이 죽던 해에 이 선언을 선포했다.

29 기뻐 말라, 온 블레셋아!

---

93) 전치사 라메드(ל)를 감탄사로 읽는다.
94) 이사야 11.9를 보라. 출애굽기 15.17, 시편 78.54를 참조하라.

후려치는 네 막대기 부러졌구나
독사의 몸통[95]에서 살모사가 나온다
불타는 뱀[96]이 나온다

30 (빈자들
목장에서 풀을 뜯는다[97]
가난한 사람들
걱정없이 몸을 눕힌다)[98]
기근으로
네 후손 내리치리라
남은 자 살해하리라

31 아, 성문이여!
소리지르라, 도성이여!
몸서리쳐라, 온 블레셋아!
강인한 자
북쪽에서 내려온다
그 앞에 맞설 자 없다

32 뭐라고 대답할까?
나라 심부름꾼에게?
아,
야훼께서 시온을
든든히 세우신다

---

95) 문자적으로 '줄기'
96) 또는 '날아다니는 스랍'
97) 또는 '가난한 자들의 맏이가 밥을 먹는다(풀을 뜯는다)'
98) 문맥상 32절 뒤로 붙여 읽어야 한다.

그 겨레 짓밟힌 사람
기댄다 거기에 —

모압에 대한 선언

15장

1 모압은 망했다
아, 아르가 약탈당하던 날 밤
모압은 망했다
아, 키르가 약탈당하던 날 밤

2 신전으로 올라갔다
울려고
디본[99]이 이 산당 저 산당으로 —
느보 때문에 메드바 때문에
모압은 흐느낀다[100]
머리를 모두 밀어버린 채
수염을 모조리 잘라버린 채 —
3 뜰에서 넝마를 둘렀다

---

99) 당시 모압의 수도였던 것으로 보인다.

100) 2-3절은 당시의 애곡의식을 묘사하는 장면이다. 사실 머리를 밀고 수염을 깎는 행위는 이스라엘 사람들에게는 금지된 행위였다. 단지 넝마를 입고 재를 머리 위에 뿌리고 땅바닥에 주저앉아 통곡하는 행위가 이스라엘 사람들에게 일반적으로 허용되던 애곡의식 행위이다.

지붕 위에서 저잣거리에서
모두 다 흐느낀다
눈물이 흘러내린다
4 헤스본이 엘르알레가
울부짖는다
야하츠까지 그 소리 들린다
그리하여
모압의 허리가 부르르 떨린다
그의 몸 움찔움찔한다
5 내 마음 울부짖는다 모압 때문에 —
포로들 소알까지 도망친다
에글랏 쉘리쉬야까지
아, 루히트로 올라가려고
울면서 올라간다
호로나임 가는 길목
고통 속에서 울부짖는다

6 아, 니므림 우물은
폐허가 되었구나
메마른 초원
망가진 풀밭
사라진 푸성귀

7 그리하여
애써 얻은 것 저장해놓은 것
버드나무[101] 와디로 끌고간다

8 아, 그 울부짖음은
모압 나라에 퍼진다
에글라임까지 퍼진다
브에르 엘림까지 다다른다

9 아, 디몬 샘물은
피눈물[102] 가득하다
아, 내가 디몬에 퍼부었다
흠뻑 적셨다
모압 피난민 위해
남은 자들 위해
그 땅을 눈물[103]로 –

16장

1 심부름꾼[104] 보내라
그 땅 통치자에게
광야의 셀라에서
딸 시온 산으로 –
2 도망치는 새처럼
도피하는 새끼 새처럼
모압 주민은

---

101) 또는 '아라빔'
102) 문자적으로 '피'
103) 에블라어 '이드마아툼'(i–ti–ma–a–tum)을 따라 옮긴다.(DULAT 273 참조)
104) 문자적으로 '숫양'

아르논 포구에
잠시 머무는구나
3 조언하라
도움 주라[105)]
밝은 대낮에
네 그늘 밤처럼 되리라
감추어주라 버림받은 사람들
배신하지 말라 피난민을—
4 너희 가운데 피난처 삼으라
모압에서 버림받은 사람들
쉼터가 돼라
약탈자들 앞에서—

폭력은 사라졌다
강탈은 끝났다
약탈자들
땅에서 끊어졌다
5 어좌가
은총으로 확고하리라
진실 가운데 그 위에 앉으리라
다윗 집안에—
정의 실현에 헌신하리라
바른 일에 열정적이다

---

105) 잘 알 수 없는 부분이다.

6 우리는 들었다
모압의 교만
정말 말할 수 없구나
교만과 거만 그리고 거드름
알 수가 없다

7 그리하여
모압에게 울부짖으라 하라
모압 위해 모두 울부짖으라 하라
키르-하레셋의 산해진미[106] 생각하고
비통하게 슬퍼하라
8 아,
헤스본 포도원이 메말라버렸구나
시브마 포도밭이
그 포도넝쿨
바알레-고임까지
뻗었어야 하는데
야제르까지 닿아야 하는데
광야까지 이어져야 하는데
그 가지 뻗어나가
바다를 가로질러야 하는데 –

9 그리하여
야제르를 생각하며 흐느끼듯

---

106) 문자적으로 '건포도 케이크'(raisin cakes) 또는 '사람'

시브마 포도원 생각하며
나는 이렇게 흐느낀다
나는 내 눈물 네게 흠뻑 적신다
헤스본아!
엘르알레야!
아,
네 무화과 때문에
네 곡식 추수 때문에[107] —
10 기쁨과 즐거움 사라졌다
농토에서 —
포도원마다
기뻐 지르는 소리
환호하는 그 소리
더 이상 들리지 않는다
포도를 밟고 또 밟아도
포도주가 없구나
환호성은 간데없다

11 그리하여
모압을 생각하고
수금처럼 속으로 흐느낀다
키르-헤레스 생각하고
마음속으로 —

---

107) 예레미야 48.32를 보라.

12 분명해졌다. 모압이 바깥 산당에서 얻는 것이란 아무것도 없다는 사
실 말이다. 신전에서 기도드리지만 쓸데없는 일이다.
13 이상이 야훼께서 오래전에 모압에게 하신 말씀이다. 14 이제 야훼께
서 말씀하신다. 3년이 지나면 임금 노동자를 위해 정해놓은 해처럼
모압 사람의 수가 결딴나리라. 엄청나게 많았지만 눈에 띄게 줄어들
것이다. 겨우 한줌만 남으리라. 별로 중요하지 않은 사람들뿐.

올리브 나무 털 때처럼(다마스쿠스)

17장

1 다마스쿠스에 대한 경고이다
아, 다마스쿠스는 더 이상
도성이 아니다
폐허더미가 되었다
2 버려진 아로엘 마을들
가축떼 눕는 곳
아무도 방해하지 않아
3 성곽이 에브라임에서 무너지듯
왕권이 다마스쿠스에서 끊어졌다
아람의 남은 자들
이스라엘 사람들처럼 되리라
만군을 거느리신 야훼님의 선언이다

4 그날에 벌어질 일이다

야곱 무리가 줄어들리라
살찐 그 몸 홀쭉해지리라
5 추수꾼 거둔 뒤
서 있는 줄기 같으리라
한 팔 가득
거둔 곡식 같으리라
르파임 계곡에서
주운 곡식 같으리라
6 올리브 나무 털 때처럼
낱알만 남을 뿐[108)]
가지 끝에 달려 있는
익은 올리브 두세 개처럼
잔가지에 달려 있는
열매 네댓 개처럼－
만군을 거느리신 야훼님의 선언이다

7 그날이 오면
인간들
지으신 분 유심히 보리라
이스라엘의 거룩하신 분[109)]
똑똑히 보리라
8 손으로 만든
제단을 바라보지 않으리라

---

108) 이사야 24.13을 보라.
109) 주 189를 보라.

손가락으로 만든 것
쳐다보지 않으리라
9 그날이 되면
성곽 성읍은
호레쉬와 아미르가
버려진 폐허처럼
이스라엘 앞에서
그리되리라
황폐하리라

10 아,
너를 이기게 하시는
하느님
너는 잊어버렸구나
든든한 너의 산[110)]
너는
기억 못하는구나
그리하여
네가 기뻐하며 어린 나무 심었어도
네가 심은 건
실망스러운 가지였을 뿐
11 네가 심던 날
자라는 것 보았지
심던 그날 아침

---

110) 또는 '바위'

봉오리 맺힌 것 보았지
그러나
가지마다 메말랐다
아픔과 번민이 가득한 그날—

12 아,
아우성치는 수없이 많은 나라
아우성치는 바다처럼
분노하는 이 나라 저 나라
태곳적 물[111] 분노하듯
13 태곳적 물 분노하듯
나라들 분노한다
그러나
그분 호통치시자
멀리멀리 도망친다
언덕 바람에 휘날리는 티끌[112]처럼
파도에 휘둘리는 바다 미역처럼—
14 저녁이 되면
아,
공포가 밀려온다
아침이 되기도 전에
아무 일 없다
약탈자의 운명이

---

111) 문자적으로 '엄청난 물'
112) 문자적으로 '겨'

바로 이렇다
우리 것 빼앗아간 자들의
몫이다

파피루스 배 타고(아, 누비아)

18장

1 아,
날개 아래 깊은 그늘 속 그 땅
누비아 강 너머 —

2 가라, 발 빠른 심부름꾼아
멀리 저 멀리 그 나라로
파피루스[113] 배 타고 바다를 지나
키 크고 무서운 백성에게로
알아들을 수 없는 말 중얼거리는 나라로[114]
강이 여러 갈래로 갈라진 나라로 —

3 세상 사람들아
땅에 사는 사람들아
깃발이 산 위에 오르거든

113) 또는 '갈대'
114) 잘 알 수 없는 부분이다.

각성하라
뿔나팔 불거든
경청하라
4 야훼님 이렇게 나에게 말씀하신다
내 집에서
난 평온하다 잠잠하다[115)]
불 위의 불꽃처럼
뜨거운 여름철 비구름처럼 —
5 추수하기 전
봉오리 열린 뒤
피어난 꽃 열매로 익어갈 때
그분이
어린 가지 가위로 잘라내리라
뻗어난 넝쿨마다 쳐내리라
6 그리하여 모두 남겨주리라
언덕 위 솔개에게
들짐승에게 —
솔개가 그 위에서
여름 나리라
들짐승 그 위에서
겨울 나리라

7 그때에
조공을 바치리라

---

115) 이사야 20.5와 20.6을 보라.

만군을 거느리신 야훼께
멀리 저 멀리 있는 그 나라
키 크고 무서운 백성
알아들을 수 없는 말 중얼거리는 나라[116)]
강이 여러 갈래로 갈라진 나라가
만군을 거느리신 야훼님
이름 두신 곳
시온 산으로—

이집트의 신들 벌벌 떤다

19장

1 아,
야훼님
날쌘 구름 타신다
이집트로 가신다
이집트의 신들
그분 앞에 벌벌 떤다
이집트인들의 마음
속부터 얼었다

2 난

116) 잘 알 수 없는 부분이다.

이집트인이 이집트인
맞서게 하리라
친구와 친구가
마을과 마을이
왕조와 왕조가
서로 싸우게 하리라
3 이집트는 넋이 나가리라
그의 계획을 내가 무산시키리라
그들은 묻는다
신들에게 망령들에게
조상신들에게 때를 아는 현자들에게
4 나는 넘기리라
이집트인들을
가혹한 감독관들이 맘대로 하게 할 것이다
무자비한 왕이
그들을 통치하리라
만군을 거느리신 주 야훼님의 선언이다

5 물이 바다에서 끊길 것이다
강이 마를 것이다 메마를 것이다
6 물길이 오염되어 냄새날 것이다[117)]
이집트 운하가 마를 것이다
갈대와 골풀이 썩을 것이다

---

117) 쿰란 공동체의 『성(聖) 마가 수도원 이사야 두루마리』(1QIs[a], והזניחו)를 따라 읽는다. 마소라 본문(והאזניחו)은 잘 알 수 없는 말이다.

7 나일 강가의 파피루스
나일 강에 심은 온갖 것
말라버린다 바람에 날린다 사라진다
8 어부들 애곡한다
나일 강에 낚싯줄 치는 자들 통곡한다
물 위에 그물 던지는[118] 자들
기운이 없다
9 아마 노동자들도 허둥지둥한다
껍질 벗기는 자도 엮는 이도
안타까워한다
10 그 토대가 무너진다[119]
임금 노동자들 모두 다 낙담한다

11 소안 귀족들 바보들
뛰어나다는 파라오의 자문관들
멍청한 조언만 할 뿐
어떻게
파라오에게 말하는가?
나는 뛰어난 현자[120]
나는 케뎀 왕[121]의 후손이라고

---

118) 또는 '그물 펼치는'
119) 잘 알 수 없는 부분이다.
120) 문자적으로 '현자들의 아들'
121) 케뎀 왕국의 지혜는 전설적이다.(NJPS) 열왕기상 4.30(마소라 본문 5.10)을 보라. 흔히 '옛 왕'(개역, 새번역)이나 '왕가'(공동번역)나 '옛 임금'(가톨릭성서)으로 번역하나 고유명사로도 읽을 수 있다. 열왕기상 4.30에서도 한글 개역과 새번역은 같은 말(מלכי־קדם)을 '동양'(東洋)으로, 가톨릭성서는 '동방'으로 번역하기도 한다.

12 아, 어디 있는가?
너희 현자들?
말하게 하라
알려달라 하라
만군을 거느리신 야훼님
이집트를 어찌할 속셈이신지 말이다
13 소안 귀족들 바보짓한다
놉 귀족들 속인다
이집트인들 엇나가게 한다
부족장들이 —
14 야훼께서 그들을
뒤섞어 놓으신다
하는 일마다 엇나가게 하신다
주정뱅이 토하며 비틀대듯
그렇게 하신다
15 되는 일 하나 없다
이집트인들
작은 자도 큰 자도
높은 자도 낮은 자도[122] —

16 그날이 되면 이집트인들은 여인처럼 벌벌 떨고 공포에 사로잡힐 것
이다. 만군을 거느리신 야훼께서 그들에게 손을 쓰시기 때문이다.
17 유다 땅이 이집트인들에게 공포의 대상이 될 것이다. 그 이름만
들어도 벌벌 떨 것이다. 야훼님의 속셈이 그렇기 때문이다. 18 그날

122) 문자적으로 '대추야자 잎도 갈대도'(사 9.13 참조)

이 되면 이집트 땅에 가나안 말을 하는 마을이 여럿[123] 생길 것이다.
거기서 만군을 거느리신 야훼께 맹세하기도 할 것이다. 그 가운데
한 마을은 '해 마을'[124]이라고 부를 것이다.
19 그날이 되면 이집트 땅에서 야훼께 예물을 바칠 것이다. 국경 부근
에 야훼께 바치는 제단이 생겨 20 만군을 거느리신 야훼님을 가리키
는 상징이 될 것이다. 이집트 땅에서 보는 사람마다 야훼님을 생각
할 것이다. 독재자들 때문에 울부짖으면 야훼께서 모쉬아를 보내시
어 그들을 구해낼 것이다. 그 수는 말로 다 할 수 없을 것이다. 21 이
렇게 야훼께서 자신을 드러내실 것이다. 이집트인들에게 그렇게 하
셔서 그분이 누군지 알게 될 것이다. 그날에 벌어질 일이다. 그러면
그들은 제물을 잡아 드리고 예물을 바칠 것이다. 약속한 예물까지도
바칠 것이다. 그렇게 이행할 것이다. 22 야훼께서 처음에는 이집트인
들을 치시지만 나중에는 고쳐주실 것이다. 야훼께 돌이키기만 하면
그들의 호소를 들으시고 고쳐주실 것이다.

세 친구 – 이집트, 아시리아, 이스라엘

23 그날이 되면
이집트에서 아시리아까지
고속도로가 뚫릴 것이다
아시리아인과 이집트인이 친구가 되고

---

123) 문자적으로 '다섯'

124) 타르굼의 '베이트 쉐메쉬'(בית שמש)를 따라 번역한다. 헬리오폴리스(Heliopolis)를 가리키는 듯하다.(NJPS)

이집트인과 아시리아인이 친구가 된다
이집트인들이 아시리아인들을 섬길 것이다

24 그날이 되면
이스라엘은
이집트와 아시리아와 함께 친구[125]가 될 것이다
그 땅의 복덩이가 되리라
25 만군을 거느리신 야훼님
복 내리신다
"복 받아라
내 겨레 이집트야
내 솜씨 아시리아야
내 차지 이스라엘아"

허리띠 풀라 신발 벗으라

20장

1 아시리아 장군[126]이 아스돗으로 오던 해 일이다. 아시리아 왕 사르
곤이 그를 보낸 것이다. 아스돗을 공략하여 결국 함락시켰다. 2 그때
야훼께서 아모츠의 아들 이사야를 통하여 말씀하셨다. "허리띠를
풀어라. 신발을 벗으라. 그가 이렇게 할 것이다." 그래서 그는 알몸

125) 또는 '이집트와 아시리아의 세 번째 짝'
126) 문자적으로 '타르탄'(왕하 18.17 참조)

으로 신발도 신지 못한 채 걸어갔다. 3 야훼께서 또 말씀하셨다. 이
사야가 알몸으로 신발도 신지 못하고 3년 동안 걸어다닐 것이다. 이
집트와 누비아에게 내리는 징조이다. 본보기이다. 4 이렇게 아시리
아 왕이 이집트 포로들과 누비아 포로민을 끌고 갈 것이다. 젊은이
도 늙은이도 알몸으로 신발도 신지 못한 채 말이다. 궁둥살 드러내
고 끌려갈 텐데 이집트의 수치 아니냐? 5 그들의 희망 누비아가 절
단났다. 끝났다. 그들의 자랑거리 이집트도 마찬가지이다. 6 여기 바
닷가 사람들이 말한다. "그날에 힘이 될 것이라고 구해줄 것이라고
우리는 고대했다. 하지만 어떻게 아시리아 왕 앞에서 우리가 도망칠
수 있을까?"

회오리바람처럼

21장

1 서쪽[127] 사막에 대한 선언

네게브 향해 내달리는
질풍처럼
광야에서 온다
끔찍한 땅[128]에서 —
2 무서운 예언[129]

---

127) 또는 '바다'
128) 페쉬타 역(Codex Ambrosianus)은 '먼 땅'(ܐܪܥܐ ܪܚܘܩܬܐ)으로 읽기도 한다.

내게 들렸다
"배신자 배신한다
약탈자 약탈한다
공격하라 엘람아
포위하라 메디아야
홍겨워 와자지껄하는 소리[130)]
모두 다 끝내리라"

3 그리하여
내 허리 부르르 떨리고
난 겁에 질린다
아기 낳으려
몸부림치는 여인처럼
그 고통 말도 못해 듣지 못한다
소스라치게 놀라 보지 못한다
4 내 맘은 뒤죽박죽
공포에 떤다
공포로 바뀐
기쁨의 이 밤—
5 "식탁을 준비하라
경비를 서게 하라
먹자 마시자
병사야 일어나라

---

129) 또는 '예언'
130) 문자적으로 '한숨'

방패를 닦아라"

6 주님께서 나에게 이렇게 말씀하신다
"초병을 세우라
보는 것 보고하라 말하라
7 그는 볼 것이다
병거부대 기마부대[131] 나귀부대 낙타부대 —
자세히 들으라
아주 자세히!"
8 사자처럼 고함친다
"주님 살펴보시니
나는 서 있습니다
낮이면 낮마다
밤이면 밤마다
나는 경비 섭니다
9 아, 보세요
기마병이 옵니다
기마부대[132]입니다"
그가 대답한다
"떨어졌다 떨어졌다
바빌론 떨어졌다
그의 신상들도
땅바닥에 내동댕이쳐 산산이 부서졌다"

131) 문자적으로 '한 쌍씩 끌고 있는 기마부대'
132) 바로 앞의 주를 보라.

10 “내 타작마당
내 타작마당의 곡식이다”
만군을 거느리신 야훼님께
내가 들은 말이다

동이 터 옵니다

11 두마에 대한 선언

세일에서 들려오는 말
“경비원, 밤은 어떤가?
경비원, 밤은 어떤가?”
12 경비원 하는 말
“아직은 어둡죠
하지만 동터 옵니다
묻고 싶거든
갔다 다시 오세요”

13 ‘초원에서’ 선언

작은 숲속에 초원에
너는 몸 붙여 살 것이다
드단 사람[133] 대상들아!

---

133) 고대 시리아의 우가릿 왕실 망자 제의문(KTU 1.161)에 드단 사람들이 등장한다.

14 목마른 자들
물을 대접하라
테마 땅 사람들아
떠돌아다니는 자들에게
밥[134]을 대접하라
15 그들은 떠돌이 신세
피에 절은 칼 때문에
당겨놓은 활 때문에
고통스러운 전쟁 때문에 –

16 주님께서 내게 이렇게 말씀하신다. "노동자의 고용 날짜가 정해진
것처럼 게달 사람들은 때가 되면 모두 끝장날 것이다. 17 활을 잘 쏘
는 게달 사람 가운데 남아 있는 자도 줄어들 것이다." 이스라엘의 하
느님 야훼께서 이렇게 말씀하신다.

울고 싶어라

22장

1 묵시[135] 계곡에 대한 선언

이 제의문을 보면 이들은 기원전 2000년대 후반 고대 시리아 우가릿 왕조의 조상으로 나온다.(이환진, 『구약성서 속에서 노닐다』, 140–142 참조)

134) 문자적으로 '빵'

135) 또는 '환상'

너희에게 무슨 일 일어났는가?
사라지다니?
모두 다
지붕에 올라가다니?
2 난리가 났구나
소란스러운 성읍아
야단법석 마을아
칼에 찔리지 않았는데도
찔렸구나
전쟁이 아닌데도 죽었구나
3 지도자라는 것들
하나같이 헤맬 뿐
저 멀리 도망친다
포로로 끌려가는 생존자들
활 없이도 끌려간다
4 내가 하고 싶은 말,
"날 그냥 놔두라
정말 울고 싶구나
날 위로하려 하지도 말라
딸 내 겨레 폐허가 된 까닭이다"

5 아,
소란 법석 혼란의 날
만군을 거느리신 야훼님의 날
묵시 계곡
거기서 격노하는 키르

그 언덕의 쇼아[136)]

6 화살통 메고 있는 기마부대

엘람

방패를 쥐고 있는 키르

7 가장 좋은 너의 저지대

병거와 기마병 가득하다

성문마다

폭풍처럼 밀려온다

8 유다가 쳐놓은 막

마구 밀고 들어온다

너희는 생각했다 그날

숲속 집 무기를

9 그리고

다윗 성의 틈

너희는 생각해냈다

엄청 많다고—

너희는 아래 수로[137)]의 물을 모았다. 10 너희는 예루살렘에 있는 집
의 수를 세었다. 그리고는 성벽을 튼튼하게 한다는 명분으로 그 집
들을 허물었다. 11 또한 옛 수로[138)]가 흐르는 그 두 벽 사이에 수조를

136) 잘 알 수 없는 부분이다. '키르'(קִיר)에 대해서는 열왕기하 16.9와 아모스 1.5, 9.7을 보라. '쇼아'(שׁוֹעַ)에 대해서는 에스겔 23.23을 보라.(NJPS)

137) 이사야 8.6의 '윗 수로'(ברכה העליונה)를 참조하라.

138) 이 '옛 수로'(ברכה הישנה)는 히스기야가 만든 터널 수로(왕하 20.20)로 알려져 있다.(HALOT 161) 히스기야 수로의 터널 벽에 새겨 있는 실로암 새김글(KAI 189.5)에도 이 '수로'(ברכה)가 언급되어 있다.

만들었다.

너희는 그것을 계획한 분에 대해
생각이 없다
너희는 그것을 오래전 디자인한 분에게
주의를 기울이지도 않는다
12 부르신다
만군을 거느리신 야훼님이 그날에—
울라
슬피 울라
머리를 밀라
넝마를 두르라[139)]
13 아,
기뻐한다 즐거워한다
큰 가축 잡는다
작은 가축 잡는다
고기를 먹는다
술을 마신다
먹자 마시자
그래 내일 죽자
14 만군을 거느리신 야훼님
내 귀에 대고 말씀하신다[140)]

---

139) 고대 시리아와 메소포타미아의 전형적인 애곡의식과 같다. 다만 레위기에 따르면 머리를 미는 행위는 금지되어 있다. 따라서 위의 의식은 매우 특이한 경우이다.

140) 문자적으로 '내 귀를 여셨다'

너희의 이 죄는 절대로
용서받지 못할 것이다
너희가 죽는 날까지—
만군을 거느리신 주님 야훼님 말씀하신다

15 만군을 거느리신 주님 야훼께서 이렇게 말씀하신다
어서 가라
궁전 관리[141] 세브나에게—

16 무엇 때문에 여기 있느냐?
누구 때문에 여기 있느냐?
여기서 네 무덤 파느냐?
높은 곳에 무덤 파는 자야
바위를 파 집 짓는 자야
17 야훼께서 이제
널 내동댕이치신다
널 질질 끄신다[142]
18 널 날리신다
머리띠처럼 터번처럼
드넓은 땅으로—
거기서 넌 죽으리라

141) 기원전 2000년대 고대 시리아 우가릿(현재의 라스 샤므라)의 행정 문서(KTU 2.21:8, 3.1:38, 4.36:3 등)에 이와 비슷한 관직(skn bt mlk)이 등장한다.(HALOT 755, 트롬퍼-우가릿 사전 149)

142) 문자적으로 '너를 그의 주위에 감싼다'

거기서 병거에 깔린 시체[143]가 되리라
네 주인집의 수치가 되리라
19 너 있는 곳에서
집어던지리라
네 자리에서
갈기갈기 찢으리라

20 그날에 벌어질 일이다. 내가 나의 종 힐기야의 아들 엘리야김을 부
를 것이다. 21 그에게 네 긴 옷을 입힐 것이다. 네 겉옷을 입히리라.
그렇게 권위를 부여하마. 그래서 예루살렘 주민과 유다 가문의 아비
가 되게 하리라. 22 그런 뒤 그의 어깨에 다윗 궁전의 열쇠를 얹어놓
으마. 그가 잠그면 열 사람 아무도 없다. 그가 열면 잠글 사람 하나
없다. 23 그의 어깨에 그의[144] 가문의 명예가 달려 있다. 나는 그를
든든한 땅의 쐐기로 삼으리라. 24 그의 가문의 모든 것이 그에게 달
려 있다. 새싹도 잎도 그렇다. 작은 그릇은 무엇이든 주발부터 옹기
까지 모두 다 그렇다.
25 그날이 되면 – 만군을 거느리신 야훼의 선언이다 – 든든한 땅에 꽂
힌 쐐기가 사라질 것이다. 잘릴 것이다. 떨어져나갈 것이다. 그것을
지지하는 추가 파괴될 것이다. 야훼께서 말씀하신다.

143) 히브리어 '카보드'(כבוד)를 옮긴 말이다. 이사야 10.3, 10.16을 보라.
144) 또는 '그의 주인의'

23장

1 두로에 대한 선언

아, 다시스로 가는 배야
혼란이다
집 한 채 남아 있지 않구나
키팀 땅에서 올 때
내린 말씀이다

2 울어라
섬사람들아
시돈 상인들아
바닷길이 훤하다는 사람들아
3 수많은 뱃길[145)]
국가간 무역으로
네 수입이 들어온다
쉬호르 곡식
나일 강 수확물
4 부끄러운 줄 알라 시돈아
그래, 바다가
튼튼한 바다가 말하는구나

145) 문자적으로 '엄청난 물에'

난 몸부림치지 않아
난 아기를 낳지도 않아
난 남자 청년 키우지 않아
여자 청년도 기르지 않아
5 이집트에 들린 소문으로
부르르 떤다
두로에 대한 소문처럼—

6 지나가라 다시스를
섬사람들아 울어라
7 너희가 기뻐하던 도성이
이러하더냐?
옛날부터 아주 오래전부터?
다리를 질질 끌고
멀리 가 살려고 했더냐?
8 누가 이것 계획했더냐?
화관 쓴 두로를?
그 상인이 귀족이고
그 장사꾼
온 땅에 그 명망 널리 퍼져 있는 곳?
9 만군을 거느리신 야훼님
계획하셨다
온갖 아름다움 무가치하게 하신다
온 땅에 자자한 그 명망 낮추신다

10 나일 강처럼

네 땅을 지나라
딸 다시스야
항구는 더 이상 없다

11 그분
바다에 손쓰셨다
왕국들 흔들흔들—
야훼님 명하셨다
페니키아[146] 요새를 파괴하라
12 말씀하신다
다시는 기뻐하지 못할 것이다
딸 시돈 사람들아
약탈당한 자들아
일어나라 키팀까지 건너라
거기서도 쉬지는 못하리라

13 갈데아 땅을 보라
없었던 나라 아니냐?
아시리아가
상선을 두려고 그 터 닦은 곳
망루를 세우고
요새를 둔 곳
그곳은 이제 끝났다

146) 히브리어 '가나안'

14 아,
다시스 상선아
너의 요새가 망가져버렸다

15 그날이 되면 일어날 일이다. 두로는 70년 동안 잊힐 것이다. 어떤 왕
이 다스린 한 해와 같은 것이다. 70년이 지나면 두로는 아래와 같이
매매춘 여성처럼 될 것이다.

16 리라를 들라
마을을 돌라
오래전 잊혀진 매매춘 여성아
달콤하게 연주하라
끊임없이 노래하라
네가 다시 생각나도록 —

17 70년이 지나면 야훼께서 두로를 염두에 두실 것이다. 그러나 그는
여전히 돈을 받을 것이다. 그렇게 이 땅 위에 있는 세상 모든 왕국에
게 몸을 팔리라. 18 그렇지만 그가 받은 돈은 야훼께 거룩한 것이 되
어 묻어두거나 감춰두지 않을 것이다. 그의 돈은 오히려 야훼님 앞
에서 사는 사람들 차지가 될 것이다. 그들은 그것으로 맘껏 배불리
먹고 멋진 옷을 해 입을 것이다.

아, 발가벗긴 땅

24장

1 아, 야훼께서
땅을 발가벗기신다
찢어버리신다[147)]
땅 얼굴 뒤틀린다
그 주민들 흩어진다
2 평민이 사제가
남종이 그 주인이
여종이 그 주인이
파는 자가 사는 자가
빌려주는 자가 빌리는 자가
빚쟁이와 빚진 자가
모두 똑같다
3 땅이 벗는다 벌거벗는다
부서진다 마구 부서진다
아,
야훼께서 이 말씀 하신다

4 땅이 마른다 말라버린다
세상이 괴로워한다 타버린다
하늘과 땅이 함께[148)] 괴로워한다

---

147) 시리아어 페쉬타 역(Codex Ambrosianus)을 따라 읽는다. 또는 '황폐하게 하신다'

5 땅이 썩는다
그 땅에 사는 사람들 때문이다
그들이
토라를 거스르고
법을 어기고
옛 언약을 깼기 때문이다
6 그리하여
저주가 땅을 집어삼킨다
그 땅에 사는 사람들
값을 치른다
그리하여
그 땅에 사는 사람들
줄어든다
얼마 남지 않는다
7 햇포도가 없다
넝쿨이 마른다
기뻐하던 사람들[149] 한숨짓는다
8 소고 치며 흥겨워하던 소리
끊어졌다
왁자지껄 떠들던 소리
사라졌다

---

148) 모음 부호를 바꿔 읽었다. 히브리어 마소라 본문의 모음 부호대로 읽으면 '가장 귀한 땅 사람들'이라고 옮길 수 있다. 시리아어 페쉬타 역(Codex Ambrosianus)은 '땅의 높은 곳'(ܪܘܡܗ ܕܐܪܥܐ)으로 읽는다. 아람어 타르굼 역은 '농투성이(땅의 사람들)의 힘'(תקוף עמא דארעא)으로 읽는다.

149) 문자적으로 '마음의 기쁨'

달콤한 리라 가락
들을 수 없다
9 노래도 없이 술만 마신다
독주가 그저[150] 쓰기만 하다
10 마을이 무너졌다 비어 있다
집마다 닫혀 있다 입구가 없다
11 술 마신다
울음소리 거리마다 메아리친다
즐거움 아련히 사라진다
땅의 기쁨 없어진다
12 폐허만 마을에 남아 있을 뿐
문마다 덜렁거린다
13 아, 이런 일 벌어진다
땅 한가운데에
나라들 사이에
올리브 나무 털 때처럼
그 아래 떨어진 낱알처럼[151]
포도원 그렇게 끝장난다

14 그들은 목소리 높인다
야훼님 높은 분이시라고
바다에서도 소리지른다
15 영광스레[152] 야훼님 높이라

150) 문자적으로 '술 마시는 사람에게'
151) 이사야 17.6을 보라.

바다 섬에서
야훼님 그 이름
이스라엘의 하느님을—
16 땅 끝[153]에서
우린 노랫소리 듣는다
"의인[154]에게 영광 있으라!"
그들이[155] 말한다
"난 망했다 난 망했어
난 끝났다
배신자들 배신한다
배신자들 배신한다
배신하고야 말았다"

17 공포 테러 경악
땅 위에 사는 너희에게 내린다
18 테러 소식에
도망치는 자
구덩이에 빠진다
구덩이에서 기어오르는 자

---

152) 페쉬타 역(Codex Ambrosianus)의 '브-테쉬부하토'(ܒܬܫܒܘܚܬܐ)를 따라 옮긴다. 히브리어는 문자적으로 '빛으로'(באורים)라는 뜻으로 옮길 수 있으나 불분명하다. 칠십인역은 이 용어를 번역하지 않았다. 타르굼 역은 '찬란한 낮에(?)'(הנהורא במיתי)로 옮긴다. 불가타 역은 '가르침으로'(in doctrinis)라고 설명을 붙여 옮기기도 한다.(HUB Isaiah 참조)

153) 문자적으로 '날개'

154) 또는 '가난한 자'나 '빈자'

155) 문자적으로 '나는'

덫에 걸려버린다
아, 하늘에서 수문이 열린다
땅의 토대가 흔들거린다

땅이 흔들흔들

19 땅이 부서져 내린다
땅이 무너져 내린다
땅이 흔들흔들거린다
20 땅이 비틀비틀거린다
술 취한 자처럼—
초막처럼
앞뒤로 마구 흔들거린다
그 죄가 그들을 짓누른다
그들에게 떨어진다
다시는 일어서지 못하리라

야훼께서 다스리신다

21 그날에 벌어질 일이다
야훼께서 소집하신다
하늘에서
하늘 군대를
땅에서

땅의 왕국들을 —
22 그들은 구덩이에 모여든다
포로들 모이듯
감옥에 갇힌다
그러나
수많은 날 지난 뒤에야
겨우 불러내리라

23 달이 기운다
해가 흐려진다
아,
만군을 거느리신 야훼님
다스리신다[156)]
시온 산에서 —
예루살렘에서
그 영광 드러내신다
그 지도자들에게 —

난 님께 노래합니다

25장

1 야훼님,

---

156) 또는 '왕위에 오르신다.' 시편 93.1, 96.10, 97.1, 99.1과 역대상 16.31을 보라.

님은 나의 하느님이시죠
님을 난 드높입니다
님을 난 찬미합니다
은총 베푸시려
님은 맘먹으셨죠[157] 먼 옛날부터 —
한결같이 든든하시죠
그렇게 섭리하시죠

2 아, 님은
마을을
돌무더기로 바꾸셨죠
성벽 두른 마을을
폐허로 만드셨죠
이방의 성채를
기와 조각으로 만드셨죠
하여 다시는 세울 수 없죠
3 그리하여
포악한 나라 사람들
님 존경합니다
독재자 마을 사람들
님 무서워합니다
4 아, 님은
고통에 빠져 있는
가난한 사람의 산성

157) 이사야 9.5를 보라.

빈자들의 쉼터
폭우의 가림막이
폭염의 그늘 —
겨울 폭풍 같은 독재자의 분노
5 광야 열풍 같은 적국의 분노
님은
구름 그늘로
그 열기 식히시죠
독재자의 노래
짓누르시죠

6 만군을 거느리신 야훼님
이 산에서 온 나라 사람들 위해
파티를 여신다
최고급 음식으로
최고급 술로
기름진 음식으로
잘 빚은 술로 —
7 이 산에서 없애신다
장막 덮개를
모든 사람들 위에 드리워 있는 장막을
모든 사람들 위에 씌워놓은 덮개를 —
8 죽음[158]을 없애신다
영원히 —

---

158) 또는 '모투(죽음의 신)를'

주님 야훼께서
눈물을 훔쳐내신다
모든 사람 얼굴 위에서 —
당신 겨레의 공포를
땅에서 없애버리신다
야훼께서 말씀하신다
9 그날 사람들이 말한다
자, 이분이 바로 우리 하느님
나는 간절히 기다린다
이분 야훼께서
우리를 구해내신다
나는 간절히 기다린다
이분을 —
함께 기뻐하자
함께 즐거워하자
그분의 승리[159)]를[160)] —
10 야훼께서 당신의 손
이 산 위에 내려놓으신다
모압은 그 아래에서
떨 것이다
지푸라기가 타작마당에서 날리듯 —
11 그분은 당신의 손
그들 고향땅에[161)] 펴신다

---

159) 또는 '구원'
160) 시편 118.24를 참조하라.

그 교만 꺾으신다
힘자랑하는 성채[162]도
12 네 성곽도 네 성벽도
내려치리라 후려치리라
아래 땅까지
땅바닥까지 주저앉으리라

성문 열리면

26장

1 그날
유다 땅에서
이 노래 부르리라
든든한 마을
내벽에서 외벽에서
이기리라
2 성문 열리면
의인들 들어가리라
믿음 지키는 자들
3 든든한 믿음
널 지키리라

---

161) 문자적으로 '그들 한가운데에'
162) 잘 알 수 없는 말이다.

평화!
평화!
님께 기대니

4 기대라 야훼님께
영원 영원히!
야훼님은 '야'이시라
영원한 산[163]이시라
5 아,
고지대 사는 자들
떨어지리라
성곽 마을
주저앉으리라
아래 땅까지 주저앉으리라
땅바닥까지 내려앉으리라
6 아랫도리가 벌벌 떨리리라
가난한 자들 다리가
빈자들 발바닥이 —
7 의인이 가는 길
판판한 길
바른 이들아
의인이 가는 길
판판하게 하라

---

163) 또는 '바위'

님의 길 가르치소서

8 야훼님!
바르신 님의 길
난 간절히 바랍니다
님 이름
님 이름 불러보는 것
온몸으로 바라는 것
9 밤마다
이 몸은
님 기다립니다
아, 온몸 다해
님 찾아봅니다
님의 바르심
땅에 펼쳐지도록
세상 사람들에게
가르치소서
정의를—
10 악인들 봐주시면
사람들
정의를 배우지 못하죠
온전해야 할 땅에
높으신 야훼님
바라보지도 않죠

11 야훼님!

님께서 손을 높이 드셨죠
그들은 못 보는군요
쓰러지게 하소서
님의 겨레를 위한
님의 정열
그들이 볼 때 그렇게 하소서
아, 님의 원수
불이 집어삼키게 하소서
12 야훼님!
우리에게 평화를 내리소서
그래요
우리가 한 일 모두 다
님께서 갚으소서

죽은 자들 일어나게 하소서

13 야훼님
우리 하느님
주님만이 우리 주인
우리는 님 이름만
불러봅니다
14 죽은 자들 살지 못하리라
망령은 일어나지 못하리라
그들을 다루시어
그들을 없애시리라

그들의 모든 이름
사라지리라
15 무리를 더하소서
야훼님!
무리를 더하소서
오직 님만이
존경받기 바라오니
땅 끝까지 펼치소서
16 야훼님!
고난 중에 그들은 님을 찾네요
님께서 그들을 치시자
속살거리는 기도를 드리네요
17 임신한 여인처럼
해산하려 자지러지는 여인처럼
몸부림칩니다
소리소리 지릅니다
그 고통 말도 못합니다
야훼님!
님 앞에서
우리는 바로 그렇습니다
18 우리는 임신했어요
몸이 아파요
바람을 낳는 것 같아요
땅에서
우리는 이기지 못하죠
세상 사람들

생명을 얻지 못해요

19 님의 죽은 자들

되살아나게 하소서

시신이 일어나게 하소서

일어나라

환호성 올려라

땅에 누워 있는 자들아

아, 님의 이슬

찬란히 빛나는 이슬이어라

님은 망령의 땅

되살아나게 하시죠

골방으로 들어가라

20 가라, 내 겨레여!

네 골방으로 들어가라

문을 잠그라

너 홀로 있으라

기다리라

잠깐만

재난[164]이 지날 때까지 —

21 아,

야훼께서 나오신다

---

164) 또는 '(그분의) 분노가'

당신의 터에서
악을 벌하시려
땅에 사는 자들
그 책임 물으신다
땅은
그 핏값 갚아야만 하리니
살해당한 자들
그 피
덮을 수 없다

똬리 튼 뱀

27장

1 그날이 오면
날 서고 크고 강한 칼로
야훼님 치신다
붙잡기 어려운 뱀 리워야단
똬리 튼 뱀 리워야단
바다에 사는 타닌을
그분은 죽이신다

포도원 노래(2)

2 그날이 오면
즐거운 포도원
그 노래 부르리라
3 나 야훼가 지키리라
매 순간 물 주리라
그 어떤 해로움도
닥치지 못하리라
밤낮으로 내가 지키리
4 화내지 않으리라
내게
가시 엉겅퀴 있다면
그와 맞서 싸울 텐데
모조리 불사를 텐데
5 내 쉼터이신 분
그에게 기대기만 한다면
그분은
날 편안하게 할 텐데
날 편안하게 할 텐데—

6 앞으로
야곱은 뿌리내리리라
이스라엘은 싹트리라 꽃피우리라
가득 채우리라
온 세상을

그 열매로—

7 그분이
마구 때리듯
그렇게 그들을 때렸느냐?
마구 죽이듯
그렇게 그들을 죽였느냐?
8 ……[165]
질풍이 부는 날
그의 바람이
그렇게 세었는가?
9 그리하여
이것으로
야곱은 죗값을 치렀다
이것이
그가 지은 죄의 열매이다
그분이 제단의 모든 돌을
올려놓으실 때
내려친 석회석처럼
아세라 상도
그 어떤 분향단도
서지 못하리라
10 아,
성곽 성읍마다 폐허가 되리라

165) 잘 알 수 없는 부분이다.

쉴 곳도 없어지리라
광야처럼 버려지리라
거기서
송아지가 풀을 뜯고
누우리라
나뭇가지를 잘라 먹으리라

이 백성은 생각이 없다

11 이 백성은 생각이 없다
그를 만드신 분
그를 애지중지하지 않으시리라
그를 지으신 분
그에게 자비 베풀지 않으시리라

12 그날이 되면 벌어질 일이다. 야훼께서 사람들을 곡식처럼 터실 것이
다. 유프라테스 강에서 이집트 시내까지 — 이스라엘 사람들아! 너희
는 한 사람 한 사람 주우실 것이다.
13 그날이 되면 벌어질 일이다. 그분이 큰 뿔나팔을 부실 것이다. 그러
면 아시리아 땅에서 헤매고 있던 자들과 이집트 땅에서 떠돌아다니
던 자들이 몰려들 것이다. 그리고 거룩한 산에서 예루살렘에서 야훼
님께 경배할 것이다.

영광? 시들어버릴 꽃일 뿐

28장

1 아,
술 취한 에브라임
자랑하는 그 왕관이란
찬란한 그 영광이란
시들어버릴 꽃일 뿐—

2 야훼께
강한 것 힘센 것 있으니
질풍노도와 같아
엄청난 폭우 몰고 오는
폭풍과 같아
땅바닥으로 힘차게
내꽂으신다
3 에브라임의 술 취한 자들
그 거만한 화관[166]이
발바닥에 밟힐 것이다
4 기름진 계곡으로
우쭐해진 그의 머리 위의
시든 꽃이
아름답다는 그의 영광이라

166) 또는 '왕관'

열매를 따기 전
철 이른 무화과 같을 뿐
보는 사람은 누구든
그것을 따먹으리라
아직 그 가지에 붙어 있는데—

5 그날이 되면 만군을 거느리신 야훼께서 찬란한 왕관이 되신다. 당신
겨레의 남은 자들에게 영광스러운 화관이 되신다. 6 재판정에 앉아
있는 자에게 꼭 필요한 정의의 숨결이 되신다. 성문에서 공격하는
자들을 격퇴시킬 힘이 되신다.

술 때문에 비틀비틀

7 그러나 이들은
술 때문에 머리가 멍하다
독주 때문에 비틀거린다
사제도 예언자도
술 때문에 머리가 멍하다
술 때문에
정신이 하나도 없다
독주 때문에 비틀거린다
환상 때문에
머리가 멍하다
얻어맞아[167)] 비틀비틀거린다
8 탁자마다

토한 것 더러운 것
가득할 뿐
공간이 없다

9 누구를 가르칠까?
누구에게 알릴까?
금방 젖을 뗀 아기에게?
금방 젖을 뗀 아가에게?
10 중얼중얼
중얼중얼
여기? 저기?

11 더듬거리며
허튼소리 하는 자들
이상한 말 하는 자들
그들에게 말한다
12 이렇게 말한다
"여기가 쉴 곳이다
지친 자 쉬어라
여기가 숨 돌릴 곳이다"
그래도 듣지 않는다
13 이들에게 야훼님
말씀하신다
"중얼중얼

---

167) 문자적으로 '심판 때문에'

중얼중얼
여기? 저기?"
그들은
앞으로 나아가겠지만
뒤로 넘어질 것이다
상처받을 것이다
덫에 걸릴 것이다
사로잡힐 것이다

죽음과 맺은 언약?

14 그러니
야훼님 말씀 들으라
비웃는 자들아
예루살렘에서
이 겨레 다스리는 자들아
15 아, 너희가
말하는구나
우리는 죽음[168]과 언약 맺었어
저세상[169]과 협약을 맺었단 말이지
엄청난 홍수[170]는

168) 죽음의 신 '모투'(Motu)를 가리키는 듯하다. 기원전 2000년대 후반 고대 시리아의 우가릿 사람들이 남긴 『바알』이라는 문학에서 죽음의 신 '모투'의 활약상을 자세히 볼 수 있다.(이환진, 『우가릿의 바알』 참조)

169) 문자적으로 '스올'

지나갈 거야
우리에게 미치지 않아
거짓을 쉼터로 삼았어
사기를 쉼터로 만들었기 때문이야

16 그리하여
주님 야훼께서 이렇게 말씀하신다
내가 시온에
돌을 돌 위에 쌓는다
소중한 모퉁잇돌
매우 튼튼하게 놓는다
믿는 자는
걱정 말라
17 나는 정의를 다림줄로
의를 무게로 삼는다
거짓 속으로 숨는 자들
우박이 쓸어버린다
네 쉼터
홍수가 집어삼킨다
18 죽음과 맺은 네 언약
이제는 무효이다
저세상과 맺은 네 맹약
이제는 설 수 없다
휩쓰는 홍수에

---

170) 또는 '뜨거운 천벌'

넌 희생당할 것이다

19 네가 붙잡힐 것이다

휩쓰는 매 순간마다 —

아침이면 아침마다

밤낮 가릴 것 없이

널 휩쓸 것이다

공포가 엄습하리라

그러니

이 소식 알아들으라

20 침대가 너무 짧아 펼 수가 없다

이불이 너무 작아 덮을 수 없다

님 하시는 일 이상하다?

21 아, 야훼께서 일어나신다

페라침 산에서 그러셨던 것처럼

기브온 계곡에서 그러셨던 것처럼

분연히 일어나신다

님의 일 하신다

님의 일 이상하다

님의 일 실행하신다

님의 일 묘하구나[171)]

171) 사무엘하 5.19-25와 역대상 14.9-16을 보라.

22 자,
그렇다고 비웃지 말라
너희 끈을 단단히 매지 말라
아, 나는 들었다
끝장났다고 파국이라고—
주님 만군을 거느리신 야훼님
땅을 거슬러
하신 말씀이다

타작 널판으로, 타작 썰매로

23 귀 기울이라
들으라 내 말을—
귀에 담아두라
들으라 내가 하는 말을—
24 씨 뿌리려고
하루 종일
파고 또 파느냐?
땅을 갈아엎고 고랑을 내느냐?
25 땅[172)]을 고르고 나서
회향 씨를 뿌리느냐?
근채 씨를 뿌리느냐?

---

172) 문자적으로 '그(땅의) 얼굴'

밀은 줄 지어 심느냐?
보리는 껍질 베껴 뿌리느냐?
엠머는 바구니에 담아서?
26 그래, 그분이
바른 방식 알려주신다
그의 하느님이 가르치신다
27 그렇지
타작 널판으로 회향을 으깨지 않지
타작 썰매 바퀴로 근채를 뭉개지 않아
하지만
막대기로 회향을 털지
작대기로 근채를 털어
28 그렇게 먹을 것 얻지
타작마당에서 이렇게 잘 거둬들여
타작 썰매 바퀴가
말들이 그것을 먹지는 않아
으깨지는 않는단 말이지
29 이 또한
만군을 거느리신 야훼
그분이 하신 말씀이다
그분의 계획
헤아릴 수 없고
그분의 지혜
그저 놀라운 뿐

29장

1 아,
아리엘,[173)] 아리엘!
다윗 성[174)]이여!
해[年]에 해[年]를 더하라
절기를 준비하라[175)]
2 내가
아리엘을 애먹이리라
슬픔
그리고 탄식만 있을 뿐
그는 나에게
아리엘일 뿐—
3 내가
너를 빙 둘러
에워쌀 것이다
너를 둘러싸

---

173) 예루살렘을 가리키는 시어(詩語)이다. 이사야 33.7을 보라.(NJPS)

174) 문자적으로 '다윗이 진을 친 성읍'

175) 페쉬타 역(Codex Ambrosianus)을 따라 읽는다. 또는 '절기를 지키라'로 옮길 수도 있다. 히브리어 마소라 본문은 '절기들이 돌아오게 하라'로 되어 있다. 고대 시리아의 우가릿 문학 가운데 『키르타』(KTU 1.12 ii 44–45)에도 위의 히브리어 본문처럼 '절기의 회전'(nqpnt)이라는 말과 '한 해'(šnt)라는 말이 짝말로 나란히 나온다. 따라서 '절기들이 돌아오게 하라'는 말은 '절기가 제때에 맞게 잘 돌아오게 조정하여 그 절기를 때마다 잘 지키라'는 뜻으로 이해할 수 있다.

토성을 쌓을 것이다

4 너는

바닥보다도 더 낮은 곳에서

말하지

너는 땅보다도 더 밑에서

말한다

밑[176)]에서 들리는 네 목소리

조상신 목소리 같다

밑에서 들리는

속삭속삭 네 목소리[177)]

5 가는 먼지 같을 것이다

너희 거만한[178)] 무리는

너희 독재자 무리는[179)] —

6 만군을 거느리신 야훼님

울리는 우렛소리

엄청난 목소리

그분의 목소리

폭풍 회오리바람

집어삼키는 불꽃!

7 밤에 꿈꾸는 자의 꿈처럼

---

176) 문자적으로 '먼지'

177) 이사야 8.19와 19.3을 보라.

178) 쿰란 공동체의 『성(聖) 마가 수도원 이사야 두루마리』(1QIs[a])를 따라 읽는다. 이 사본은 '하몬 자다이크'(המון זריך)로 되어 있다. 마소라 본문은 '네 원수(이방인) 무리'(המון זריך)로 되어 있다. 다만 '레쉬'(ר)(MT)와 '달렛'(ד)(1QIs[a])의 차이이다. 필사자들이 이렇게 비슷하게 보이는 글자를 혼동하는 경우는 흔하다.

179) 또는 '너희 거만한 자들의 재산은 너희 독재자들의 재산은 —'

일이 벌어진다
엄청난 군대 거느리고 나라마다
떼지어 아리엘 공격한다
공성 철퇴
모두 다 동원하여
둘러싼다
그렇게 대든다
8 굶주린 사람처럼
그저 헛된 꿈 꾸고 입맛만 다실 뿐
배고파 깨어나지만
먹을 것 없어
목마른 사람처럼
그저 헛된 꿈 꾸고 입술만 삐죽일 뿐
목말라 깨어나지만
마실 것 없어
기절할 지경
아무것도 없어
이렇게 수많은 나라가
떼지어 공격한다

멍청이가 돼라

9 멍청이처럼 행동하라
멍청이가 돼라
시각 장애인처럼 행동하라

시각 장애인이 돼라
그들은 취했다
술 먹지 않았는데—
그들은 비틀거린다
술 마시지도 않았는데—
10 야훼께서 너희가
깊은 잠[180]에 빠지게 하신다
너희 눈을 닫으신다
예언자를—
너희 머리 덮으신다
선견자를—
11 그리하여
너희의 모든 예언
밀봉 문서 같으리라
12 글 모르는 사람에게
두루마리 쥐어주고
말한다
"외치라 이것을!"
그가 말한다
"글 읽을 줄 모르는데!"
13 주께서 말씀하신다
이 겨레가 입으로는
가깝지
입술로는 나를 공경해

---

180) 문자적으로 '깊은 잠의 숨결(영)'

그러나
마음은 내게서 멀어
날 섬긴다 하지만
사람들 명령 따를 뿐
14 그리하여 난
이 겨레
계속해서 헛수고만 하도록 할 거야
헛수고 또 헛수고
말이야
현자들의 지혜
없어질 거야
현인들의 깨침
사라질 거야

날 빚지 않았다고?

15 빌어먹을 놈들!
야훼님에게서
멀리멀리
그 계획 숨기려는 것들
하는 짓
감추려는 것들
하는 말마다
누가 본다는 거야?
누가 안다는 거지?

16 엇나가는 것들!
도예가의 진흙처럼
뒤집어놓을 거야[181)]
만든 자에게
만든 물건이 말할 수 있어?
날 만들지 않았다고?
빚은 자에게
빚은 물건이
날 빚지 않았다고?
17 그래, 금세
레바논이 포도밭이 될 것이야
그 포도밭이 숙대밭이 될 거라고!
18 그날이 되면
청각 장애인이
들을 것이야
기록된 말씀을—
시각 장애인
그 눈 열려
어둠 속에서도
깜깜한데도
볼 수 있을 것이야
19 야훼님 덕분에
가난한 사람
기뻐하고 또 기뻐할 것이야

181) 잘 알 수 없는 부분이다.

빈자들도
이스라엘의 거룩하신 분[182] 덕분에
펄쩍 뛰며 좋아할 거야
20 독재자는 끝난다
억압자는 끝장난다
악을 향해 달리는 자
모두 다 끊겨버린다
21 소송을 통해 못된 짓 하는 자
문 앞에 덫을 치는 자
거짓으로 의인을
고통 속에 몰아넣는 자
모두 다—

22 그리하여 야훼께서 말씀하신다. 아브라함의 몸값을 갚은[183] 야곱의
집안 사람들에게—

야곱은 더 이상
부끄럼당하지 않는다
그의 얼굴 더 이상
바뀌지 않는다 잿빛으로—

23 내 자녀
내가 손수 만든 것

182) 주 189를 보라.
183) 잘 알 수 없는 부분이다.

바라보고
사람들
내 이름 칭송하리라

사람들
야곱의 거룩하신 분[184] 칭송하리라
이스라엘의 하느님 존경하리라
24 마음이 뒤틀린 자
통찰력 얻으리라
불평하던 자
가르침받으리라

내 뜻과는 상관없이

30장

1 빌어먹을 놈들!
엇나가는 것들!
야훼님의 선언이다
내 생각과는 상관없이
계획을 실행에 옮기고
내 뜻하고는 상관없이
언약을 마무리짓고[185]

---

184) 주 189를 보라.

죄 위에 죄를 쌓는 놈들!

2 내게는 묻지도 않고

이집트로 내려가는 놈들!

파라오에게

쉼터를 제공하라

그렇게 이집트 그늘에 기대는 놈들!

3 파라오의 쉼터는

무너지리라

이집트 그늘에 기대어

재난만 초래할 뿐

4 그 관리가 소안[186]에 있고

사절단을 하네스로 보내지만

5 모두 쓰러질 뿐

무능한 백성이기 때문이다

힘이 되지 못한다

능력이 없다

아, 쓰러진다 무너진다

낙타 등에 보물 싣고

6 '네게브의 짐승'에 대한 선언

---

185) 문자적으로 '헌주(獻酒)를 붓고'

186) 타니스(Tanis)

고통스러운 땅 거친 땅
사자와 으르렁거리는 짐승이
뱀과 날아다니는 짐승[187]이
우글대는 땅
나귀 등에 재산 싣고
낙타 등에 보물 싣고
무능한 나라로
7 이집트로 간다
그러나
별 볼 일 없다
쓸데없는 짓이다
힘이 되지 못한다
그리하여
내가 말한다
"그들은 쓰러진다!"

토판 위에 쓰라

8 자, 가라
쓰라
토판 위에 이것을—
기록으로 새기라
미래를 위한 것이다

---

187) 문자적으로 '스랍'

영원한 증언[188]이다

9 아, 반역하는 무리

부모 없는 아이들

야훼님의 토라

듣기 싫어하는 아이들

10 그리하여

선견자들에게 말한다

보지 말라

11 길에서 멀어졌다

길에서 벗어났다

끊어냈다

이스라엘의 거룩하신 분[189]을 —

12 그리하여

이스라엘의 거룩하신 분

이같이 말씀하신다

너희가 이 말을 거부하는구나

자신만만하구나

별 볼 일 없는 것

믿지 못할 것 때문이지

13 그래

네 죄가 너를 덮을 것이다

---

188) 아람어 타르굼('아드')을 따른다.

189) 우가릿 문학에서는 '카디슈마'가 신의 호칭으로 사용된다. 여기서는 '하느님'으로 읽을 수도 있다.

든든하다는 성벽에
균열이 간 것처럼
갑작스레 재빨리 무너질 것이다
14 도예공이 자신이 만든 작품
사정없이 깨부수는 것처럼
조각 하나 남지 않으리라
집게로 헤집어 보아도
재 하나 찾지 못하리라
웅덩이에 퍼낼 물 없으리라

침묵하라 이기리라

15 주님 야훼께서 이처럼 말씀하신다
이스라엘의 거룩하신 분[190]이 —
잠잠하라 침묵하라
너희는 이기리라
조용하라 확신에 차라
너희는 이기리라
그러나 너희는 거부했다
16 너희는 말한다
아니죠!
군마 타고 달려야죠
그렇게 너희는 달렸다

190) 주 189를 보라.

재빨리 달려야죠
너희 추적자들도 그렇게 달렸다
17 한 사람 외침 앞에
내달리는 천 명처럼
다섯 사람 외침에도
너희는 달렸다
산꼭대기에
장대만 남을 때까지
언덕 위에
깃발만 남을 때까지—

18 그러므로
야훼께서 기다리신다
너희에게
자비 베푸시려고—
너희를
어여삐 여기시어 일어서신다
아, 야훼님
정의의 하느님
그분께 기대는 자 모두 다
복이 있으라!

고난의 빵 고통의 물

19 아, 시온 사람들아! 예루살렘 사람들아! 너희는 울지도 못하게 하는

구나. 그분은 너희에게 은총을 베푸시려고 한다. 너희가 울부짖으면
말이다. 들으시면 대답하시겠단다. 20 주님께서 너희에게 고난의 빵
과 고통의 물을 주셨다. 너희 인도자가 숨지 않을 것이다. 너희가 두
눈으로 너희 인도자를 볼 것이다. 21 너희는 때로 왼쪽이나 오른쪽
으로 치우치기도 할 것이다. 그때 "이 길이다. 가라!"라고 뒤에서 하
는 소리를 똑똑히 들을 것이다. 22 그리고 은도금 조각과 금도금 신
상은 사제의 예법에 벗어나는 것이다. 아픈 사람과 똑같이 취급하
라.[191] "나가라!" 이렇게 선언하라.
23 그분은 땅에 네가 뿌린 씨에 비를 내리신다. 땅이 내는 밥[192]은 기름
지고 맛있다. 그날이 되면 네 가축이 넓은 땅에서 풀을 뜯을 것이다.
24 네 소떼와 나귀떼가 잘 만든 사료[193]를 먹을 것이다. 나무 삽과 갈
퀴로 까불러 얻은 것이다.

달빛은 햇빛처럼

25 높은 산마다 드높은 언덕마다 시내가 물을 쏟아낼 것이다. 수많은
사람들이 살해당하고 망루가 넘어지는 날에도. 26 달빛은 햇빛처럼
빛난다. 햇빛은 이레 동안 비추는 해처럼 일곱 배나 밝을 것이다. 야
훼께서 당신 겨레의 상처를 싸매시는 날 그 상처를 치유하시는 날
그렇다.

191) 잘 알 수 없는 부분이다.
192) 문자적으로 '빵' 또는 '양식'
193) 문자적으로 '간 맞춘 꼴'

몸소 거둥하신다

27 아, 야훼께서 몸소
멀리서 오시는구나
콧김을 뿜으시며
무거운 짐 등에 지고
씩씩거리며[194] 독설을 내뱉으며 –
28 출렁대는 시내처럼
그분의 거친 숨
목까지 차오른다
키로 까불리듯
갈림길로 데려가신다
고삐로 재갈 물리듯[195] –
29 너희는 노래 부른다
절기 시작하는 날
그 밤처럼
피리 불고 소고 치고
리라를 연주하며
야훼님의 산으로
이스라엘 산[196]으로
나아가며 –

---

194) 또는 '함부로 지껄이며'
195) 무슨 뜻인지 잘 알 수 없는 부분이다. 한문성경 대표본(1854)의 '약이기파양, 도지이기도, 약이륵겸구'(若以箕簸揚, 導之以岐途, 若以勒拑口)를 따라 옮긴다.
196) 또는 '바위'

휘저으시는 팔뚝

30 야훼께서
엄청난 목소리 들려주신다
휘젓는 팔뚝
내보이신다
격노하는 분노
타오르는 불길
사나운 비바람 폭풍우
그리고 우박 —
31 야훼님
내지르시는 목소리
움츠러드는 아시리아!
후려치시는 지팡이!
32 우물 벽마다 금 가듯
그를 향해 내려치신다
사람들 소고 치고
리라 뜯으며 좋아한다[197]
팔 들어올리시고
아시리아 상대하여
싸움하신다
33 오래전[198]부터 준비된 곳[199]

---

197) 한문성경 시주교역(1902)을 따라 읽는다.

198) 문자적으로 '엊그제'

199) 흔히 '도벳'으로 음역한다. 예루살렘 부근에 있는 이 장소는 사람을 잡아 몰렉에게 바치던 곳으로 유명하다. 열왕기하 23.10을 보라.(NJPS)

몰렉[200)]을 위한 곳
그 불구덩이
넓고 깊기도 해라
불길에 장작이 활활 타오르는[201)] 곳
야훼께서 씩씩거리신다
유황 개울처럼
그 분노 타오른다

군마가 힘이라고?

31장

1 빌어먹을 놈들!
이집트로 내려가다니!
군마가 힘이라고 믿는구나
병거가 많다고 기대는구나
군병이 힘세다고 의지하는구나
이스라엘의 거룩하신 분[202)]
그분께는 기대지 않는구나
야훼님은 찾지도 않는구나

---

200) 히브리어로는 '멜렉'으로 왕을 뜻한다. 하지만 '몰렉'으로 읽으면 죽음의 신이라는 뜻이 된다. 라틴어 불가타 역처럼 '몰록'이라고도 부른다.

201) 문자적으로 '가득한'

202) 주 189를 보라.

2 그분이야말로 지혜로운 분
재난을 일으키신다
당신 말씀 취소하시지 않는다
못된 짓 하는 것들 치신다
꾸미느니 나쁜 짓뿐인 것들을—
3 이집트인들도 사람일 뿐
하느님[203]이 아니다[204]
군마도 단지 몸일 뿐
숨이 아니다
야훼께서 뻗으시는 손에
힘쓴다는 자들 넘어진다
힘 받는 자들 쓰러진다
그들 모두 하나같이
사라지리라

4 야훼께서 나에게 이렇게 말씀하신다
사자가 먹잇감 놓고 그르렁댈 때
목자들 잡으려고 모두 다 모여든다
고함소리에도 기죽지 않는다
으르렁대는 소리에도 겁먹지 않는다
이처럼
만군을 거느리신 야훼님

203) 또는 '엘'
204) 에스겔 28.9의 '너는 사람일 뿐이다. 하느님이 아니다'(ואתה אדם ולא אל)라는 표현을 참조하라.

내려오시어 군대를 소집하신다
시온 산 위에
그 언덕 위에—

5 나는 새처럼
만군을 거느리신 야훼님
예루살렘을 보호하신다
감싸신다
건지신다
지키신다
구해내신다
6 돌아오라
이스라엘 사람들아!
거짓의 늪에 빠진 자들아![205)]
7 아, 그날이 되면
사람들이 은 신상을 거부하리라
그들이 손으로 만든 금 신상
그 죄덩이를—
8 아시리아는 쓰러지리라
사람이 아닌 칼로—
사람이 아닌 칼이
그를 집어삼키리라
칼날을 피할 수는 있겠지만
젊은이들 한탄하리라

---

205) 잘 알 수 없는 부분이다.

9 그 고관들
공포에 떨리라
그의 관료들 벌벌 떨리라
야훼님의 선언이다
시온에 불을 붙이신 분
예루살렘에 화덕을 놓으신 분이 —

정의로 다스린다

32장

1 아,
정의로
왕이 다스린다
관료가
바르게 일한다
2 사람마다
폭풍의 피난처
폭우의 도피처
광야의 시내
바위틈 그늘이다
고통스러운 땅에서 —

3 보는 눈
있는 자마다

눈 감지 말라
듣는 귀
있는 자마다
귀 기울이라
4 급한 마음
들여다보고 깨닫는다
중얼거리는 입
유창한 말
하게 된다[206)]
5 다시는
멍청이를
귀족이라 부르지 않는다
악한을
귀인이라 말하지 않는다
6 그래, 멍청이는
멍청한 것 내뱉는다
마음으로
죄를 꿈꾼다[207)]
신실과는 거리가 멀다
야훼께 대들라
말한다
가난한 자

---

206) 한문성경 대표본(1854)의 '보는 자의 눈은 밝아진다 듣는 자의 귀는 총명해진다' [見者目必明, 聽者耳必聽]를 참조하라.

207) 또는 '반역을 도모한다'

빈손으로 가라 한다
목마른 자
마실 것 빼앗는다
7 멍청이는
멍청한 짓만 한다
모사꾼이다
거짓말로
빈자를 망친다
가난한 이가
소송할 때 그렇다
8 귀인은
고귀한 의도 갖고
언제나 고귀한 일
도모한다

나눔이 하는 일, 평화

9 남 신경 안 쓰는 여자들아!
일어나라
들어보라 내 말을—
잘난 체하는 여자들아!
귀 기울이라 내 말에—
10 해가 더할수록
곤란해질 것이다
잘난 체하는 여자들아!

포도원이 끝나도
거둘 것 없으리라
11 남 신경 안 쓰는 남자들아!
떨라
부르르 떨라
잘난 체하는 남자들아!
발가벗으라
허리에 옷을 동이라
12 들판[208]을 두고
곡하라
흥겹던 들판을 두고
뻗어나가던 포도넝쿨을 두고 ―
13 내 겨레의 흙에
가시와 엉겅퀴
솟아오른다
즐겁던 집마다
흙구덩 마을이 되었다
14 아, 성곽은
버림받고
마을 사람들 떠나고
성곽과 망루는
쓸쓸하구나
들나귀 펄쩍 뛰고

---

208) 쿰란 공동체의 『성(聖) 마가 수도원 이사야 두루마리』(1QIs[a])를 따라 옮긴다. 마소라 본문은 '가슴'으로 되어 있다.

가축떼 풀 뜯는 곳
되었다
15 하늘에서 숨결이
우리에게
휘몰아치면
광야는 농장이 되리라
농장이 숲이 되리라
16 광야에서
정의가 살아가리라
의가 농장에서 살리라
17 나눔이 하는 일
평화
나눔이 하는 일
평온
그리고 확신[209)]
18 내 겨레
평화를 누린다
안전한 곳에서
걱정 하나 없이 살아간다
19 (잡목이 가라앉는다
사라진다

---

209) 기원전 13세기 고대 시리아 우가릿 문학 『바알』(KTU 1.3 iii 14-17, iv 8-10, 27-31)에도 이와 비슷한 표현이 나온다. 이 문학에는 밥을 나누어 먹는 것이 땅에 평화를 이루는 일이라고 말한다. 이런 사실을 세 번이나 반복하여 강조한다. '밥이 하늘'이라고 한 김지하 시인의 시가 생각나는 대목이다.

마을이 내려앉는다)[210]

20 복 있으라!
물 위에 씨 뿌리는 자들아![211]
큰 가축 작은 가축
목초지로 보내는 자들아!

오직 님께 소망이

33장

1 아,
약탈당해 본 적 없는
약탈자들아!
배신당해 본 적 없는
배신자들아!
약탈할 때
약탈당한다
배신할 때
배신당한다

2 야훼님!

---

210) 잘 알 수 없는 부분이다.
211) 전도서 11.1-2를 참조하라.

은총 베푸소서
오직 님께만
소망을 겁니다
아침마다
우리[212)]의 힘[213)]이 되소서
고난의 때에
우리의 승리[214)]가 되소서

3 님께서
엄청난 소리 지르실 때
사람들 혼비백산
님의 위엄 앞에
사람들 흩어집니다

4 메뚜기떼 모이듯
전리품 모입니다
메뚜기떼 몰려들 듯
그렇게 몰려듭니다

정의와 인의로 가득 채우신다

5 야훼님!
높임받으소서

---

212) 마소라 본문은 '그들'
213) 문자적으로 '팔뚝'
214) 또는 '구원'

아,

하늘에 계시는 분

정의와 나눔[215]으로

시온을 채우신다

가득 채우신다

6 믿음직스러움

그의 책임

지혜와 깨침[216]

그의 받침

야훼님 경외

그의 보물 —

나 일어서리라

7 아,

아리엘 사람들[217]

슬퍼서 울부짖는다

살렘[218]의 심부름꾼

고통스레 애곡한다

8 폐허가 된 큰길

오가는 사람 하나 없다

---

215) 또는 '인의'(仁義)

216) 또는 '지식'

217) 이사야 29.1의 '아리엘'(예루살렘)을 참조하라.

218) 또는 '평화'

언약은 깨진 지 오래
약속[219)]을 거부하고
사람들 서로 멀리한다
9 땅은
말랐다 말라버렸다
수치스러운 레바논
썩어버렸다
샤론은
광야가 되고
바산 그리고 카르멜
헐벗었구나
10 지금 나 일어나리라
야훼께서 하시는 말씀
지금 나 일어서리라
나 우뚝 서리라
11 너는
건초를 임신하여
볏짚을 낳을 것이다
나의 바람[220)]이
너를 먹을 것이다
불처럼
집어삼킬 것이다

---

219) 쿰란 공동체의 『성(聖) 마가 수도원 이사야 두루마리』(1QIs[a])를 따라 옮긴다. 마소라 본문은 '마을들 거부한다'로 되어 있다.

220) 또는 '숨'

12 사람들
가시나무[221]처럼 타버린다
잘라낸 장미
불섶에 내던지듯—
13 들으라
멀리 사는 자들아
내가 한 일을—
알라
가까이 사는 자들아
내 힘이 어떠한지—

바른길 가는 사람

14 시온에 사는
죄인들 깜짝 놀란다
그분 무서운 줄 모르는 자들
공포에 사로잡혔다
"우리 가운데 그 누가
타오르는 불 속에서
살 수 있을까?
우리 가운데 그 누가
꺼질 줄 모르는 불길 속에서
견딜 수 있을까?"

221) 문자적으로 '석회'

15 바른길 가는 사람!
곧은 일 말하는 사람!
거짓 거래로 이득 보지 않는 사람!
뇌물을 보고 손사래 치는 사람!
피 흘리는 자의 말에 귀 막는 사람!
악은 아예 쳐다보려 하지도 않는 사람![222)]
16 이런 사람
높은 곳에 자리잡는다
난공불락 바위틈
바로 그의 성채라
먹을 것 걱정없고
마실 것 언제나 있다

17 너희는
완벽한 자태의
임금을
분명히 볼 것이다
땅을 둘러보고는
18 놀라서 속으로 중얼거리지
"수를 세는 자 어디 있지?
무게 다는 자가 어디 있어?
망루 수 셀 수 있는 자
어디 있는 거야?"
19 야만스러운 민족

---

222) 시편 15.3-4, 24.4를 참조하라.

더 이상 보지 않을 거야
알 수 없는 말
내뱉는 민족을—
하도 더듬어
무슨 말 하는지
도무지 알 수 없는 민족
말이야
20 바라보라
시온을
너희의 모임 도성을—
두 눈으로 똑똑히 보라
예루살렘을—
편안한 곳
움직이지 않는 장막
쐐기가 뽑히지 않는 곳
그 누구도
장막 줄 아예 끊지 못하는 곳
21 아, 거기서
나 높이리라
우리 야훼님
샘물이 솟는 곳
넓은 강 흐르는 곳
떠다니는 배 항해할 수 없는
강력하다는 무기 오갈 수 없는
그런 곳
그들의 끈 느슨하여

닻을 내릴 수 없는 곳
돛을 펼 수 없는 곳[223)]

22 아,
야훼님
우리의 통치자
야훼님
우리의 군주
야훼님
우리의 임금
그분이
우리의 승리[224)]

23 하여 우리는
수많은 전리품 나눈다[225)]
지체 장애자까지도
함께 나눈다

24 거기서 사는 사람
그 누구도
"나 아파요!"
말하지 않는다
그 죄
용서받은 겨레
그 안에서
살리라

---

223) 내용상 23절 앞부분을 여기에 덧붙여 번역한다.

224) 또는 '그가 우리를 구하신다'

225) 또는 '시각장애자도 수많은 전리품 나눈다'

나라들아 가까이 오라

34장

1 나라들아
가까이 오라
들어보라
뭇 나라들아
귀 기울여보라
땅아
그 안에 가득한 것들아
들어보라
세상 사람들아
세상이 낳은 모든 것들아
2 아, 야훼께서
화가 나셨다
모든 나라 사람들에게
그들 군대 때문에
분노하신다
그들을 끝내실 것이다
끝장내실 것이야
3 칼에 살해당한 자들
내동댕이쳐 버렸구나
그들의 시체마다
악취가 진동한다
이 산 저 산

그 피로 흥건하구나
4 모든 하늘 군대
썩어버렸다
흙이 되었다
하늘은 두루마리처럼
말려버리고
그 모든 군대
메말라버렸다
말라버려
포도넝쿨에 매달린
잎사귀처럼
뒤틀려
무화과나무에
달려 있는 열매처럼—

님의 칼

5 내 칼을
하늘에서 볼 것이다[226)]
그래,
에돔으로 내려온다
쓸어버릴 에돔으로

---

226) 쿰란 공동체의 『성(聖) 마가 수도원 이사야 두루마리』(1QIs[a])를 따라 옮긴다. 마소라 본문은 '내 칼이 하늘에서 취해 있다'(?)로 되어 있다.

심판할 곳으로 —
6 야훼님의 칼
피로 가득하다
기름기로 배부르다
양과 염소의 피
양의 콩팥 기름기이다
아,
보스라에서
야훼께서
예물 받으신다
엄청난 살육
에돔에서 벌어진다
7 들소가
그들과 함께 쓰러진다
젊은 수소가
힘센 수소와 함께 —
땅은 피로 가득하다
흙은 기름기로 배부르다
8 아,
야훼께서 보복하시는 날
시온을 편드시는 해
9 그 시내는 웅덩이가 되고
흙은 유황으로 바뀌고
땅은 웅덩이가 되어 활활 불타고
10 낮에도 밤에도
꺼지지 않는다

끊임없이 연기가 솟아오른다
세대가 바뀌어도
폐허로 남는다
영원토록
오가는 사람 없어
11 갈가마귀 부엉이
차지가 되리라
큰 부엉이 까마귀
거기서 살리라
그분이 그 위에
혼돈의 줄
펼치신다
암흑의 추
달아 매신다
12 "거기에 왕국이 없다"
이렇게 사람들
부를 것이다[227)]
군주들
무(無)로 돌아가리라
13 가시덤불
성곽 타고 올라가리라
쐐기풀 찔레
성채에 무성하리라
자칼의 안식처

227) 맨 앞의 낱말(חריה)이 무슨 뜻인지 잘 알 수 없다.

타조의 안뜰이 되리라
14 들고양이는 하이에나
만나고
염소는 서로서로 찾으리라
거기서
릴리트[228]는 한숨 돌리고
쉼터를 찾으리라
15 거기서 살모사는 자리잡고
알을 낳는다
알을 품고
그 그늘에서 새끼를 깐다
거기서 또한
말똥가리 모여든다
16 찾으라
야훼님 두루마리
그리고 읽으라
없는 것이 없으리라
짝이 없는 것 하나 없다[229]
그래, 그분이
직접 하신 명령이니
그분은 숨결로
그들 모두 모으셨다
17 제비 뽑아

---

228) 릴리트(לילית)는 흔히 '밤 귀신'으로 알려져 있다.
229) 무슨 뜻인지 잘 알 수 없다.

그들 지정하신 분
바로 그분이시니
줄로 손수 그들 나누셨다
세대가 바뀌어도
그들 거기서 살 것이다

광야가 기뻐한다

35장

1 메마른 사막이
마구 즐거워한다
광야가 기뻐한다
장미처럼 봉오리 피어난다
2 탐스럽게 피어난다
기뻐한다
아, 너무 좋아 소리지른다
레바논의 영광
받는다
카르멜과 샤론의 찬란함 —
영광스러운 야훼님
사람들 보리라
찬란하신 하느님 우리 님

힘내라

3 가녀린 팔마다
힘을 주라
빈약한 다리마다
힘을 내라
4 말하라
마음 급한 자들에게
힘내라
무서워 말라고—
아, 너희 하느님
되갚으시러 오신다
품 넓으신 하느님
그분이 오신다
너희를 구해내신다

광야에 샘물 터진다

5 그때에
감긴 눈
분명히 볼 것이다
막힌 귀
열릴 것이다
6 그때에
힘든 다리

펄쩍 뛸 것이다
사슴처럼ㅡ
막힌 입
소리지를 것이다
광야에
샘물 터진다
사막에
실개천 흐른다
7 바짝 마른 땅
웅덩이가 된다
메말라버린 땅
샘물이 된다
자칼이 누워
숨 돌리는 곳
갈대와 골풀
돋아나는 곳
되리라

8 거기에
큰길 뚫린다
'거룩한 길'
그 이름ㅡ
어울리지 않는 사람
다닐 수 없는 길
이 겨레 위한 길
그 길 오가는 사람

헤매지 않는 길
9 사자를 만나지 않는 길
그 어떤 맹수도
나타나지 않는 길
만날 수 없는 길
몸값 치른 사람들
그들만 가는 길
10 야훼님 친히
몸값 치르신 사람들
그들만 돌아오는 길
그들이 온다
너무 기뻐 소리지르며
온다
함박웃음 지으며
화관을 쓴 채
말할 수 없는 환희
품은 가슴
하여
탄식 그리고 슬픔
저 멀리 사라지고 —

아시리아 왕 산헤립

36장

1 히스기야 왕 제14년에 아시리아 왕 산헤립이 올라왔다. 성곽으로 둘
러싼 유다 성읍을 모두 압박했다. 2 아시리아 왕은 장군[230] 한 사람
을 보냈다. 라키쉬부터 예루살렘까지 히스기야 왕에게 많은 병력을
보낸 것이다. 그는 윗 웅덩이 운하에 자리잡았다. 빨래 빠는 사람의
밭으로 가는 길목이다. 3 그러자 궁정을 책임 맡고 있는 엘리야김이
찾아왔다. 힐기야의 아들이다. 그와 함께 서기관 쉐브나와 아삽의
아들 사관 요악흐도 왔다. 4 그 장군이 그들에게 말했다. "히스기야
에게 이렇게 전하시오. '아시리아의 위대한 임금이 말한다. 네가 도
대체 무엇을 믿는 것이냐? 5 단지 말뿐 아니냐? 전쟁을 치르는 데 조
언을 듣고 힘이나 생긴단 말이냐? 그래, 무엇을 믿기에 내게 대드는
것이냐? 6 이집트를 믿는다고? 산산이 부서질 갈대 막대기에 불과
한데도? 손바닥 뒤집듯 금세 쓰러질 것을? 네가 의지하는 파라오가
이렇단 말이다. 7 그래 네가 너의 신 야훼를 의지한다고 치자. 성소[231]
와 제단에서 절하면 되지. 이렇게 말할 수 있겠다. 유다와 예루살렘
에게 말이다. 그런데 히스기야가 이미 없애버리지 않았느냐? 그러
면서도 이 제단에서 예배드려야 한다'고 말한다. 8 자, 그러지 말고
우리 주인 아시리아 임금과 내기를 해보라. 그러면 내가 군마 2,000

230) '라브 샤케'(rab šaqe)나 '라브 샤키'(rab šaqi)라고 부르는 아시리아 군대 장관의 호칭을 음역한 말인 듯하다.(HALOT 1173, CAD Š/2 30). 그 뜻은 '헌주(獻酒)시종장 책임자'(Obermundschenk)라는 뜻이다.(AHw 1182) 열왕기하 18장에는 이 호칭과 함께 여러 관직 호칭이 등장한다.

231) 또는 '산당'

마리를 주마. 기병만 있다면 그렇게 하마. 9 그런데도 거절할 셈이
냐? 이집트의 병거와 군마를 의지하고? 우리 주인에게 해드려야 할
의무를 저버리고 말이냐? 10 야훼는 생각지도 않고 내가 너희 땅을
치러 올라왔다고 생각하느냐? 야훼가 내게 말했다. 올라가라. 이 땅
을 쳐라. 쓰러뜨리라."
11 엘리야김과 쉐브나와 요악흐가 그 장군에게 말했다. "아람어로 말
해주시지요. 우리가 알아듣습니다. 유다어로 얘기하지 마시고요. 백
성들이 알아듣습니다. 성벽에 기대고 말이죠." 12 그러자 그 장군이
말했다. "그대들에게 말하라고 보낸 분이 우리 주인 아닌가? 성벽
위에 앉아 있는 자들에게 하는 말이기도 하다. 이들은 똥과 오줌을
당신들과 함께 먹고 마실 것이다." 13 그러고 나서 그 장군은 일어나
서 유다 말로 큰 소리로 말했다. "위대하신 아시리아 왕의 말씀을 들
으라. 14 왕께서 이렇게 말씀하신다. 히스기야의 말에 속지 말라. 그
가 너희를 구해내지 못한다. 15 너희는 야훼에게 기대지 말라. 히스
기야가 이렇게 말했지. 야훼께서 분명히 우리를 구하신다. 우리 성
읍을 아시리아 왕에게 내주지 않으신다. 이 말에 속지 말라. 16 히스
기야의 말을 듣지 말라. 아시리아 왕께서 이렇게 말씀하신다. 나와
함께 평화 조약을 맺자. 내게 오라. 각자 포도와 무화과를 먹으라.
각자 우물에서 물을 마시라. 17 내가 올 때까지 그렇게 하라. 와서 너
희 고향땅과 같은 곳으로 너희를 데리고 가겠다. 빵과 포도주가 풍
성한 땅이다. 들판에 곡식이 가득하고 포도넝쿨이 뻗어 있는 땅이
다. 18 히스기야를 따라가서는 안 된다. 야훼께서 우리를 구하신다.
다른 나라 사람들도 구해내신다. 아시리아 왕의 손아귀에서 말이다.
그가 이렇게 말했지. 19 하맛과 아르밧의 신들이 어디 있느냐? 세파
르바임의 신들이 어디 있느냐? 사마리아를 구한다던 신은 어디 있
느냐? 내 손아귀에서 말이다. 20 그들 땅에서 그들을 내 손아귀에서

구해낸 신들이 있었는가? 야훼가 내 손아귀에서 예루살렘을 구해낼
수 있을 것 같으냐?" 21 그러나 사람들은 아무 말 못했다. 한 마디도
못했다. "대답하지 말라"라고 한 왕의 명령 때문이다.
22 힐기야의 아들 궁정 책임자 엘리야김과 서기관 쉐브나와 아삽의 아
들 사관 요악흐가 옷을 찢고 그 장군이 한 말을 히스기야에게 보고
했다.

옷을 찢고 넝마 입고

37장

1 히스기야 왕이 이 말을 듣고는 옷을 찢고 넝마를 입었다. 그리고 야
훼님의 집으로 갔다. 2 그는 궁정 책임자 엘리야김을 보냈다. 그리고
또한 서기관 쉐브나와 원로 사제들에게 넝마를 입혀 아모츠의 아들
예언자 이사야에게 보냈다. 3 그들이 그에게 말했다. "히스기야 임
금이 이렇게 말하십니다. 오늘이 바로 고통스러운 날 벌 받은 날 수
치스러운 날입니다. 상황이 절망적입니다. 정말 어떻게 해야 좋을지
모르겠어요.[232] 4 여러분의 하느님 야훼께서 장군의 말을 들으신 것
같습니다. 살아 계신 하느님을 모독하라고 아시리아 왕이 보낸 그
장군 말입니다. 여러분의 하느님 야훼께서 들으신 그 말을 그분이
판단하실 것입니다. 여러분이 살아 있는 남은 자들을 위해 기도를
올릴 경우에 그러실 것이라고 생각합니다."
5 히스기야 왕의 관료들이 이사야를 찾아왔다. 6 그러자 이사야가 말

232) 문자적으로 "아이들이 아기집 입구까지 나왔지만 낳을 힘이 없다."

했다. "여러분의 주인이 이렇게 말씀하셨죠. 야훼께서 하시는 말씀
이다. 아시리아 왕의 부하들이 나를 두고 모독하는 말을 너희가 들
었다. 하지만 놀라지 말라. 7 내가 그를 속이려 한다.[233] 그가 소문을
듣고 그의 땅으로 돌아갈 것이다. 그러면 그의 손에 들려 있는 칼로
그의 땅에서 그를 쓰러뜨릴 것이다."

8 한편 그 장군은 아시리아 왕이 라키쉬를 떠났다는 말을 듣고 되돌아
갔다. 아시리아 왕이 리브나와 싸우고 있었다. 9 그런데 아시리아 왕
은 누비아 왕 티르하카에 대해 이런 말을 들었다. "그가 전하와 전투
하려고 오는 중입니다." 그래서 그는 왕들을 히스기야에게 보냈다.
10 "유다 왕 히스기야에게 이렇게 전하라. 그대가 의지하는 신 때문
에 잘못 판단하지 말기 바라오. 예루살렘이 아시리아 왕에게 넘어가
지 않을 것이라고 말했다는 그 신 말이오. 11 아시리아 장군들[234]이
온 땅에서 한 일을 그대는 들었을 것이오. 초토화시키지 않았소? 그
런데도 목숨을 부지할 것이라고 생각하오? 12 우리 조상들이 쓸어버
린 성읍만 해도 고잔, 하란, 레체프, 텔라싸르에 있는 에덴 사람들
아니오? 그런데 그들이 믿는 신들이 구해주었소? 13 하맛 왕은 어디
있소? 아르팟 왕은 또 어디 갔소? 라이르 왕과 쎄파르바임 왕과 헤
나 왕과 이바 왕은 또 어떻소?"

14 히스기야는 사신들이 들고 온 편지를 읽었다. 그리고 야훼님의 집으
로 올라가 그 편지를 야훼님 앞에 펼쳐놓았다. 15 히스기야는 야훼
님께 기도드렸다. 16 "만군을 거느리시는 야훼님! 케루빔[235] 위에 앉

---

233) 문자적으로 '그에게 숨을 불어넣으려 한다'

234) 문자적으로 '왕들'

235) '예배자'라는 뜻이다. 이사야 6.1-3의 '스랍'을 참조하라. '스랍'은 무슨 뜻인지 잘 알 수 없으나 하느님의 시중을 드는 신적인 존재들을 가리킨다. 흔히 천사로 설명하나 이사야 당시 천사는 아직 등장하지 않는다.

아 계시는 이스라엘의 하느님! 님 홀로 하느님이십니다. 천하의
모든 나라를 다스리시는 분이죠. 님은 하늘과 땅을 지으셨습니다.
17 귀 기울여 들어보세요, 야훼님! 눈으로 직접 보세요, 야훼님! 산
헤립이 하는 말을 모두 들어보세요. 살아 계신 하느님을 모독하고 있
습니다. 18 야훼님! 아시리아 장군들이 온 땅을 쓸어버렸습니다. 그
들 땅까지도 그렇게 했지요. 19 그들이 섬기는 신들을 모조리 불태
워 없애버렸습니다. 그들은 신이 아닙니다. 사람이 손으로 만든 것
이죠. 나무로 돌로 조각한 것이죠. 그들을 없애버리소서. 20 아, 야훼
님 우리 하느님! 지금 우리를 그 손아귀에서 건져주십시오. 님 홀로
하느님이심을 온누리 사람들이 알게 하소서."

남은 자들, 뿌리내리고 가지 뻗어나리라

21 아모츠의 아들 이사야가 히스기야에게 사람을 보냈다. 이스라엘의
하느님 야훼께서 하시는 말씀입니다. 네가 나에게 기도하는구나. 아
시리아 왕 산헤립 때문이지. 22 나 야훼가 그에 대해 이렇게 말한다.

처녀 딸 시온이
이렇게 너를
욕보이는구나
딸 예루살렘이
고개를 흔드는구나
23 누구를 네가
모독하는가?
누구를

욕보이는가?
높은 곳
쳐다보라
이스라엘의 하느님
바라보라
24 네 신하들 시켜
네가 우리 주님
모독하나
이렇게
생각하기 때문이지
"수많은 병거 타고
나는 하늘 꼭대기에
오르리라[236)]
레바논 구석구석까지
다다르리라
높디높은 백향목
잘라내리라
최상품 삼나무
베어내리라
나 오르리라
높은 봉우리
빽빽한 숲까지 – "
25 샘을 파
이방의[237)] 물을 마신 자

---

236) 이사야 14.13을 참조하라.

그가 바로 나다
이집트 개울마다
발바닥으로 말린 것도
바로 나다
26 들어본 적 없는가?
멀리서?
내가 한 일을?
먼 옛적
내가 계획했다
오래전
내가 생각해두었다
이제야
이루었을 뿐
성읍성읍마다
폐허더미 뒹굴고
27 그 주민들
도움의 손길 없다
당혹스럽다 곤혹스럽다
그들은 단지 들판의 잡초
풀[238)]
그리고 동풍에 휘날리는[239)]

---

237) 쿰란 공동체의 『성(聖) 마가 수도원 이사야 두루마리』(1QIs^{a})를 따라 옮긴다.
238) 또는 '푸성귀'
239) 쿰란 공동체의 『성(聖) 마가 수도원 이사야 두루마리』(1QIs^{a})를 따라 옮긴다. 히브리어 마소라 본문은 '익어가는 낟알 앞에 놓여 있는 들판'으로 옮길 수 있으나 무슨 뜻인지 잘 알 수 없다.(NJPS)

지붕 위의 잡초일 뿐[240)]

28 네가 앉아 있는 것
네가 들어가는 것
그리고 네가 나가는 것
나는 다 알고 있어
내 화 돋우는 것도 —

29 내 화 돋워
내 귀까지 벌개졌다
네 코에
갈고리 꿰리라
네 입에
자갈 물리리라
네가 온 길로
나 널
되돌리리라

30 이것이 바로 징표이다. 올해 너는 자라난 것 먹을 것이다. 이듬해에
도 거기서 나는 것 먹을 것이다. 그 다음해가 돼서야 씨 뿌리고 거두
리라. 포도원 농사 지어 그 열매 먹을 것이다. 31 유다 집안 남은 자
들이 도망쳤던 그들이 아래로 그루터기[241)] 새롭게 할 것이다. 위로
는 가지를 뻗으리라.[242)]

240) 이사야 40.7-8을 참조하라.
241) 문자적으로 '뿌리'
242) 문자적으로 '열매를 내리라'

32 아, 예루살렘에서
남은 자들 나오리라
생존자들이 시온 산에서 —
만군을 거느리신 야훼님
그분의 열정으로
이런 일 벌어지리라

33 그리하여 이렇게 야훼께서 아시리아 왕에 대하여 말씀하신다

그는
이 도성으로 들어오지 못할 것이다
화살을 쏘지 못할 것이다
방패 쥐고 진격하지 못할 것이다
공격하려 토성을 쌓지 못할 것이다
34 그는
되돌아갈 것이다
왔던 길로 —
이 도성으로 들어오지 못할 것이다
야훼님의 말씀이다
35 내가 에워싸리라
이 도성을
구해내리라
내 이름이 있지 않느냐?
나의 종 다윗을 위해서 말이다

36 그 밤 야훼님의 심부름꾼이 나섰다. 아시리아의 진영을 내려쳤다.

18만 5,000명이다. 그 다음날 아침, 아, 이들 모두 죽었다.
37 그래서 아시리아 왕 산헤립은 길을 떠나 되돌아갔다. 니느웨로 되돌
아간 것이다. 38 그가 그의 신 니스록에게 예배드리는 동안 벌어진
일이다. 아드라멜렉과 그의 형제 싸르에체르가 그를 살해했다. 그러
고는 아라랏 땅으로 도망갔다. 그래서 에살하돈이 그 대신 다스렸
다. 그는 산헤립의 아들이다.

죽게 된 히스기야

38장

1 이즈음에 히스기야가 몸이 아팠다. 죽게 되었다. 그러자 아모츠의
아들 예언자 이사야가 그를 찾아와 말했다. "야훼께서 이렇게 말씀
하십니다. 왕실 일을 잘 처리하라. 네가 죽을 것이다. 살아나지 못할 것
이다." 2 히스기야가 얼굴을 벽으로 향하여 야훼께 기도드렸다. 3 "야
훼님, 제발 기억해주세요. 내가 진실되게 또 바른 마음으로 걸어온
것을 아시잖아요? 님께서 보시기에 좋은 일만 하지 않았나요?" 히
스기야는 큰 소리로 서럽게 울었다.
4 그때 야훼님의 말씀이 이사야에게 내렸다. 5 "가라. 히스기야에게
말하라. 네 조상[243] 다윗의 하느님 나 야훼가 이렇게 말한다. 내가
네 기도를 들었다. 그리고 네 눈물을 보았다. 그래, 네 목숨을 15년
연장해주마. 6 그리고 아시리아 왕의 손아귀에서 너를 구해주마. 이
도성도 구해주마. 이 도성을 내가 에워싸겠다. 7 이것이 바로 나 야

243) 문자적으로 '아비'

훼가 말한 바로 그 징표이다. 8 계단에 그늘이 지게 하마. 히스기야
가 만든 그 계단에 해 때문에 생긴 그늘 말이다. 열 계단 물러나게
할 거야." 그러자 정말 계단의 그늘이 열 계단 물러났다.

히스기야의 기도

9 다음은 히스기야가 아프고 나서 지은 것이다.

10 나는 생각했어요
나는 날이 다 차기도 전에
떠나는구나
저세상 문턱에
나는 팽개쳐졌구나
살아갈 날
아직도 남아 있는데 —
11 이런 생각이 들기도 했어요
산 자들의 땅에서
야(훼)[244] 님
못 뵐 것이다
땅에서 사는 자들 가운데에서
다시는
사람을 못 보는구나
12 목동의 장막처럼

244) 이사야 12.2, 26.4를 보라.

내 집이 뽑혀버렸구나
내 목숨
거미줄처럼
말려버려
실타래에서
끊어져 나갔다

한낮부터 저녁까지
괜찮았지만
13 아침이 되면
사자가
내 뼈 마디마디
부숴버리는 것
같았다
한낮부터 저녁까지
괜찮았지만
14 재빠른 칼새처럼
그렇게
짹짹거렸다
구구댔다
비둘기처럼
침침한 눈으로
하늘을 올려다보았다
주님!
너무 힘들어요!
내 보증인이 돼주셔야죠

15 무슨 말할까?
그분 내게 말씀하신다
그분이 일하신다
내 잠은 다
달아났구나
이 몸
고통 속에 있으니
16 주님,
그래도 그렇긴 해도
내 숨결은
되살아나네요
님은
잠자게 하시죠
생명을
불어넣으시죠
17 아,
평화롭습니다[245)]
고통이
내게 고통이
밀려온다 해도
그래요
님은 이 목숨
건지실 거죠
파멸의 구렁텅이에서 —

---

245) 또는 '온전합니다'나 '아무런 걱정 없습니다'

아,
님은 얹어놓으시죠
님의 등판에
이 모든 나의 죄
짊어지시죠
18 아,
저세상 사람들[246)]
님께
감사할 수 있나요?
이미 죽은 사람들[247)]
님을
찬양할 수 있나요?
저세상으로 이미
길 떠난 사람들[248)]
님의 은총
기대할 수나 있나요?
19 살아 있는 자
오직 살아 있는 자
그 사람만
님께
감사할 수 있을 뿐
오늘 내가

---

246) 문자적으로 '스올'
247) 문자적으로 '죽음'
248) 문자적으로 '구덩이로 내려간 사람들'

하듯
아비가 자녀들에게
님의 은총
전할 겁니다
20 야훼님!
아,[249)]
날 건지소서
악기 연주하며
노래합니다
우리가 살아 있는
평생 동안
야훼님 집에서 —

21 이사야가 말했다. "무화과 케익을 가져오라. 종기에 바르라. 그가 살
아날 것이다." 22 히스기야가 대답했다. "무슨 징표입니까? 내가 야
훼님의 집에 올라가다니요?"

히스기야의 보물 창고

39장

1 이즈음 발라단의 아들 바빌론의 왕 므로닥-발라단이 히스기야에게
편지와 선물을 보냈다. 그가 아팠다가 회복되었다는 소식을 들은 것

249) 히브리어 '라메드'(ל)를 감탄사로 읽는다.

이다. 2 히스기야는 찾아온 그들 때문에 기뻐했다. 그는 그들에게 보
물 창고를 보여주었다. 은과 금과 향과 최상품 기름이 들어 있는 창
고였다. 또한 그릇을 넣어두는 창고도 보여주었다. 그렇게 보물 창
고에 들어 있는 것은 무엇이든 다 보여주었다. 히스기야가 보여주지
않은 것은 하나도 없었다. 궁전에서 또 그의 왕실에서 그랬다. 3 그
때 예언자 이사야가 히스기야 왕을 찾아와 말했다. "이 사람들이 무
슨 말을 하던가요? 어디서 온 사람들입니까?" 히스기야가 대답했
다. "먼 길을 마다하지 않고 바빌론에서 나를 찾아왔지요." 4 "궁전
에서 그들이 본 것이 무엇이죠?" "궁전에 있는 것 전부입니다. 빠진
것 하나 없이 보여주었습니다."

5 그러자 이사야가 히스기야에게 말했다. "만군을 거느리신 야훼께서
하시는 말씀을 들어보세요. 6 세월이 지나면 네 궁전에 있는 것은 하
나도 빠짐없이 가져갈 것이다. 네 조상들이 지금껏 모아둔 것 말이
다. 바빌론이 하나도 남기지 않을 것이다. 야훼께서 말씀하십니다.
7 네가 낳은 네 아이들이 끌려갈 것이다. 그래서 바빌론 왕실의 신하
가 될 것이다." 8 히스기야가 이사야에게 말했다. "예언자께서 전하
시는 야훼님의 말씀을 받아들이겠습니다.[250]" 내가 다스리는 동안에
는 별 문제가 없겠구나[251] 하고 속으로 생각한 것이다.

---

250) 문자적으로 '좋습니다'

251) 문자적으로 '평화와 진실이 생겨날 것이다'

40장

1 위로하라 위로하라 내 백성을![252)]
너희 하느님 말씀하신다
2 다정스레 말하라, 예루살렘에게![253)] 그에게 선포하라
아, 노예살이 기간이 다 끝났다
아, 벌을 이제 다 받았다
허물로 받은 벌 두 배로 갚았다 나 야훼의 손에서!
3 어떤 말 들리누나
닦으라, 빈들에 야훼님 가실 길!
쭉 뻗게 하라, 황야에 우리 하느님 내달리실 길!
4 골짜기마다 높이라
산마다 언덕마다 모두 낮추라
거친 길 거친 땅 평평하게 고르라
5 영광스러운 야훼님 그 모습[254)] 드러내신다
누구나 하나같이 바라보리라
아, 야훼께서 말씀하신다

6 어떤 소리 들린다
'외치라!'

---

252) 이사야 49.13의 '아, 야훼께서 그 백성 위로하신다'를 보라.
253) 문자적으로 '예루살렘의 마음 위에 말하라'
254) 문자적으로 '야훼의 영광'

이어서 말한다[255)]
'무엇을 외치란 말인가?'

'모든 몸은 풀이라
오래간다 해보았자[256)] 들판의 꽃에 지나지 않으니
7 풀은 마른다
꽃은 시든다
아, 야훼님 그 위에 숨을 훅 부신다
그렇게 꽃일 뿐이라 사람은!
8 풀은 마른다
꽃은 시든다
우리 하느님 하시는 말씀 영원히 서리라'[257)]

기쁜 소식 전하는 자여

9 높은 산에 오르라

---

255) 그리스어 칠십인역과 시리아어 페쉬타 역 그리고 라틴어 불가타 역과 같은 고대 역이 '내가 말한다'로 읽는다. 또한 쿰란 제1동굴에서 나온 『성(聖) 마가 수도원 이사야 두루마리』(1QIs[a])도 '내가 말한다'로 읽는다.(BHS 참조)

256) 이 부분은 히브리어 '베-콜 하쓰도'(וכל־חסדו)를 옮긴 부분이다. 라틴어 불가타 역은 '인간의 영광'(gloria hominis)이라고 읽었고, 시리아어 페쉬타 역은 '그의 아름다움'(유토요테)으로 읽는다. 기원후 3세기 아우구스티누스(Augustinus)를 위시한 서방교회 교부들은 '그의 독특함'(klaritas ejus)으로 읽기도 한다.(BHK) 여기 히브리어 '헤세드'(חסד)는 '꾸준함, 변치 않음(constancy)'이라는 속뜻을 지니고 있는 말이다. 성서에서는 흔히 '하느님을 향한 인간의 신실(信實, loyalty)'을 나타내는 말로, 곧 언약 용어로 자주 등장한다.

257) 베드로전서 1.24를 참조하라.

시온에 기쁜 소식 전하는 이여!
높이라 힘차게 그대 목소리
예루살렘에 기쁜 소식 전하는 이여!
높이라
두려워 말라
말하라 유다 성읍성읍마다
아, 그대들 하느님이시다
10 아, 주님 야훼께서 힘차게 오신다
님의 팔뚝 휘두르시며
아, 품삯을 들고
보상을 그 앞에 두시고 다스리신다
11 가축떼 먹이는 목자처럼 그분은 먹이신다
당신의 팔뚝으로 가축떼 모으신다
아직도 어린것들 품안으로 들어올리신다
세심하게 이끄신다

누가 재보았는가

12 누가 재보았는가?
물을 손바닥으로?
하늘을 한 뼘으로 재보았는가?
땅의 먼지를 자로?
산마다 저울로?
언덕마다 천칭으로?
13 누가 그분의[258] 바람을 재보았는가?[259]

사람이 그분의 뜻을 알려주랴?

14 누구와 그분이 상의하랴?

깨달음을 주랴?

그분을 가르치랴, 바른길을?

그분께 알려주랴, 지식을?

깨달음의 길 그분께 알리랴?

15 아, 뭇 백성은

바로 양동이 속 물방울처럼

저울 위의 먼지처럼 여기리라

아, 섬이란 섬마다

흙먼지로 여기리라

16 레바논도 다 태우지 못하리

그 들짐승도 희생 제물로 다 충분치 못하리

17 뭇 나라도 모두 그분 앞에선 아무것도 아니라

빈 것으로 없는 것으로 그저 여길 뿐

누구와 비길 수 있을까(사 46.5)

18 누구와 비길 수 있으랴, 엘을?

누가 그의 모습과 견줄 수 있으랴?

19 우상에게?

세공이 부어서 만든 것을!

---

258) 문자적으로 '야훼의'

259) 또는 '누가 야훼의 바람을 이끄는가?' 또는 '누가 나 야훼의 숨(결)을 재보았는가?'

세공이 금박 입혀 만든 것을!
세공이 은줄 꼬아[260] 만든 것을!
20 신상을 세우려[261] 썩지 않는 나무 골라서
솜씨 좋은 장인을 찾아
움직일 수도 없는 신상을 세우지
21 알지 못하는가?
듣지 못했는가?
처음부터 듣지 못했는가?
깨닫지 못하는가?
세상이 설 때부터?
22 둥근 땅 위에 앉아 있는 이
그 위에서 사는 자들 다만 메뚜기 같을 뿐
하늘을 얇게 펼치는 이
앉으려 장막처럼 펼치는 이
23 통치자들을 아무것도 아닌 것으로 삼는 이
땅의 통치자들을 별 볼 일 없이 만든다
24 심지도 못해 뿌리지도 못해
땅에서 그 뿌리는 싹이 돋아나지도 못해
바람이 휙 불면 말라버릴 뿐
폭풍이 불어오면 겨처럼 날아갈 뿐[262] —
25 나를
누구와 비길 수 있으랴?

---

260) 잘 알 수 없는 부분으로 타르굼 역을 따른다.
261) 잘 알 수 없는 부분이다.
262) 시편 1편의 '악인은 바람에 날리는 겨와 같다'는 말과 잠언 10.29의 '폭풍이 불면 악인은 없다'를 참조하라.

나와 같단 말인가?
거룩하신 분 말씀하신다

독수리 날개 치듯

26 하늘을 향해
눈을 들어보라 바라보라
누가 창조했는가, 이들을?
별들을 일일이 만들어낸 이
그 이름을 하나씩 부른다
엄청난 힘으로
말할 수 없는 힘으로
사람이 도무지 지나칠 수 없는 그 힘으로!
27 어떻게
말한단 말인가, 야곱이여?
얘기한단 말인가, 이스라엘이여?
'나 가는 길 야훼는 모르셔!
나의 어려움 하느님은 지나치시지!'
28 알지 못하는가?
듣지 못했는가?
영원한 하느님[263] 야훼
세상 끝까지 창조한 이
지치지도 않아

263) 또는 '세상의 하느님'

피곤하지도 않아
꿰뚫어보는 그의 힘 헤아릴 길 없어
29 지친 이에게 힘 주신다
힘 없는 이에게 한없는 힘 더해주신다
30 청년조차
지치고 피곤해하지만
젊은이조차
넘어지고 넘어지지만
31 야훼를 바라는 이
힘을 얻는다
독수리 날개 치듯 솟아오른다
내달린다 해도 지치지 않아
마구 걷는다 해도 피곤치 않아

나는 처음이다 나는 마지막이다

41장

1 조용히 하라 내 앞에서,[264] 섬들아!
뭇 나라들아, 힘을 내라!
다가오라!

264) 문자적으로 '누구의 말을 조용히 경청한다'는 뜻이다. 이사야 36.21과 42.14를 참조하라. 민수기 30장(5, 8, 12, 15절)에는 법적인 문맥에서 이와 비슷한 표현이 집중적으로 등장하기도 한다.

그리고[265] 자세히 말하라!
함께 따져보자!
2 누가 동녘에서 일어나는가?
'옳구나!'
이렇게 부른다 그의 발걸음!
나라들 그의 앞에 있구나
임금들 누른다
칼로 그들을 먼지같이
한방 먹여 그들을 겨처럼 날려버린다
3 쫓아가나
손끝 하나 대지 않고[266] 지나가고
길바닥에 그의 발 대지도 않으리라
4 누가 했는가, 했단 말인가?
처음부터 세대마다 불러낸 이?
나 야훼
처음이다 마지막이다
내가 바로 '그'이다[267]

---

265) 문자적으로 '그런 뒤'

266) 또는 '전혀 건드리지 않고'나 '털끝 하나 건드리지 않고'로 옮길 수도 있다. 히브리어 '샬롬'(שלום)을 옮긴 말이다. 명사를 이렇게 상태를 나타내는 부사구로 읽는 것에 대해서는 GKC §118q를 보라.

267) 여기서 '그'로 번역한 히브리어는 '후'(הוא)이다. 문자적으로 '그'라는 뜻이기에 그대로 옮겼지만 하느님의 이름일 가능성이 있다. 아니면 그분의 호칭일 수도 있다. [이환진, 『히브리 가락 히브리 노래 히브리 성서』(서울: 대한기독교서회, 2011) 참조] 특히 이사야서에서는 하느님이 자신을 말할 때 "나는 '그'(הוא)이다"(43.10, 43.13, 46.4, 48.12)라는 표현을 많이 사용한다. 또한 신명기 32.39의 "나는, 나는 '그'(הוא)이다"와 시편 102.28의 "님은 그분!(הוא) 님의 날은 끝나지 않으리"도 참조하라.

힘내라

5 섬들이 보고 무서워한다
땅 끝마다 벌벌 떤다
그들이 다가온다 오고 있다
6 서로서로 힘이 된다
'힘내라!'
친구에게 말한다
7 장인이 세공장에게 힘을 북돋운다
망치 두드리는 이
모루 치는 이 격려한다
붙인 것 보고 말한다
'잘했어요!'
못으로 튼튼하게 한다
움직이지 않는다

너는 내 사랑

8 나의 종 이스라엘
내가 골라 뽑은 야곱
아브라함의 씨
너는 내 사랑
9 땅 끝에서 내가 데려온 자
저 멀리서 내가 너를 불러냈다
나 너에게 말한다

너는 나의 종
내가 너를 골라냈다
나 너를 마다하지 않으마
10 무서워 말라
나 너와 함께하리라
두려워 말라
나는 네 하느님이라
내가 힘이 되마
내가 힘을 주마
내가 붙들어주마
내 오른손으로 힘차게!
11 아, 쓰러지리라
넘어지리라
너에게 화를 내는 자들은!
없어지리라[268)]
스러지리라
너에게 대드는 자들은!
12 찾아도 찾을 수 없으리라
너에게 대적하는 자들은!
없어지리라
없으리라
너에게 싸움 거는 자들은!
13 아, 나는
야훼 너의 하느님

268) 문자적으로 '그들은 없음[無]이 되리라'

너를 힘차게 하는 이
네가 말한다
무서워 말라
나 네게 힘 주리라
14 무서워 말라
풀죽은[269] 야곱이여!
죽을 수밖에 없는 이스라엘이여![270]
나 네게 힘 주리라
야훼께서 하시는 말씀
네 몸값 갚으시는 이[271]
이스라엘의 거룩한 분이 –

15 아, 내가 너를
날카로운 타작 널판으로 삼으리라[272]
날이 서 있는 새것으로!
네가 밟아 산마다 가루가 되리라
평원마다 겨처럼 되리라
16 바람이
그들을 흩으리라 날리리라

---

269) 문자적으로 '벌레'

270) 문자적으로 '이스라엘 사람들'

271) 이사야 43.14, 44.24, 48.17, 49.26, 54.5, 54.8, 60.16을 보라. 룻기 4장을 참조하라.

272) 이사야 28.27-28과 아모스 1.7을 참조하라. 고대 이스라엘에서 곡식을 타작하는 모습을 가리킨다. 판자에 날카로운 쇠나 돌을 박아 곡식을 펼쳐놓은 마당에 끌고 다니던 모습을 말한다. 때로 농부가 그 위에 올라타고 가축을 끌게 하기도 했다. [레이 프리츠, 『성서 속의 물건들』(서울: 대한성서공회, 2011), 16]

폭풍이 그들을 흩으리라 —
너는 기뻐하리라
야훼 덕에
이스라엘의 거룩한 이 덕분에
마구 기뻐하리라

사막에 샘이

17 빈자들 가난한 이들
물을 찾으나 없어!
입술은 말라붙고 마실 것 없고!
나 야훼가
그들에게 응답하리라
이스라엘의 하느님
그들을 버리지 않으리라
18 내가 터뜨리리라
강마다 그 입을!
계곡 한가운데 이 샘 저 샘을!
내가 만들리라
빈들을 연못으로!
마른 땅을 물이 흘러나오는 곳으로!
19 내가 빈들에 심으리라
레바논 개잎갈나무, 아카시아, 은매화, 들 올리브 나무를![273)]

---

273) 로버트 쿱스, 『성서 속의 식물들』(서울: 대한성서공회, 2015), 40-42를 참조하라.

내가 사막에
소나무, 향나무, 편백나무도 함께 심으리라
20 그리하여
그들은 보리라 알리라
다 함께 엎어지리라
아,
나 야훼가 손수 이렇게 하리라
이스라엘의 거룩한 이
이렇게[274] 창조하리라

처음을 나중을?(사 46,3-13)

21 네 소송거리 가져오라
야훼께서 말씀하신다
증거를 대보라
야곱의 임금 말씀하신다
22 다가오라 말해보라
앞으로 벌어질 일!
이전에 벌어진 일 누가 말했던가?
마음이나 썼던가?
앞으로 일어날 일 알리라
어떤 일 벌어질지 들어나 보자
23 앞으로 일어날 일 말해보라 알려주라

274) 문자적으로 '이것을'

너희가 신들이라는 것을!
무엇이든 한번 해보라
좋은 일이든 나쁜 일이든!
한번 놀래나 보자 움찔거리기나 해보자[275)]
24 그래, 너희는 아무것도 아니다
하는 일도 아무것도 아니다
골라 뽑은 것도 징그러울 뿐[276)]
25 내가 북녘에서 불러내
오는 그
해가 떠오르는 곳
거기서 내 이름 부른다
진흙처럼 통치자들 짓밟는다
흙을 다루는 도예공처럼!
26 누가 처음 말했는가?
우리더러 알라 하고?
이전에 우리가 말했지
'옳아!'
아,
말한 적 없는 이
들어본 적 없는 이

---

275) 앞 10절의 예를 따라 '보다'를 '무서워하다'로 읽는다.(NJPS) 고대 시리아 우가릿의 『바알』(KTU 1.5 ii 6–7)에도 '알리아누 바알이 두려워한다 구름 타는 이가 공포에 떤다'고 하여 '두려워한다'(*yra)와 '공포에 떤다'(*ṯt')는 말이 나란히 나오는 것으로 보아 '무서워하다'나 '두려워하다'는 뜻으로 읽는 것이 나을 듯하다. 그런데 쿰란 제1동굴에서 발견된 『성(聖) 마가 수도원 이사야 두루마리』(1QIs^a)는 이 부분을 '들어나 보자 보기나 해보자'(ונשמעה ונראה יחדיו)로 달리 읽는다.

276) 또는 '혐오스러울 뿐'

아,
누구도 너희 말 듣지도 않았어
27 시온에 대해 하던 말
그래 바로 지금이야!
예루살렘에 소식 전하는 자 보낸다
28 그러나 살펴봐도
아무도 없구나
이들 가운데 아무도 말하지 않아
물어봐도 대답은 들리지 않아
29 그들 모두 다
없는 것이나 다름없으니
그들이 하는 일 아무것도 아니니
그들의 신상 또한
빈 것이라 아무것도 아니라!

내가 골라 뽑은 나의 종

42장

1 아,
내가 신뢰하는 나의 종
내가 골라 뽑은 이
내가 기뻐하는 이
뭇 나라 사람들에게 바른길 알려줄 이
2 큰소리치지 않아

목소리 높이지 않아
밖에서 그 목소리 들리지 않아
3 죽어가는 갈대 꺾지도 않아
꺼져가는 불꽃 끄지도 않아
진실을 통하여
바른길 이끈다
4 꺼져가지도 않아 죽지도 않아
세상에 바른길 이룰 때까지!
하여
섬나라마다 그 가르침 기다리고 있다

하늘을 내신 이

5 이렇게 야훼 하느님 말씀하신다
하늘을 창조한 이
펼친 이
땅과 땅이 내는 것
두드려 판판하게 만든 이[277)]

---

277) '두드려 만든 이'(로카)라는 말은 창세기 1.6의 '푸른 하늘'(라키아)이라는 말과 같은 뿌리말(רקע)이다. 이 용어는 장인이 금속을 잘게 두드려 물건을 만들 때 주로 등장하는 용어이다.[Baruch A. Levine, *Numbers 1-20*. AB4(New York, NY: Doubleday, 1993), 418] 출애굽기 39.3과 민수기 19.3에는 장인들이 금을 얇게 두드려 작업하는 장면이 나오며 예레미야 10.9는 은으로 작업하는 모습을 묘사하고 있다. 또한 이사야 40.19에는 '세공이 금박 입혀 만든 것'이라는 표현도 등장한다. 따라서 본 절에는 하느님이 장인이 되시어 땅을 두드려 판판하게 펴셨다는 생각이 깔려 있는 듯하다.

거기 사는 것마다
숨결 불어넣은 이
거기 오가는 목숨마다![278)]

6 마음에 들어
나 야훼가 너를 불렀다
네 손을 붙들어주마
내가 너를 빚었다
내가 너를 골랐다
언약 맺은 백성이여![279)]
뭇 나라의 빛이여!

7 보이지 않는 눈 뜨게 하고
갇혀 있는 이 풀어주고
어둠 속에 앉아 있는 이 그 감옥에서!

8 나 야훼
'그'가 내 이름![280)]
내 영광
다른 이에게 넘기지 않으리
내 노래 그 어떤 우상에게도!

9 이전 것들, 아, 오고 있구나
새로운 것 나 말하리라

---

278) 시편 104.30의 '님의 숨결을 보내시어 그들을 끊임없이 창조하신다 땅 얼굴을 언제나 새롭게 하신다'는 표현을 참조하라.

279) 히브리어 라메드(ל)를 감탄사를 나타내는 용어로 읽어 옮긴다.[M. Dahood, "Hebrew-Ugarit Lexicography IV," *Biblica 47*(1966): 407 참조]

280) 또는 '후(הוא)가 그 이름'으로도 읽을 수 있다. 이사야 41.4의 난하주를 보라. 또한 46.4를 보라.

돋아나기 전
내가 너희에게 들려주리라

새 노래 부르라

10 노래하라 야훼께
새 노래를![281)]
땅 끝에서 그분께 드리는 찬양을!
바다에서 헤엄치는 것들이여
그 안에 가득한 것이여
섬나라여, 그 안에 사는 이들이여!
11 목소리 높이라
광야여!
도시여!
케다르가 사는 마을이여!
셀라에 사는 이들이여,[282)] 소리 높이라
산봉우리에서 큰소리치라
12 야훼께 영광 돌리라
찬양하라 섬나라들아[283)]

---

281) 같은 표현이 나오는 시편 33.3, 96.1, 98.1, 144.9, 149.1을 보라.(HALOT 1480) 또한 시편 40.3(MT 40.4)의 '그 입에 새 노래를 넣어주신다 우리 하느님께 찬양드리는 노래를!'이라는 표현도 참조하라.

282) 또는 '바위틈에 사는 자들이여'

283) 또는 '섬나라에서 그분의 영광을 말하라'(NJPS)

전사처럼 용사처럼

13 야훼께서 전사처럼 나서신다
용사처럼 열정을 불사르신다[284)]
고함치신다
아, 큰소리 지르신다
원수들 짓누르신다
14 내가 오랫동안 침묵했어
말 안 했지 참았어
이제 아기 낳은 여인이 되어
외마디 소리지르마
숨이 차 헐떡거릴 거야
15 산이면 산, 오름이면 오름
못쓰게 할 거야
풀밭마다 말려버릴 거야
강마다 광야로[285)] 바꿔버릴 거야
못마다 말려버릴 거야
16 앞이 안 보이는 이들 이끌고 갈 거야
알지 못하던 길로!
알지 못하던 샛길로!

---

284) 문자적으로 '질투를 일으키신다'나 '정열을 일으키신다' 또는 '열정을 일으키신다'라는 뜻이지만 문맥상 '열정을 불사르신다'로 읽는다. '나는 질투하는 신'이나 '나는 정열적인 신'이라는 표현이 나오는 출애굽기 20.5을 연상케 하는 부분이다. 본 절은 출애굽기 15.3의 '야훼는 용사 그 이름 야훼'라는 표현과 빗대어 읽을 수 있다. 이렇게 바빌론 포로기에 기록되었을 것으로 짐작되는 이사야 40–66장에는 출애굽을 회상하는 부분이 많이 등장한다.

285) 또는 '섬으로'

길을 밝게 할 거야
그들 앞 어둠을 빛으로 바꿀 거야
거친 길 평평한 길로 바꾸어 놓을 거야
이렇게 약속하마[286)]
내가 지켜줄 거야
버리지 않을 거야
17 물러날 거야 수치를 당할 거야
신상을 의지하는 자들은!
'우리 하느님!'
이렇게 신상에게 말하는 자들은!

들으라 보라

18 듣지 못하는 자들아, 들으라!
보이지 않는 자들아, 보라!
눈을 들어보라!
19 누가 안 보이는가?
내 종처럼?
누가 안 들리는가?
내가 보낸 심부름꾼처럼?
누가 안 보이는가?
골라 뽑은 사람처럼?
누가 안 들리는가?

---

286) 문자적으로 '이들이 그 말이다'

야훼의 종처럼?
20 그 많은 것 보고도
마음 쓰지 않는구나
귀가 열려 있어도
들을 생각 않는구나
21 야훼께서 바라시는 것
단지 그를 감싸는 일
그가
가르침 드높이는 일
존중하는 일

듣는가? 보는가?

22 노략질당한, 빼앗긴 무리
바로 그이라
모두 다 함정에 빠져 있구나
구덩이에 갇혀 있구나
노략질당하나
구해줄 이 하나 없어
빼앗기고 또 빼앗겨도
'돌려줘!'
말하는 이 하나 없구나
23 너희 중에 그 누가
이 말 들으랴?
귀 기울이고 이제부터 들어나 보라

24 누가
야곱이 노략질당하게 했단 말인가?
이스라엘이 빼앗기게?
야훼께 죄 지은 우리 아닌가?
그분의 길
걸어가려 하지 않았다
그분의 가르침
듣지 않았다
25 그분이
분통 터지게 하지 않았나?
화가 나 전쟁에 내몰지 않았나?
사방이 그 분노로 타오르는데
알지 못하나?
한가운데에서 타오르는데
맘 쓰지 않으니!

무서워 말라

43장

1 자, 이렇게 야훼께서 말씀하신다
너를 창조한 나![287)]
야곱아!

---

287) 문자적으로 '너를 창조한 이'

너를 빚은 나![288]

이스라엘아!

무서워 말라

내가 네 몸값 갚으리라

내가 네 이름 부른다

내 것이야, 넌!

2 아,

물속에 걸어간다 해도

너와 함께하리라

바다[289] 한가운데에서도

너는 휩싸이지 않으리라

아, 불속으로 걸어 들어간다 해도

꺼지지 않으리라

불꽃 속에서조차

너를 태우지 못하리라

3 아,

나 야훼는 네 하느님

이스라엘의 거룩한 이

너의 구원자

이집트에 네 몸값을 갚은 이

에디오피아를 사바를

대신해[290]

---

288) 문자적으로 '너를 빚은 이'

289) 또는 '강'

290) 이사야 19.23-25를 참조하라.

4 넌 내게 정말 소중해
넌 귀중해
하여 난 널 사랑해
네 대신 사람들을 주었지
네 목숨 대신 수많은 무리를!
5 두려워 말라
내가 너희 함께하니
해 뜨는 곳에서
네 후손 데리고 오리라
해 지는 곳에서
너를 모으리라
6 북녘에게 말한다
'돌려달라!'
남녘에게 말한다
'가두지 말라!
멀리서 내 아들들 데려오라
땅 끝에서 내 딸들 데려오라
7 모두 다 내 이름으로 부르는 이들
내가 창조한 이들
내가 지은 이들
그래, 내가 만들어낸 이들!
8 석방하라
안 보이는 이들
눈이 있는 이들
못 듣는 이들
귀가 있는 이들!'

9 뭇 백성 모인다
하나같이!
뭇 나라 모여든다
그들 가운데 그 누가 이렇게 말했던가?
이전에 일어난 일
우리에게 알려주던가?
증언자 되게 하라
편들게 하라
이 말 듣는 이마다
'맞아!'
이렇게 말하게 하라
10 너희가 내 증언자이다
야훼의 말씀이다
내가 골라 뽑은 나의 종아!
너희가 알리라
너희가 믿으리라 나를!
너희가 깨달으리라
바로 내가 '그'이다!
나 앞서 어떤 신도 생기지 않았다
내 뒤에도 그렇다
11 내가, 내가 야훼이다
나밖에 구원자 없다
12 내가 말하마
내가 구한다
내가 들려주마
너희 가운데 다른 이 없다

너희가 내 증언자이다
야훼의 말씀이다
바로 내가 엘이다
13 날이 생긴 때부터
바로 내가 '그'이다
내 손에서 구할 이 없다
내가 무언가 할 때
그 누가 되돌릴 수 있단 말인가?

14 이렇게 야훼께서 말씀하신다
너희의 고엘
이스라엘의 거룩한 이
너희를 위해 내가
바빌론으로 사람을 보내리라
온갖 빗장을 내리리라
갈데아 사람들 슬픔에 차 울리라
15 나는 야훼
너희의 거룩한 이
이스라엘을 창조한 이
너희의 왕이다

내가 새 일을 벌이리라

16 야훼께서 이렇게 말씀하신다
바닷속에 길을 낸 이

힘센 물[291] 속에 오솔길을 낸 이

17 끝장낸 이[292]

전차를 군마를 힘센 군대를!

모두 눕는다 일어나지 못한다

스러져간다

꺼져가는 심지처럼!

18 기억치 말라 이전 일은!

마음에 두지도 말라 오래전 일어난 일은!

19 아, 내가

새 일을 벌이노라

지금 새싹이 돋아나리라

알지 못하는가?

그래 내가

빈들에 길을 내리라

거친 들에 강[293]을 내리라

20 '감사해요!'

---

291) '힘센 물'(מים עזים)은 이사야 23.3에서는 '엄청난 물'(מים רבים)이라고 부르기도 하며 이사야 51.9의 '엄청나게 깊은 바닷물'(מי תהום רבה)로 등장하기도 한다. 이 물은 하느님이 싸우시는 대상으로 성서에서 자주 등장한다. 이사야 27.1에는 '바다에 있는 타닌'으로 등장하기도 한다. '힘센 물'은 느헤미야 9.11에도 등장한다. 특별히 '엄청난 물'은 시편(18.17[=삼하 22.17], 93.4, 144.7)과 예레미야(51.13)와 에스겔(17.5, 19.10, 27.26, 31.7, 31.15)과 하박국(3.15)과 아가(8.7)에도 나온다. 그런데 민수기(20.11)를 보면 모세가 바위를 두 번 내리쳐 '엄청난 물'이 쏟아져 나왔다고 말하는데 여기서는 그냥 단순한 물을 가리키기도 한다.

292) 히브리어 '호치'(הוציא)를 아람어 '쉐치'(שציא)와 같은 뜻으로 이해하여 읽는다. (NJPS) 또한 같은 문맥에 이 용어가 나오는 에스겔 38.4를 보라.

293) 쿰란 제1동굴에서 나온 『성(聖) 마가 수도원 이사야 두루마리』(1QIs[a])는 '길'(נתיבים)로 읽기도 한다.

들짐승이 들개와 타조가 내게 말하리라[294)]
아, 내가
빈들에 물을 대리라
거친 들에 강물을!
내가 골라 뽑은 무리가
목을 축이리라
21 내가 빚은 무리 소리쳐
노래 부르리라 나에게!

희생 예물이 여전히 좋아

22 넌
날 부르지도 않았다, 야곱아!
내게 싫증 내기만 했어, 이스라엘아!
23 넌
살라 바치는 예물을 내게 가져오지 않았어
넌
네 희생 예물로 나를 존중하지도 않았지
난
네 곡식 예물이 아직 물리지 않았어
난
유향이 아직 싫증 나지 않았단 말이지
24 넌

294) 문자적으로 '들짐승이 들개와 타조가 나를 존중하리라'

돈 주고 향긋한 갈대[295]를 사지도 않았어
날 위해서 말이야
기름덩이 제물 태워 향기를 뿜어내지도 않았지
아,
수도 없이 죄 지어 나를 힘겹게 했을 뿐!
수없는 허물로 날 역겹게 했다고!
25 내가, 내가 '그'이다
네 나쁜 죄를 지워버리는 이다
나를 위해서지
수많은 네 죄를
나는 기억하지 않을 테야
26 제발 기억하게 해줘
함께 생각해보자고
헤아려보렴
네 스스로!
네가 옳은지 말이야
27 네 옛 조상이 죄를 지었어
네 대변인이라는 자들
나를 거슬러 못된 짓 저질렀어
28 하여 난
거룩하다는 왕들[296] 더럽힐 거야
야곱을 내치고 말 거야

---

295) 일반적으로 '갈대'를 뜻하는 '카네'(קנה)를 옮긴 말로 '향긋한 창포'로도 옮길 수 있다.(로버트 쿱스, 『성서 속의 식물들』, 142-43) 같은 말이 나오는 아가 4.14와 에스겔 27.19를 보라.
296) 무슨 뜻인지 잘 알 수 없다.

이스라엘을 웃음거리로 만들 거야

너희는 내 증인

44장

1 자, 들으라
야곱아, 내 종아!
내가 골라 뽑은 이스라엘아!
2 이같이 말씀하신다
너를 지으신 분 야훼께서!
너를 빚은 이
네게 힘 주었다[297)]
네가 뱃속에 있을 때부터!
3 그래,
내가 물을 붓는다
쩍 갈라진 땅에!
마른 땅에 비를 내린다
내가 쏟아부으마
내 숨결을 네 자손에게!
그렇게 네 후손에게
내가 복을 내리마
4 풀밭 사이사이

297) 또는 '너를 도왔다'

싹이 움튼다
5 누군가 말한다
'나는 야훼의 것이야!'
또 누군가 이런 말 하는구나
'야곱이야!'
또 이렇게 팔에 쓰기도 했군
'야훼의 것!'
아, 이런 말도 하는구나
'이스라엘!'

나는 처음이다 마지막이다

6 이스라엘의 왕 야훼께서 이같이 말씀하신다
이스라엘의 고엘
만군을 거느리고 있는 야훼
나는 처음이다
나는 마지막이다
나밖에 신은 없다
7 누가 나와 같은가?
말하라
말해보라
나와 비교할 수 있는지!
미래를 옛 사람들에게 알려준 것처럼
닥칠 일 그들에게 자세히 말하리라
8 예부터 내가 들려주지 않았던가?

내가 말해주었다
너희는 내 증인이다
나 말고 신이 있는가?
내가 알지 못하는
바위는 없다

장인들이 하는 일(렘 10.3-5)

9 우상을 빚는 자들
하나같이 덧없는 일 하는 것일 뿐
소중히 여기지만
할 수 있는 일 하나도 없어
그들이 증인이라 하지만
그들은
볼 수 없어
알 수도 없어[298)]
그렇게 부끄럼당할 뿐
10 누가 신상을 빚는가?
우상을 주조하는가?
무슨 일 할 수 있다는 말인가?
11 동료마다 부끄럼당하리니
장인이라는 자들 단지 인간일 뿐
모두 다

298) 시편 115.4-8, 135.15-18 참조하라.

모이라 하라
서보라 하라
무서워 떨리라
부끄럼당하리라
하나같이!
12 장인은
도구로 숯불로 쇠를 다룬다
두드려 만든다
힘줄 불끈 솟은 팔뚝으로 일한다
하지만
배고파 이내 힘이 빠진다
마실 물 없어
기진맥진
13 나무를 다루는 장인
줄로 잰다
끌로 만들어간다 모양을!
구멍 파는 도구로 만든다
자로 만들어간다
사람 모습으로 만든다
사람 모습처럼 멋지게
성소에 모셔놓으려고!
14 백향목을 자른다
피네아 소나무를 오크 나무를 고른다
이 나무 저 나무를 숲에서 챙긴다
전나무를 심는다
비가 내려 자라게 한다

15 그러고는 장작으로 쓰기도 한다
따뜻하게 하려고!
불을 지펴
빵을 굽기도 한다
신상을 만들어
그 앞에 엎드리기도 한다
우상을 만들어
절하기도 한다
16 잘라내어 장작으로 때기도 한다
잘라내어 고기를 굽기도 한다
구운 고기 먹는다 배부르게 먹는다
몸을 따뜻하게 하고는 말한다
'아이구, 따뜻하네! 불이잖아?[299)]'
17 그리고
나머지로는 신상을 만드는구나
조각하여!
절한다 엎드린다 기도한다
'구해주세요! 나의 하느님이잖아요?'
이렇게 말한다

18 그들은 알지도 못해 판단도 못해
눈에 덕지덕지 붙여놓아
볼 수도 없어
생각하는 마음도 없어

---

299) 문자적으로 '나는 불빛을 본다' 또는 '나는 불을 느낀다'

19 생각이 없어
알지도 못한 채 판단도 없이 말한다
'쪼개서[300] 불을 때야지
그리고 숯불에 빵을 구워야겠어
고기도 구워 먹어야지
나머지로는 끔찍하다는 것 만들어볼까?
나뭇더미에 절을 올려봐?'
20 환영[301]을 좇을 뿐
흐트러진 마음으로 죄를 지을 뿐
자신을 구하지도 못해
'내 손안에 있는 것 가짜야!'
이렇게 말할 줄도 모르지
21 이들을 기억하라, 야곱아!
이스라엘아, 너는 내 종이다
내가 너를 빚었다
너는 나의 종이다
이스라엘아, 나를 잊지 말라
22 내가 지워버렸다
구름처럼 네 죄를!
안개처럼 네 허물을!
돌아오라 나에게!
내가 네 몸값을 갚았으니!

---

300) 문자적으로 '그 반으로'
301) 문자적으로 '재'(灰)

환호하라 하늘아 땅아

23 소리지르라, 하늘아!
야훼께서 움직이신다
큰소리 지르라, 아래 땅아!
터뜨려라 산들아 목소리를!
숲이여 그 안에 있는 나무야!
이스라엘 안에서
영광받으신다

뱃속부터 빚으신 이

24 네 고엘 야훼께서 이처럼 말씀하신다
너를 뱃속부터 빚으신 이
나 야훼 모든 것 지은 이
하늘을 홀로 펼친 이
땅을 두드려 편[302] 이
누가 나와 함께 있는가?[303]
25 점쟁이의 점을 무효화시키는 이

302) '푸른 하늘'이나 '창공'(蒼空) 또는 '궁창'(穹蒼)을 뜻하는 히브리어 '라키아'(רקיע)와 같은 뿌리말이다.

303) 케레(Qere)는 '메-이티'(מאתי)로 되어 있으나 '미 이티'(מי אתי)라고 되어 있는 케티브(Ketiv)를 따라 읽는다. 쿰란 제1동굴에서 나온 『성(聖) 마가 수도원 이사야 두루마리』(1QIs[a], מאי אתי)는 이 케티브 전통을 보존하고 있는 가장 오래된 사본이다.

점쟁이를 우습게 만드는 이
현자를 물러가게 하는 이
그들의 지식이란 거짓일 뿐
26 내[304] 종의 말을 굳히는 이
내[305] 심부름꾼의 조언을 이루는 이
'사람이 다시 살리라'
이렇게 예루살렘에게 말하는 이
'다시 지을 것이다
폐허를 다시 일으켜 세우겠어'
이렇게 유다 성읍에게 말하는 이
27 '말라버리라
네 강물을 말려버릴 것이야'
이렇게 깊은 물에게 말하는 이
28 '내 목자야!'
고레스에게 말하는 이
바라는 대로 모든 것 이루는 이
'너를 다시 지을 거야'
예루살렘에게 말하는 이
'네 토대를 놓겠어'
성전에 대해 말하는 이

---

304) 문자적으로 '그의'
305) 문자적으로 '그의'

고레스, 그분의 종

45장

1 이같이 야훼께서 말씀하신다
그에게 기름 부으신 고레스에게!
그의 손을 꽉 붙잡으신 이
그 앞에서 뭇 나라를 짓밟으시고
왕들을 힘 못 쓰게 하시고[306)]
그 앞에서 대문을 활짝 여시어
다시는 문이 닫히지 않게 하신 이
2 내가 너 앞서가리라
산마다[307)] 평평하게 하리라
놋쇠 대문 부수리라
쇠 빗장 잘라내리라
3 어둠 속에 감춰둔 보물을
네게 주리라
숨겨놓은 보물을!
그제야 알리라
내가 야훼라는 것!
네 이름을 부르는 이
이스라엘의 하느님!

306) 문자적으로 '왕들의 허리를 풀어 헤치시고'

307) 쿰란 제1동굴에서 나온 『성(聖) 마가 수도원 이사야 두루마리』(1QIs[a])를 따라 '산'(הררים)으로 읽는다. 마소라 본문의 '하두림'(הדורים)은 잘못 베껴 쓴 것으로 보인다.(HALOT 239 참조)

4 나의 종 야곱
내가 골라 뽑은 이스라엘
내가 네 이름을 부른다
명예로운 이름을 부여하마
네가 날 모른다 해도!
5 나는 야훼이다
다른 이는 없다[308)]
나 말고 신은 없다
너를 뜨겁게 포옹하마
네가 날 모른다 해도!
6 해 뜨는 곳에서 해 지는 곳까지
사람들이 알게 될 것이다
나 말고 없다
나는 야훼이다
다른 이는 없다
7 빛을 빚은 이
어둠을 창조한 이
복을 내리는 이
재앙을 내리는 이
나 야훼는 이 모든 것 지었다
8 쏟아부으라
하늘아, 위에서!
하늘아, 정의를 쏟아부으라
땅아, 문을 열라

---

308) 문자적으로 '또 없다.' 이사야 45.6, 45.8, 45.14, 45.22. 46.9를 보라.

승리의 열매를 맺어라
바른 것 또한 움트게 하라
나 야훼가 이들을 창조하였다

도공과 진흙

9 부끄러운 줄 알라
자신을 빚은 이에게 대드는[309] 자여!
흙으로 빚은 질그릇 조각에 지나지 않는 자여!
진흙이 도공에게 말하는구나
'뭘 만드신 거죠?
손잡이가 없네요'
10 부끄러운 줄 알라
아버지에게 말하는 자여!
'누구를 낳으셨어요?'
어머니에게 말하는 자여!
'누구 때문에 배가 아팠죠?'

이스라엘은 이기리라

11 이처럼 야훼께서 말씀하신다
이스라엘의 거룩하신 분

309) 또는 '논쟁을 벌이는'

이스라엘을 지으신 분께서!
네가 내 아이들의 장래에 대해 묻는 것이냐?
내가 직접 만든 것에 대해 가르치려 드느냐?
12 땅을 만든 이가 나다[310)]
그 위에서 사는 사람을 내가 창조했다
하늘을 손수 펼친 이가 나다
무수한 별을 지휘하는 이가 나다
13 고레스[311)]가 승리하도록 이끈 이가 나다
내가 길마다 평평하게 골랐다
그가 내 성읍을 지을 것이다
내 포로들을 내보낼 것이다
값도 없이 품삯도 없이!
이처럼 만군을 거느리신 야훼께서 말씀하신다

14 이처럼 야훼께서 말씀하신다
이집트의 재산 에디오피아의 소득
그리고 키가 큰 사바 사람들
네게로 오리라
네 것이 되리라
네 뒤를 따라오리라
차꼬를 차고 오리라
그리고 네게 절하리라
존경하며 네게 말하리라

---

310) 창세기 2.4하반절을 참조하라.
311) 문자적으로 '그'

'당신들 가운데 신이 계시군요
또 없죠 다른 신은 없어요
15 님은 정말 하느님입니다
이스라엘의 하느님이세요
이기게 하시는 분이군요'
16 쓰러지리라 또 넘어지리라 모두 다!
다 함께 재난을 당하리라
우상을 만들어내는 자들이여!
17 이스라엘은 이기리라
야훼 덕분에!
영원히 승리하리라
쓰러지지 않으리라 고꾸라지지 않으리라
영원영원토록!

다른 이 없다

18 아, 이같이 야훼께서 말씀하신다
하늘을 창조한 이
그가 바로 하느님!
땅을 빚은 이
땅을 만든 이
그가 땅을 든든히 세웠다
쓸모없는 곳으로[312] 만들지 않았다

312) 또는 '헛되이'

사람 살라고 땅을 빚었다[313)]
나는 야훼이다
다른 이 없다
19 비밀스레 말하지 않는다
어두운 땅에서!
야곱 자손에게
'쓸모없는 곳에서 나를 찾아보라'
이렇게 말하지 않는다
나 야훼는
바른 것 말한다
곧은 것 말한다
20 오라 함께 모이라
다 함께 가까이 오라
뭇 나라 가운데 남은 이들[314)]이여!
목상을 메고 다니는 자들
알지 못할 것이다
구원하지 못하는 신에게 비는 자들은!
21 말하라 다가오라
함께 상의하자
누가 말하던가, 옛날부터?
이것을?
옛날부터 말하던가?
내가 야훼가 아닌가?

313) 하느님의 창조 용어(바라, 아싸, 야차르, 코넨)가 모두 등장하는 곳이다.
314) 또는 '피난민들'이나 '생존자들'

나 말고 다른 신 없다
진실한 신
구원하는 신
나밖에 없다
22 내게 오라 구원받으라
땅 끝마다!
아, 내가 엘이다
다른 이 없다
23 목숨 걸고 맹세한다
진실을 말한다[315)]
되돌릴 수 없는 말이다
모든 이가 내게 무릎 꿇리라[316)]
사람마다 맹세하리라[317)]
24 이렇게 말하리라
'승리와 힘
야훼님에게!'
그분 찾아올 때
원수들 쓰러지리라
25 야훼님 안에서
이기리라 칭송받으리라
이스라엘의 모든 후손은!

315) 문자적으로 '진실이 내 입에서 나온다'
316) 문자적으로 '모든 무릎이 내게 꿇리라'
317) 문자적으로 '모든 입이 맹세하리라'

벨과 느보라는 신

46장

1 벨이 엎어진다
느보가 나뒹군다[318)]
그 신상들 다만
들짐승일 뿐
집짐승일 뿐
모시고 가는 그 모습이란 단지
짐스러울 뿐
짐승에 지나지 않을 뿐
2 나뒹군다 엎어진다
하나같이 먹지도 못해
지고 가는 이들 조차 구해내지도 못해
그들도 그저
포로로 끌려갈 뿐!

318) '벨'(Bel)과 '느보'(Nebu)는 고대 메소포타미아의 신들이다. '벨'과 '느보'는 메소포타미아인들이 사용하던 아카드어로 각각 '벨루'(Belu)와 '나부'(Nabu)라고 부른다. '벨'은 폭풍 신이고 '나부'는 서기관 신이다. 기원전 2000년대부터 고대 메소포타미아의 여러 문헌에 등장하는 이 신들은 특이하게도 기원후 시리아 동방교회의 가장 오래된 『아다이의 가르침』이라는 문헌에도 짝말로 함께 등장한다. [이환진, "에프렘의 창세기와 존 웨슬리", 「신학과 세계」 84(2015. 12.): 104 주 88] 이러한 사실로 미루어 이 신들은 성서 시대뿐만 아니라 그 이후에도 터키 남부와 이라크 북부 그리고 이란 북부에서 계속 숭배되어 온 신들이라는 것을 알 수 있다.

아기집으로 지으신 분(사 41.21-23)

3 내 말 들으라, 야곱 집안아!
이스라엘 집안의 남은 자들아!
뱃속부터 안고 다닌 자들아!
아기집부터 품고 다닌 자들아!
4 너희가 늙을 때까지
나는 바로 '그'이다[319]
너희가 백발이 될 때까지
나는!
내가 지었으니 내가 안고 다닌다
내가 안고 다녔으니 바로 내가 구하리라
5 누가 나와 같은가?
누구에게 나를 비교하겠는가?
누구에게 나를 견줄 수 있는가?
누가 나와 같은가?[320]
6 지갑을 열어 돈으로 사는 자들
저울[321]에 은을 달아 사는 이들
금속 세공 고용하여 신상을 만드는 이들
그리고 절하지 엎드리지
7 그리고 들어올려 어깨에 메고 가지
자리에 내려놓으면 거기 그렇게 가만히 있을 뿐

---

319) 이사야 41.4의 난하주를 보라. 또한 41.8을 보라.
320) 비슷한 표현이 나오는 이사야 40.18과 40.25를 보라.
321) 문자적으로 '갈대' 또는 '자'

아, 소리질러 보나 대답은 없고
어려움에 빠진다 한들 구해주지 못하니 —
8 기억하라, 이것만은!
마음을 다져라[322)]
마음에 담아두라 네 허물을!
9 기억하라, 언제나 이전 일을!
그래, 내가 바로 엘이다[323)]
다른 이 없어
나 같은 신은 없다
10 처음부터 끝까지
내가 일일이 얘기하마
그 어떤 일 일어난 적 없는 그 옛적부터!
나는 분명히 말한다
내가 세운 계획
반드시 일어나고야 말리라
내가 하려고 하는 일
반드시 이뤄내고야 말리라
11 나는 불러냈다 독수리[324)]를 동쪽에서!
내가 쓰려고 하는 그 사람을 먼 땅에서!
내가 분명히 말한다

---

322) 무슨 뜻인지 잘 알 수 없는 부분이다.

323) 히브리어로 같은 '엘'(אל)이 앞 6절에서는 '신상'(神像)이라는 뜻으로, 여기서는 하느님 자신을 가리키는 말로 사용된다. 그리고 본 절에서 '신'(神)으로 옮긴 말은 히브리어로 '엘로힘'(אלהים)이다. 이사야 45.5, 45.6의 '나는 야훼이다 다른 이는 없다'를 참조하라. 거의 같은 표현으로 '엘'을 '야훼'로만 바꾸었다.

324) 고레스 왕을 가리킨다. 이사야 41.2–3과 44.28–45.1을 참조하라.(NJPS)

내가 분명히 이루리라
내가 생각한 것이다!
내가 계획한 것이다!
12 들으라, 내 말을!
답답한 자들아!
이길 것은 생각지도 못하는구나
13 나의 승리가 곧 다가오리라
그리 멀지 않으리라
지체되지 않으리라
시온에서 이기리라
이기리라 이스라엘이!
아,
나의 영광이여!

어둠 속으로 사라지라

47장

1 내려가라 먼지 속에 앉으라!
딸 바빌론아!
의자에서 내려와[325] 땅바닥에 앉으라![326]

---

325) 문자적으로 '의자 없이'
326) 고대 시리아의 우가릿(Ugarit)이라는 곳에서 발견된 『바알』(KTU 1.5 vi 11-14)이라고 부르는 기원전 13세기 문헌에는 일루(엘)라는 신이 의자에 앉아 있다가 발받침으로 내려오고 다시 땅바닥에 주저앉아 통곡하는 장면이 나온다.[이환진,

딸 갈데아야!
'매력적이야, 참 좋아!'
이렇게 다시는 너를 부르지 않으리라
2 맷돌을 움켜쥐라
맷돌 갈아 고운 가루 만들라
베일을 벗으라
팔을 걷어붙이라
다리를 드러내라
그리고
강을 건너라[327)]
3 부끄러운 곳 드러나리라
수치스러운 모습 나타나리라
내가 보복할 것이라
누구도 거스르지 못하리라[328)]

4 우리의 고엘
만군을 거느리시는 야훼

『우가릿의 바알』(서울: 한모임, 2005), 165] 이런 모습을 애곡의식(哀哭儀式, mourning rites)이라고 부른다. 곧 죽은 자와 자신을 동일시하는 의식이다. 이사야가 여기서 바빌론과 갈데아에게 '내려가 먼지 속에 앉으라' 또 '땅바닥에 앉으라'고 한 것은 바로 이러한 애곡의식을 염두에 두고 한 말인 듯하다. 이와 비슷한 장면이 뒤의 5절에서도 이어진다.

327) 강을 건너는 모습을 포함하여 노예로 끌려가 노동하는 모습을 묘사하는 장면인 듯하다.(CEV 난하주) 또한 앞 이사야 46.2도 참조하라. 참고로 고대 이스라엘에서 5인 가족이 하루 먹을 보리나 밀을 맷돌에 갈아 가루로 만드는 데 드는 시간은 대략 3시간 정도였던 것으로 알려져 있다.[레이 프리츠, 『성서 속의 물건들』(서울: 대한성서공회, 2011), 328-329]

328) 잘 이해할 수 없는 부분이다.

그 이름

이스라엘의 거룩하신 분

하시는 말씀—

5 침묵 속에 앉아 있으라!

어둠 속으로 사라지라![329)]

딸 갈데아야!

아, 만국의 여왕이여!

이렇게 다시는 너를 부르지 않으리라

6 내가 무척 화를 낸 적이 있다, 내 백성에게!

내가 흩어버린 적이 있다, 내 소유를!

하여 너에게 그들을 넘기지 않았던가?

너는 그들을 애지중지하지 않았다

나이 든 이조차

엄청나게 무거운 멍에를 메게 하다니!

7 너는 말하는구나

'나는 권좌에 앉아 영원토록 여왕이[330)] 될 테야!'

이런 일은 마음에 두지도 않는구나

---

329) 앞 1절의 설명을 참조하라. 이 부분은 앞 1절과 비슷하지만 한걸음 나아가 아예 죽음 자체를 말하고 있다. 곧 침묵 속에 앉으라는 말과 어둠 속으로 사라지라는 말은 바빌로니아 창조 서사시 『에누마 엘리쉬』의 시작 부분과 비슷한 내용이다. 곧 죽음 자체를 어둠이나 침묵으로 설명하고 있다. 비슷하게 시편 88.12에서도 '어둠'이나 '망각'이라는 표현은 아래세상을 가리키는 상징적인 용어로 등장한다.

330) 문자적으로 '영원토록 나는 권좌의 여왕이 될테야'로도 옮길 수 있는 부분이다. 여기서 '권좌의 여왕'은 히브리어로 '그베레트 아드'(גברת עד)이다. 여기서 '아드'(עד)는 '의자'나 '권좌'를 뜻하는 우가릿어(아드)에 비추어 이렇게 읽어볼 수 있다.[요제프 트롭퍼, 『우가릿어 사전』, 김원준 개역(의정부: 한님성서연구소, 2010), 48 참조] 또한 한글 『새번역』(2004) 이사야 46.7의 난하주를 보라.

네 끝[331]은 생각지도 못하는구나
8 자, 이 말 들어보라
화려한 것에만 익숙한 자야!
든든히 자리잡고 있는 자야!
마음속으로 말하는구나
'나, 나 말고는 그 누구도 없어!
절대로 홀몸은 되지 않을 거야
아이들이 없다는 건 상상도 못할 일이지'
9 이 두 가지가 너를 찾아올 것이야
한 날 한 시에[332]
아이들 잃고 또 홀몸도 될 것이야
수없이 주술을 부리고
수없이 주문을 건다 해도!
10 불행을 믿고는
'나를 보는 이 없다' 말하다니
네 지혜와 네 지식
너를 현혹시킬 뿐
그러고도
'나, 나 말고는 그 누구도 없어'
이렇게 말하다니!
11 재앙이 너를 덮쳐도
그 어떤 재주로도 어쩌지 못하리라
재난이 네게 들이닥쳐도

331) 또는 '마지막'
332) 문자적으로 '잠깐 같은 날'

피할 도리 없으리라
갑자기 닥치리라
네가 이제껏 경험하지 못한 재난이!
12 재주를 부려보라
주문을 걸어보라
어릴 때부터 하던 짓 아닌가?
혹시 아는가?
혹시 피할 수 있을지?
13 수많은 조언에 지치기도 하겠지
하늘을 자세히 살피는 자들
별을 관찰하는 자들[333)]
너를 구해낼 수도 있을 거야
달 수 계산에 능하다는 자들[334)]
네게 닥칠 일을 피하게 하겠지
14 아, 그러나
그들은 단지
불에 타버리고 마는 검불에 지나지 않아
제 몸조차
불길에서 구해내지 못하니
빵을 굽지도 못해
그 앞에서 불을 쬐지도 못해[335)]
15 이렇듯

---

333) 점성가나 천문학자들을 말하는 듯하다.
334) 윤달을 계산하는 고대 바빌론의 관습을 말하는 듯하다.
335) 문맥상 무슨 뜻인지 잘 알 수 없는 부분이다.

젊은 시절부터 걱정하던 일 닥치리라[336)]
각자 제 일에 바빠 비틀거릴 뿐
아무도 너 구해내지는 못하리라

듣도 보도 못한 일

48장

1 이 말 들으라
야곱 집안사람들아!
이스라엘이라 불리는 자들아!
유다라 불리는[337)] 자들아!
야훼의 이름으로 맹세하는 자들아!
이스라엘의 하느님을 부르는 자들아!
진정성이 없지만
맘으로 우러나 그러지는 않지만—
2 거룩한 도성의 주민이라
너희[338)]를 그렇게 부르는 이
나 이스라엘의 하느님에게 기대는 이
그 이름
만군을 거느린 야훼—

---

336) 무슨 뜻인지 잘 알 수 없는 부분이다.
337) 문자적으로 '유다의 물에서 나온'
338) 문자적으로 '그들'

3 오래전부터 일어난 일
난 미리 말했어
입으로 직접 말했지
그렇게 말해줬어
갑자기 내가 나서서
일이 생겨난 거야
4 네가 세다는 것
내가 알기 때문이야
네 목은 쇠심줄 같아
네 목은 놋쇠 같아
5 하여 난 오래전
네게 말했지
일이 생기기 전부터
네게 들려줬어
네가 이렇게 말 못하게 말이지
'내 우상이 그 일을 했어
내가 빚고 주조한 것이 명한 일이야'
6 넌 모든 것 들었어
그런데 모른단 말인가?
지금부터 내가
새 일을 말할 것이야
네가 모르는 것
비밀에 부친 것 —
7 지금 너를 지었어
옛날이 아니지
오늘까지 들어보지 못한 것

'벌써 알고 있는 것인데 뭘!'
이렇게 넌 말하지 못할 것이야
8 듣도 보도 못한 것
귀를 열지도 않았어
이전에는 말이지

난 알아
네가 반기 드는 걸
태어날 때부터 어깃장 놓은 걸
9 그래도 이름값 하려고
나는 참았어
내 칭송 때문에
널 잘라내지는 않을 거야
10 그래 널 제련할 거야
은처럼 하지는 않겠지만
고난의 용광로
그 속에서 너를 단련할 거야
11 나만 위해 다만 나만 위해
난 일어서리라

나는 처음이다 나는 마지막이다(사 41.4, 44.6)

12 야곱아,
내 말 들으라
이스라엘! 이렇게 불리는 자들아

내가 '그'이다[339)]

나는 처음이다

아, 나는 마지막이다[340)]

13 그래, 땅을 내 손으로 다졌어

내 손으로 하늘을 펼쳤어

우뚝 서라

이렇게 내가 그들 불렀다[341)]

14 모이라 모두

내 말 들으라

너희 중 누가 전했는가?

나 야훼가 아끼는 이

나 야훼가 아끼는 이

그가

바빌론 거슬러 일어서리라

팔뚝 휘두르며

갈데아 사람들과 싸우리라

15 내가, 바로 내가 말했다

내가 그를 세웠다

339) 이사야 41.6의 주를 참조하라.

340) 이사야 41.4, 44.6을 보라.

341) 시편 33.6을 참조하라.

내가 그를 부렀다
그는 임무를 수행하리라
16 가까이 오라
이 말 들으라
처음부터 몰래 말하지 않았어
일이 벌어지기 전
난 너와 함께 있었어[342)]

지금 주님 야훼께서
날 보내셨다
당신의 숨을 불어넣으셔서-

네 몸값 갚으시는 분[343)]

17 너의 고엘 이스라엘의 거룩한 분 야훼의 말씀
나는 야훼 네 하느님이다
바른 삶 가르치는 이
가야 할 길 이끄는 이
18 내 이르는 말 잘 듣기만 하면
강같이 평화가 찾아오리라
파도처럼 승리가 몰려오리라
19 모래처럼 후손이 늘어나리라

---

342) 문자적으로 '나는 거기 있었다'
343) 이사야 41.14, 43.14, 44.24, 49.26, 54.5, 54.8, 60.16을 보라. 룻기 4장을 참조하라.

곡식 낟알처럼 자손이 불어나리라
망하지 않으리라
그 이름 지워지지 않으리라
바로 내 앞에서 —

20 바빌론에서 나오라
갈데아 사람들에게서 피하라
환호성 지르라 말하라
그렇게 알리라
땅 끝까지 데리고 나오라
그리고 말하라
'야훼께서 갚으셨다
당신의 종 야곱의 몸값을!'
21 갈라진 땅 지나도
목마르지 않으리라
바위에서 샘이 터지리라
쪼개신 바위에서
아, 솟구쳐 오르는 샘물!

22 못된 것들! 평화가 있을 턱 없다
야훼께서 이르시는 말씀

아기집에 있을 때부터(사 54.7-10)

49장

1 내 말을 들으라, 섬에 사는 자들아!
귀 기울이라, 멀리 사는 뭇 백성들아!
야훼께서
뱃속에 있을 때부터
나를 부르셨다
어머니 뱃속에 있을 때부터
내 이름 부르셨다
2 내 입을
날선 칼로 삼으시고
나를 숨기셨다
당신의 능력으로 보호하셨다[344)]
나를 번쩍번쩍 빛나는 화살로 삼으시고
당신의 화살통 속에 숨기셨다
3 내게 말씀하신다
'너는 나의 종이다
이스라엘아!
너를 내가 빛내리라'
4 내가 하는 말
'괜히 애만 썼구나
쓸데없이 힘만 썼어'

---

344) 문자적으로 '당신의 능력의 그늘 아래'

하지만 내 고충[345] 야훼께 맡기리라
내가 벌인 일 내 하느님께—
5 이제 야훼께서 말씀하신다
뱃속부터 나를 당신의 종으로 지으신 분이—
야곱을 당신께 되돌리시겠다고
이스라엘을 당신께 모으시리라고
야훼님 보고 계시는데
나 이제 존중받으리라
나의 하느님 나의 힘이시기 때문이라
6 그분 말씀하신다
'네가 야곱 지파들 일으키려고
이스라엘 데리고 돌아오려고
단지 내 종이 되는 일 아무것도 아니야!
나
너를 뭇 백성의 빛으로 삼으리라
나의 승리가 되도록
땅 끝까지—'

아기집 가진 이가?

7 이렇게 말씀하신다, 야훼께서!
이스라엘의 고엘, 거룩하신 분이
비난받는 이에게

---

345) 또는 '법적인 문제'

사람들의 웃음거리가 된 이에게[346)]
통치자들의 종에게 —
왕들이 바라보고 일어선다
귀인들이 엎드린다
믿음직스러운 분
이스라엘의 거룩한 분
너를 선택하신 분
야훼님 때문이다
8 이렇게 말씀하신다, 야훼께서!
섭리의[347)] 때에 내가 대답하리라
구원의 때에 내가 힘을 주리라
내가 너를 도우리라
내가 너를
언약 맺은 백성으로 삼으리라!
고향 땅[348)] 세우리라
유산으로 물려받게 하리라
폐허가 된 그곳을 —
9 감옥에 갇힌 이들에게 이르신다
'나가라!'
어둠 속에 있는 이들에게 이르신다
'풀려나라!
풀을 먹이리라 가는 길마다!

---

346) 무슨 뜻인지 잘 알 수 없는 부분이다.
347) 또는 '마땅한'이나 '(내가) 기뻐하는'
348) 문자적으로 '땅'

풀을 찾을 수 있으리라 벌거숭이 언덕마다!

10 굶주리지 않으리라

목마르지 않으리라

해치지 못하리라 무더위도 태양[349]도!'

애지중지하시는 이 이끄시리라

샘물로 데리고 가시리라

11 산마다 모두 길을 내리라

큰길을 북돋우리라

12 아, 이들이

멀리서 오리라

아, 이들이

북쪽에서 서쪽에서!

이들이

시님에서![350]

13 기뻐하라 하늘아

즐거워하라 땅아

노랫소리 높이라 산들아

아, 야훼께서

그 백성 위로하신다[351]

가난한 이들 애지중지하신다

14 시온이 말하는구나

'야훼께서 나를 버리셨다

---

349) 시편 121.6을 참조하라.

350) 『성(聖) 마가 수도원 이사야 두루마리』는 '아스완 땅에서'(새번역 참조)

351) 이사야 40.1의 '위로하라 위로하라 내 백성을—'이라는 표현과 이사야 54.11의 '위로받지 못한 자'라는 말을 참조하라.

주님께서 나를 잊으셨어'
15 여인이 젖먹이를 잊을 수 있겠느냐?
배 아파 난 제 자식을?[352)]
그래, 잊을 수도 있겠지
그러나 난
너를 잊지 않으리라
16 그래, 난
너를 손바닥 위에 새겼다
네 성벽을 언제나 바라보고 있으니[353)] —
17 네 아이들 재빨리 오리라
너를 수탈한 자들
너를 망쳐놓은 자들
네게서 떠나가리라
18 사방을 둘러보라
바라보아라
사람들 몰려든다
네게로 온다
목숨 걸고 내가 하는 말이다
야훼의 말씀이다
아, 네가
그들 모두를 보석 삼아
네 몸을 치장하리라
그들을 신부로 삼아

---

352) 문자적으로 '아기집 가진 이가 뱃속으로 난 자식을?'
353) 문자적으로 '네 성벽이 언제나 내 앞에 있으니'

네 몸에 꽁꽁 동여매리라
19 아, 폐허더미 버려진 곳
못쓰게 된 네 땅
그곳에 살 사람들 북적대리라
침략자들은 이미 저 멀리 사라져버렸어라
20 잃었다고 생각하던 아이들
네 귀에 대고는 이렇게 말하리라
'이곳이 좁아요
넓은 곳이 필요해요!'[354)]
21 그러면 너는 속으로 말할 거야
'누가 대체 이 아이들 낳았지?
난 아이를 낳을 수도 없는 몸인데?
또 난 포로였어! 잡혀 끌려갔지!
누가 이 아이들 키웠을까?
난 혼자 있었는데
이 아이들 대체 어디에 있었던 거야?'

22 이렇게 말씀하신다, 주 야훼께서!
자, 내가 팔을 번쩍 들어올리마
여러 나라들 향해 —
신호를 보내겠단 말이야
여러 백성들 향해 —
그러면 그들은
네 아들들 가슴에 품고 올 것이야

---

354) 이사야 54.2-3을 참조하라.

네 딸들 어깨에 얹혀 올 것이야
23 왕들은 시중드는 사람이 될 것이야
왕비들은 유모가 될 것이야
얼굴을 땅에 대고 네게 절할 것이야
네 발에 묻은 먼지를 핥을 것이야
그러면 너는 분명히 알게 될거야
내가 야훼라는 걸—
가슴 설레며 나를 기다리는 자
결코 부끄럽지 않을 것이야

24 전사에게서 포획물을 빼앗을 수 있을까?
포로가 승자에게서 도망칠 수 있을까?
25 아, 야훼께서 이렇게 말씀하신다
그럼, 포로를 전사에게서 빼앗아올 수 있지
포획물을 폭군에게서 도로 찾아올 수도 있어
내가 네 원수와 맞서리라
바로 내가 네 아이들 구해낼 것이야
26 네 억압자들 제 살 뜯어먹게 하리라
제 피를 포도주와 섞어 먹게 하리라
모든 사람이 알리라
나 야훼가
바로 너를 구해내는 자
너의 고엘
야곱의 힘센 이[355]라는 것을[356]—

355) '아비르 야아콥'(אביר יעקב)을 옮긴 말로 창세기 49.24, 이사야 60.16, 시편

50장

1 이같이 말씀하신다, 야훼께서!
내가 내보낸
너희 어미의 이혼증서[357] 어디 있는가?
너희를 내가 팔아넘겼다는 증서
어디 있는가?
그래, 너희 죄 때문에 팔아넘겼어
너희 어미의 못된 짓 때문에
내보낸 것이야
2 내가 찾아와도
왜 아무도 없는 것이야?
내가 불러도
왜 대답이 없는 거지?
내 팔이 그리도 짧아
구해낼 수 없었다고?
내가 힘이 없어
건져낼 수 없었다고?

132.2-5에도 나오는 표현이다. 창세기에 따르면 야곱은 자신이 섬기는 하느님을 이렇게 부르기도 했다. 이사야 1.24에는 '이스라엘의 힘센 이'라는 비슷한 표현이 나오기도 한다. '힘센 이'로 번역한 히브리어 '아비르'를 '들소'라고 번역하기도 한다.(HALOT 6 참조)

356) 본 절 하반절은 이사야 60.16하반절과 똑같다.

357) 신명기 24.1, 24.3, 예레미야 3.8을 참조하라.

무슨 소리야?

작은 소리로도

난 바다를 말릴 수 있어

강이 광야가 되게도 하지

물을 말려

갈라진 땅에서 물고기가 죽게도 해

3 난 하늘을 검은 옷 입히리라

그 옷이 넝마가 되게 하리라

아침에 깨우신다

4 주님 야훼께서 내게

잘 가르치는 입 주셨다[358)]

피곤한 이에게

용기 주는 말 할 수 있는 입을 —

아침에 아침에 날 일깨우신다

귀를 열어주신다

제자가 그리하듯 —

5 주님 야훼께서 내 귀 여신다

---

358) 이사야 50.4-7은 예언자의 자의식을 잘 묘사한 부분으로 상당히 긍정적인 태도를 엿볼 수 있다. 예언자이면서 현자의 모습을 그리기도 한다. 아침마다 이사야의 입과 귀를 열어주시는 하느님을 고백하기 때문이다. 이와는 대조적으로 예레미야(20.7-13)는 예언자의 자의식을 나타내는 또 다른 모습을 그리고 있다. 처음에는 하느님께 대들다가 마지막에 가서는 노래 부르는 예레미야의 격정적인 성격과, 고통을 노래로 승화시키는 그의 모습을 엿볼 수 있다.

거역 못해 도망치지 못해

6 매질에 등짝 내밀고

턱을 내밀어 수염 뽑히고

체면 차리는 것 상상도 못해[359)]

7 그러나

주님 야훼께서 내게 힘 주신다

수치란 있을 수 없어[360)]

얼굴을 세울 수 있어

나 확신하는 것

난 쓰러지지 않으리라

8 내 편이 다가오시니

누가 나와 다투랴?

함께 맞서자[361)]

누가 소송에서 이기랴?

한번 붙어보자

9 그래, 주님 야훼께서 내게 힘 주신다

도대체 누구냐?

'나쁜 놈!'이라 내게 말하는 자?

그래, 모두 다

거지가 되리라

쓰레기 뒤지리라[362)]

---

359) 문자적으로 '나는 얼굴을 숨기지 못한다'

360) 문자적으로 '나는 부싯돌처럼 얼굴을 내놓는다'

361) 민수기 35.12를 참조하라.

362) 문자적으로 '그들은 넝마처럼 낡아질 것이다 좀을 먹을 것이다'

횃불 들고 나아가라

10 너희 중 그 누가
야훼님 무서운 줄 아는가?
그분의 종 하는 말 듣는가?
빛 없는 어둠 속 걷는다 해도
야훼님 이름 기대라
그가 믿는 하느님 의지하라
11 아,
너희 모두 불 붙이는 자
불을 에워싸고
횃불 들고 나아가라
이는 내가 직접 할 일이니
너는 누워 몸부림치리라

네 뿌리를 돌아보라

51장

1 내 말 들으라
정의에 목마른 이들아!
야훼님 찾는 이들아!
네 뿌리를 돌아보라
네 조상을[363) —
2 바라보라

너희 아버지 아브라함을
너희 어머니 사라를
똑같이 내가 불러냈다
내가 복을 주었다
내가 불어나게 했다

야훼의 동산처럼

3 시온을 야훼께서 위로하신다
그 폐허더미 위로하신다
그 광야를 에덴처럼
그 황야를 야훼의 동산처럼
기쁨 그리고 환희
그 속에서 찾으리라
감사 그리고 노랫소리를—

4 내 말 들으라 내 겨레야!
내 나라야! 내게 귀 기울이라
그래, 토라[364)]가 내게서 나온다

---

363) 문자적으로 '너를 떠낸 바위를 바라보라 너를 파낸 구덩이를'
364) '토라'(תורה)는 가르침이라는 뜻이다. 이곳과 아래 7절에서는 '정의'(משפט)의 짝말로 등장한다. 따라서 여기서 '토라'는 '바른 것'을 뜻하는 것으로 보인다. 시편 1.1에서 '말씀'이라고 흔히 번역하는 '토라' 또한 참조하라. 모세오경을 가리킬 수도 있다. 후대 유대교에서는 구약 전체를 가리키는 말로 이 말이 사용되기도 한다.

뭇 백성을 환히 비출 빛으로
내 정의가ー
갑작스레 나오리라
5 나는 곧 이기리라
나는 이기고야 말리라
내 힘[365] 발휘해 뭇 백성 재판하리라
나 때문에 해안 사람들 이기리라
내 팔뚝만 쳐다보리라

6 위로 하늘을 바라보라
아래로 땅을 쳐다보라
연기처럼 하늘이 피어나고[366]
넝마처럼 땅이 해어지고
그 주민 또한 죽어가도
끝내 나는 이기리라
나는 이기고야 말리라

나의 토라

7 내 말 들으라
정의가 무엇인지 아는 이들아!
나의 토라[367] 가슴 깊이 담는 이들아!

---

365) 문자적으로 '내 팔뚝'
366) 문자적으로 '녹아내리고'

사람들의 모욕을 무서워 말라
사람들의 비난에 기죽지 말라
8 좀이 옷을 갉아먹듯
그들을 갉아먹으리라
벌레가 린넨을 갉아먹듯
그들을 갉아먹으리라
나는 끝내 이기리라
나는 이기고야 말리라

일어나소서 일어나소서

9 일어나소서 일어나소서
힘을 옷 입고 힘쓰소서
힘쓰소서, 야훼님!
그 옛날처럼 일어나소서
아주 먼 옛날처럼 —
라합을 쪼개지 않으셨나요?
괴물을 꿰뚫지 않으셨나요?
10 바다를 말리지 않으셨나요?
깊디깊은 심연의 물을?
대신 몸값 갚으신 이들 지나가라고
움푹한 바다를
큰길로 만들지 않으셨나요?

---

367) 이사야 2.1의 '토라가 시온에서 나온다'를 참조하라.

11 야훼께서 몸값 갚으신 이들
돌아오리라
덩실덩실 춤추며
시온에 오리라
환호성 지르며 기뻐하리라
탄식과 한숨은 사라지리라

내가 바로 '그'이다

12 내가, 내가
너희를 위로하는 '그'이다
죽을 수밖에 없는 사람을
풀과 같은 인간을[368)]
무서워하는 너는 누군가?
13 잊어먹다니?
너를 만든 야훼를?
하늘을 펼친 이
땅을 든든히 다진 이 —
날마다 순간마다
두려움 속에 살다니
틈만 나면 없애려고
폭력을 휘두르는 독재자
그 때문에 벌벌 떨다니!

---

368) 이사야 40.7-8을 보라.

지금 어디 있는가?
폭력을 휘두르는 그 독재자가?
14 짓눌려 있는 이
갑자기 풀려나리라
죽지 않으리라
망하지 않으리라
먹거리 걱정 하나 없으리라
15 네 하느님은 나 야훼
바다를 휘저어
파도치게 하는 이
그 이름
만군을 거느린 야훼
16 네 입에 내 말 집어넣으리라
내 두 손으로 널 감싸리라[369)]
아![370)] 나는 하늘을 펼친다
아! 땅을 든든히 다진다
시온에게 말하라
'너는 내 겨레!'
17 일어나라 일어나라
일어서라 예루살렘아!
나 야훼의 분노의 잔을
바닥을 들어올려

---

369) 이사야 49.2, 59.21을 보라.(NJPS)
370) '아!'는 히브리어 라메드(ל)를 감탄사로 이해하여 옮긴 것이다. 우가릿어의 용례를 따랐다.(트롭퍼, 『우가릿어 사전』, 99 참조)

그 찌꺼기까지 마신 자여!
18 그가 낳은 아이 중에
이끌 자 없구나
그 손을 잡아줄 자 없구나
그가 키운 아이 중에—
19 그에게 떨어진 두 가지
파멸 그리고 폐허—
누가 그를 보듬어주랴?
굶주림 그리고 칼—
어떻게 내 널 위로하랴?
20 네 아이들 기절해 있구나
길거리 구석마다
그물에 걸린 사슴같이
나 야훼의
분노의 잔 흠뻑 마신 채
네 하느님의 고함에 나가떨어진 채—
21 이제 이 말 들어보라
얻어맞은 자야
술이 아닌 다른 것으로
취한 자야
22 네 주님 야훼가 이같이 말씀하신다
당신의 겨레 편들어주신다
내가 가져가리라
네 손에 들려 있는
내 분노의 술잔, 그 주발을—
다시는 그 잔 마시지 않으리라

23 그 잔을
널 억압하던 자들에게 넘기리라
'내려와 널 밟고 갈 거야'
이렇게 네게 명령하던 자들에게
네 등을 땅바닥으로 삼던 자들에게
너를 밟고 지나가던 자들에게 —

일어나라 일어나라

52장

1 일어나라 일어나라
힘을 옷 입으라
예루살렘아!
찬란한 옷을 입으라
성전 도시 예루살렘아!
침략군들[371)]
다시는 널 공격하지 않으리라
2 먼지를 털고 일어나
자리에 앉으라
예루살렘아!
목에서 멍에를 풀라
포로, 딸 시온아!

371) 문자적으로 '할례받지 않은 자와 사제 규정에 어긋나는 자'

고통은 끝났다

3 야훼께서 이처럼 말씀하신다
'값없이 너는 팔렸어
그리하여 돈 없이 네 몸값 갚았어'
4 주님 야훼께서 이처럼 말씀하신다
'옛날에 내 겨레가 이집트로 내려갔지
거기서 더부살이했어
그런데
아시리아가 그들을 훔쳐갔지
까닭 없이 말이야
5 여기 지금 내게 무엇이 있지?'
야훼의 말씀이다
'내 겨레가 이유 없이 끌려갔다
그 폭군들이 악을 쓰는군'
야훼의 말씀이다
'온종일 끊임없이
내 이름 모독하는구나
6 비로소 내 겨레
내 이름 배울 것이야
비로소 그날에—
그래, 내가 바로 '그'이다
여기 있어
이렇게 말하는 이—'

산등성이를 내달리는 자

7 산등성이 내달려
기쁜 소식 전하는 발걸음이여!
평화를 알리는
복된 소식 알리는 이여!
'이겼다!'
소식 전하는 이여!
시온에게 말하는 이여!
'네 하느님 다스리신다!'[372)]
8 파수꾼이 소리지른다
목소리 높인다
다 함께 기뻐한다
두 눈으로 똑똑히 보리라
야훼께서 시온으로 되돌아오신다
9 다 함께 목소리 높이라
폐허더미 예루살렘아!
야훼께서
당신의 겨레 위로하신다
예루살렘의 몸값을 갚으셨구나
10 야훼께서 힘찬 팔뚝 걷어붙이셨다
뭇 나라 사람들 보고 있는 거기서—
땅 끝마다 보리라
우리 하느님 이기신 것을—

---

372) 시편 93.1, 96.10, 97.1, 99.1의 '야훼께서 다스리신다'는 말을 참조하라.

11 오라 오라 거기서 나오라
더러운 것 손대지 말라
몸을 깨끗이 하라
야훼의 그릇 메고 오는 자들아
12 서둘러 나오려 하지 말라
뛰어서 나오려 하지도 말라
야훼께서 너희 앞서가신다
이스라엘의 하느님
뒤에서도 엄호하신다

고난받는 종(1)

13 나의 종은 번창하리라
우뚝 서리라 칭송받으리라
아, 찬란히 빛나리라
14 수많은 사람들 깜짝 놀라리라
그의 모습은 인간의 모습 아니다
그의 생김새 사람의 모습 아니다
15 수많은 사람들 놀라게 한다
왕들은 그를 보고 입다문다
들어본 적 없는 것 본다
들어본 적 없는 것 목도한다

고난받는 종(2)

53장

1 우리가 들은 것 누가 믿을까?
누굴 위해 야훼께서 힘을 쓰시나?
2 그는
가녀린 싹처럼
메마른 땅에 내린 뿌리처럼
우리가 보기에
볼품도 없고 멋지지도 않아
매력도 없고 보고 싶지도 않아
3 그는 멸시받고
사람들이 피하고
병들어 고통받고
사람들이 얼굴 돌리고
멸시받아 사람들 거들떠도 안 보나
4 그는
우리 아픔 짊어진다
우리 고통 메고 간다
우리는 생각했다
그는 하느님께 얻어맞아
병들었다고—
5 그는 상처 입었다
우리의 죄 때문에—
그는 두들겨 맞았다

우리의 허물 때문에—
우리가 잘되라고
얻어맞았다
그가 입은 상처 때문에
우리가 나았다
6 우리는 양떼처럼
모두 다 뿔뿔이 흩어졌다
제 갈 길 가기 바빴다
야훼께서 그를 치셨다
우리가 지은 모든 죄 때문에—

7 그는
함부로 대해도
묵묵히 따랐다
입을 열지 않았다
도살당하는 양처럼
몸을 내놓았다
털 깎는 양처럼
아무 말도 하지 않았다
8 부당한 재판으로 끌려가는
그가 살 곳을 어떻게 묘사할까?
한마디로 그는
산 자의 땅에서 끊어졌다
내 겨레의 죄 때문에
얻어맞았다
9 그의 무덤은

악인들 곁에 있다
부자들 틈에 그의 주검이 있다[373)]
불의를 행한 적 없어도
거짓을 말한 적 없어도
10 야훼님 그를 짓이겨
병들게 하셨다
그의 목숨 제물로 삼으셨다
그는 후손을 보리라
장수하리라
야훼님 품으신 생각
그를 통해 뻗어가리라
11 고난 속에서 그것을 경험하리라
헌신으로[374)] 보람을 찾으리라

나의 종은
수많은 사람의 편
그가 짊어지고 있는 것
그들의 죄
12 하여 수많은 사람은 그의 몫
수많은 사람은 그의 것[375)]
자신을 죽음에 기꺼이 내놓아
죄인 취급당해도

---

373) 잘 알 수 없는 부분이다.
374) 이사야 11.2, 11.9를 보라. NJPS를 따라 옮겼다.
375) 문자적으로 '포획물'

그는
수많은 사람의 허물을
그렇게 지고 간다
죄인들 편에 서서
그렇게 중재한다

애지중지하시는 이(사 49.8-15, 60.10)

54장

1 탄성을 지르라,
아이 못 낳는 여인아!
환호성 올리라,
해산하느라 몸부림친 적 없는 여인아!
아,
버림받은 여인의 아이들
남편 있는 여인의 아이들보다 엄청 많구나
야훼께서 말씀하신다
2 넓히라, 네 장막 터를![376]
네가 사는 곳 그 넓이 줄이지 말라
밧줄을 길게 하라
말뚝을 단단히 매라
3 그래,

376) 이사야 49.20을 참조하라.

오른쪽으로 왼쪽으로 펼치라
네 후손이
뭇 나라 차지하리라
폐허가 된 이 마을 저 마을에 살게 되리라
4 두려워 말라
아, 부끄러움당하지 않으리라
주저앉지 말라
아, 수치를 당하지 않으리라
부끄러운 젊은 시절 잊게 되리라
홀몸이던 그 시절
다시는 기억나지도 않으리라
5 아,
너를 지으신 이
너의 남편이라
만군을 이끄시는 야훼
그분의 이름
이스라엘의 거룩하신 분
바로 너의 고엘
온 땅의 하느님
이렇게 사람들 날 부르리라
6 아,
버림받은 여인아
상처받은 여인아
나 야훼가 너를 부르리라
젊은 시절 아내를 내치겠느냐?
너의 하느님 하는 말이다

7 아주 잠깐 나는 너를 버렸다
한없는 아기집 사랑으로
내 너를 불러모으마
8 잠깐 내가 네게 화를 냈구나
잠깐 얼굴을 돌렸어
한결같은 사랑으로
나는 널 애지중지하련다
너의 고엘 나 야훼가 하는 말이다
9 노아의 때처럼 그리하리라
그 땅에 홍수가 다시는 넘치지 않으리라
이렇게 노아에게 약속한 것처럼
내가 맹세하마
그렇게 맹세하마
너에게 분노하지 않겠노라
너에게 화내지 않겠노라고
10 아, 이 산 저 산 없어진다 해도
이 오름 저 오름 흔들거린다 해도
한결같은 내 사랑
네게서 없어지지 않으리라
내 평화의 언약은 흔들리지 않으리라
너를 애지중지하시는 분
야훼님 말씀하신다
11 얻어맞은 자, 폭풍에 휩쓸린 자
위로받지 못한 자야![377]

---

377) 이사야 40.1의 '위로하라 위로하라 내 백성을—'과 이사야 49.13의 '아, 야훼께서

아, 나는 사용하리라
푸른 보석을[378] 네 집 벽돌로
사파이어를 네 집 주춧돌로
12 네 망루를 루비로
네 대문을 푸른 옥으로
네 경계선을 모두 보석으로!
13 네 자녀는 모두 다
나 야훼의 제자 되어
네 자녀의 행복[379]은
말로 다 할 수 없으리라
14 인의[380]로
나 너를 든든히 서게 하리라
억압이 사라지리라
그래,
두려워 말라
파멸이 네게 다가오지 못하리라
15 아,
어떤 해도 넌 당하지 않으리라
나의 허락 없이는!
너를 해치려는 자 누구든

그 백성 위로하신다'를 참조하라.

378) 잘 알 수 없는 말이다.

379) 또는 '샬롬'

380) '인의'(仁義)는 히브리어 체다카(צדקה)를 옮긴 말이다. 바름은 다른 말로 '의'(義)로 읽을 수 있지만 '사랑'이라는 뜻이 이 말 속에 들어 있다. '나눔'이라는 뜻으로도 쓰인다. '법적인 의미의 정의' 곧 '법의'(法義)라는 뜻의 '미쉬파트'(משפט)와 대비되는 말이다.

너 때문에 쓰러지리라

16 아,

난 지어냈다

숯불 불어 공구 만드는 금속 장인을!

파괴를 일삼는 약탈자

나 또한 지었다

17 너를 공격하려 만든 무기마다

제대로 된 것 하나 없어[381)]

너와 재판을 벌인다 해도

그들의 말[382)] 네가 누르리라

이것이 바로

나 야훼의 종들이 받을 몫이라

내게서 비롯될 인의라

야훼의 말씀이다

목마른 사람은 오라

55장

1 아, 목마른 이 누구나 오라!

물로 오라!

돈 없는 이 누구나 오라!

---

381) 문자적으로 '성공하지 못하리라'

382) 문자적으로 '입'

2 밥[383] 아닌 것 얻으려
무엇 때문에 돈을 내는가?[384]
배부르지 않을 것 얻으려
그토록 애쓰는구나!
들으라 들어보라 나의 말 들어보라
좋은 것 먹으라
꿀로 기운 차리라
3 쫑긋 세우라 네 귀를!
나에게 오라
들으라
생명을 얻으라
나 너희에게 굳은 약속하리니[385] 영원토록!
다윗을 향한 사랑 든든하리니!
4 아,
수많은 백성에게
권좌에 앉은 이[386]를 내가 허락하리라
지도자, 명령하는 이
수많은 백성에게!
5 아,
네가 알지 못하는 백성

383) 문자적으로 '빵'

384) 문자적으로 '은(銀)을 달아주는가?'

385) 문자적으로 '나 너희와 언약을 맺으리라'

386) 히브리어 마소라 본문(עד)의 '에드'('ēd)를 '아드'('ad)로 고쳐 읽는다. '아드'('ad)는 우가릿어에서 '의자'라는 뜻으로 '권좌'나 '어좌'를 가리킨다. 한글 성서『새번역』(2005) 이사야 9.6의 난하주 ㄷ과 47.7의 난하주 ㄴ에도 그 뜻이 반영되어 있다. 또한 이사야 47.7의 '만국의 여왕'이라는 표현도 참조하라.

네가 부르리라
너를 알지 못하는 백성
네게 달려오리라
네 하느님 야훼 덕분에
이스라엘의 거룩한 그분 때문에—
아, 너를
그분은 영광스럽게 하리라

부르라 가까이 계실 때

6 찾으라 야훼를
찾을 수 있을 때!
부르라 그분을
가까이 계실 때!
7 버리라 악인은 그 길을
죄인은 그 생각을!
돌아오라 야훼께
그분은 애지중지하시는 분
우리 하느님께!
아,
그분은 한없이 용서하시니[387)]
8 아, 내 생각은 그들 생각 아니라
그들의 길은 나의 길 아니니—

387) 문자적으로 '그의 용서는 한이 없다'

야훼의 말씀이다
9 아,
하늘이 땅에서 한없이 멀듯
그렇게
나의 길 그들의 길에서
나의 생각 그들의 생각에서
한없이 멀 뿐
10 아, 하늘에서
비가 내리듯
눈이 내리듯
그리로 다시는 돌아가지 않으리
땅을 풍요롭게 하리
자녀를 낳으리
싹이 돋아나리
뿌릴 씨 맺으리
먹을 밥 내리니
11 그렇듯
나의 말 나의 입에서 나와
나에게로
빈손으로 돌아오지 않으리니
내가 바라는 그대로 하리라
내가 보낸 그대로
이루리라
12 아,
기쁨으로 나아가
평화를 이루리라

산마다 오름마다
환호성 터뜨리리라 너희 앞에서!
들판의 나무마다
손바닥 치리라
13 가시 대신
편백나무[388] 싹이 트리라
찌르는 가시 대신
은매화[389] 피어오르리라
야훼님 유명해지시리라[390]
더 이상 징표를 보일 필요 없으리라

복 있으라

56장

1 이렇게 야훼께서 말씀하신다
지키라 정의를!
실천하라 인의[391]를!
아, 내가 거둘 승리가 다가오고 있으니
나의 인의가 드러나리니

---

388) 로버트 쿱스, 『성서 속의 식물들』(서울: 대한성서공회, 2015), 19-21을 참조하라.
389) 위의 책, 35-36을 참조하라.
390) 문자적으로 '야훼에게 이름이 생기리라(있으리라)'
391) '인의'(仁義)는 히브리어 '체다카'를 번역한 것이다. 위의 정의는 '법의'(法義)로 옮길 수 있다.

2 복되어라!
이것을 실천하는 이
이것으로 사람은 힘을 얻으리라
안식일 지키는 이

3 야훼께 기대는[392] 외국인
소외감 들게 말라[393]
'야훼께서 당신의 겨레와 날 갈라놓으셨군'
내시가 괴로워하게 말라[394]
'아, 난 이제 말라버린 장작이야'
4 야훼께서 이같이 말씀하신다
내 안식일을 지키는
내가 좋아 뽑은
나와 맺은 약속 굳게 지키는
내시들에게
5 내 집에서
내 울타리 안에서
나는 주고 싶어
기념비와 명성을 말이야
자녀들보다도 훨씬 더 나은
내내
명성이 자자하게 하고 싶어
잊히지 않는 이름 말이야

---

392) 문자적으로 '꽉 붙어 있는'
393) 문자적으로 '이렇게 말하지 못하게 하라'
394) 문자적으로 '이렇게 말하지 못하게 하라'

6 외국인들?
나 야훼에게 기대는
임무에 충실한
내 이름 야훼를 아끼는
나의 종이 된
세속에 물들지 않고 안식일 지키는
나와 맺은 약속 굳게 지키는
사람들 말이야?
7 거룩한 나의 산으로 데려가리라
기도하는 내 집에서 기쁨을 선사하리라
그들이 살라 바치는 예물
그들이 잡아 바치는 예물
내 제단의 기쁨이다
그래, 내 집은 기도하는 집이라
그렇게 부르리라
모든 나라 사람들이 –
8 주님 야훼께서 하시는 말씀
흩어진 이스라엘 모으시는 분
'모은 사람들 말고 또
다시 모으리라'

이스라엘의 지도자들?

9 들짐승마다 모두 다 온다
숲속에 사는 온갖 들짐승이 집어삼킨다

10 파수꾼은 어떤가?
도무지 앞이 보이지 않아
알아채는 것 하나도 없어
그들은 모두 다 둔감한 개떼라
짖지도 못해
드러누워 그저 낮잠 자기 바쁠 뿐
11 거기다 욕심만 사나워
만족할 줄 모른다
목동들 말인가?
조심해야 할 것
무엇인지 알지 못하고
모두 다 자기 일 챙기기 바쁘다
제 잇속만 챙길 뿐
12 '어이 이보게, 술이 좀 있다네
함께 좀 마시자고!
오늘이 내일이고 내일이 오늘 아닌가?
남아 있는 술이
아직도 이렇게 많지 않은가?'

고난받는 신실한 종

57장

1 의인이 쓰러지나
거들떠보는 자 아무도 없다

신실한 사람 잡혀가나
신경쓰는 자 하나도 없다
불의 때문에
의인이 잡혀간다
2 그래도 그는
죽는 순간까지 평화롭다
앞만 보고 나아간다

상수리나무 사이에서

3 가까이 오라
너희 점치는 녀석들아
우상을 섬기는 녀석들아
간음하는 녀석들아
4 누구와 그렇게도 가까우냐?
누구를 향해 입을 벌리느냐?
입을 크게 여느냐?
너희는 악한 자식들 아니냐?
거짓말하는 자식들 아니냐?
5 제 몸을 불사른다[395)]
상수리나무 사이에서
푸르른 나무 아래에서 —
아이들을 잡아 바친다

395) 열광적인 우상숭배 모습이다.(NJPS)

여기저기 와디에서
바위틈 아래에서 –
6 네가 하는 일이 이 모양이다[396)]
그들이, 그들이 네 운명이구나
제삿술 부어 바치고
곡식 예물 올려 바치니
이런데도 그들을 아껴주란 말이냐?

7 높디높은 산 위에서
자리를 펴는구나
거기서 또 바치는구나
짐승 잡아 바치는구나
8 문과 문지방 뒤에
온통 네 신경이 다 쏠려 있어
나를 잊은 채 마음은 딴 데 가 있어
자리만 넓게 펴는구나
사랑을 나누려[397)] 자리만 좋아해
그렇게 탐욕에 젖어 있구나
9 기름 싣고 왕에게 다가가는구나
수많은 향수를 마련하여
먼 곳까지 사절을 보내는구나
심지어 아래세상까지도 –
10 수많은 여행에 괴로워도

---

396) 잘 알 수 없는 부분이다.
397) 잘 알 수 없는 부분이다.

'그만둘 거야!'
말하지 않는다
오히려 새 힘 얻어
지치지도 않는다

11 누구를
무서워하랴 두려워하랴!
거짓말하다니!
나는 염두에 두지도 않고
마음에 담아두지도 않고
신경쓰지도 않으니
오래도록 그저 서 있기 때문인가?
나를 무서워하지도 않는다
12 나 분명히 말한다
네가 옳다는 것이냐? 네가 하는 일이?
쓸데없는 짓이다
13 부르짖어도 널 구해내지 못할 것이다
그들 모두 다
바람에 날려갈 뿐
훅- 내쉬는 숨에도 휩쓸려 갈 뿐이다
내게 기대라
땅이 네 유산이 될 것이다
거룩한 나의 산을 차지할 것이다

새 숨결

14 그분 말씀하신다
내라 내라 길을 내라
장애물을 없애라
내 겨레 가는 길—
15 그분 말씀하신다
높디높은 분
어좌[398]에 앉아 계신 이
그 이름 거룩하신 분—
하늘에 성소에[399] 나 앉아 있다
그러나 마음은 짓눌려 괴롭다
괴로운 마음 살리려
짓눌린 마음 살리려
16 아, 내내 시비하지 않으리라
언제까지나 화내지는 않으리라
그들의 마음고생도 나 때문이니
그들에게
새 숨결 불어넣으리라[400]
17 그들의 탐욕으로 나 화가 났다
내려쳤다 외면했다 분노가 치밀었다
마음 가는 대로 제 길을 가기 때문—

---

398) 또는 '영원히 거하시는 분.' 이사야 55.5의 주를 보라.
399) 쿰란 제1동굴에서 나온 『성(聖) 마가 수도원 이사야 두루마리』(1QIs[a])를 따라 읽는다.
400) 창세기 2.7을 참조하라.

18 그들이 가는 길 알아채고는
고쳐주었다
인도하였다
함께 우는 이들 곁에 두어
위로하였다
19 진심으로 위로하는 말,
'걱정 마세요
아무 일 없을 거예요'
야훼께서 하시는 말씀
나 그를 치유하리라
20 못된 것들
도무지 막아낼 수 없는
밀려오는 파도 같아
진창과 진흙까지 휩쓸어버리는
파도와 같아
21 못된 것들 잘 될 일 없다
야훼께서 하시는 말씀

바른 신앙

58장

1 목청껏 외치라 주저하지 말라
목소리 높이라 뿔나팔 소리처럼—
내 겨레에게 선포하라

그들의 죄를
야곱 집안에게 그들의 잘못을ㅡ
2 그들은
날이면 날마다 날 찾았다
열심히 나의 길 배우려 했다
바른 일 실천하는 나라처럼 그렇게ㅡ
하느님의 법 버리지 않았다
바른 법 무엇이냐고
나에게 묻곤 했다
열심히 하느님에게 가까이하려 했다
3 '금식을 하는데 왜 보시지 않지?
고행하는데도
왜 신경쓰지도 않으시지?'
금식일에도 너는
돈벌이에 정신없기 때문이다
노동자들을 못살게 굴기 때문이다
4 금식한다면서도
불화와 갈등뿐 아니냐?
못된 맘 먹고
주먹질이나 하지 않느냐?
금식한다는 말이나 하지 말라
너희 목소리가
하늘에서 들릴 줄 아느냐?
5 내가 바라는 금식이 이런 것이냐?
고행한다는 날 말이다
파피루스처럼 머리를 숙이고

넝마와 재 위에 눕는 것을
금식이라고 부르느냐?
나 야훼가 기뻐하는 날이라고?
6 아니다
이런 것 내가 바라는 날이냐?
악의 빗장을 풀라
멍에를 벗기라
짓눌린 자들을 풀어주라
멍에란 멍에는 모두 다 부수라
7 배고픈 사람과 함께 밥 먹으라
기댈 데 없는 사람
집으로 들이라
헐벗은 사람에게 옷을 입히라
네 피붙이
잊어서는 결코 안 된다

8 그리하면
네 빛이 새벽처럼 빛나리라
새살이 금세 돋아나리라
네가 옳다 하시는 분
너를 앞서가리라
야훼님[401] 네 뒤를 엄호하리라
9 네가 부르면
야훼님 대답하리라

---

401) 문자적으로 '야훼의 영광' 또는 '야훼의 임재'

네가 부르짖으면
나 여기 있어!
이렇게 그분 대답하리라
네가 멍에를 금하면
위협적인 손[402]과 못된 말도 하지 않으면
10 굶주린 사람과 밥을 나누면
짓눌린 사람에게 잘해주면
찬란하게 빛나리라
어둠 속에서 네 빛이—
네 어둠은 한낮과 같으리라
11 야훼께서 너를 언제나 이끌리라
갈라진 땅에서 목타지 않게 하리라
용기를 북돋우시리라
너는
물을 댄 정원 같으리라
물이 끊이지 않는 샘 같으리라
12 너는 오래된 폐허를 재건하리라
옛날에 놓은 토대를 다시 놓으리라
너를 이렇게 부르리라
'허물어진 성벽을 보수한 자
분주한 길을 낸 자'
13 안식일 지키려 발길을 돌리면
하고 싶은 일 내 거룩한 날 그만두면
안식일을 '기쁨'이라 부르면

402) 문자적으로 '손가락을 뻗기'

네 일을 접고
나 야훼의 그날을 '소중하다' 여기면
그렇게 귀하게 여기고 네 일을 멈추면
14 그때
나 야훼가 네게 잘해주리라
높은 산을 밟으리라
네 조상 야곱의 유산을 누리리라
야훼께서 직접 하신 말씀이다

악을 잉태하고 죄를 낳는다

59장

1 아,
야훼의 손 짧지 않다
그분의 귀 둔하지 않다
2 그러나 너희 죄가
너희와 야훼 사이를 가로막는
장벽이다
너희 죄 때문에 외면하신다
들으려 하지도 않으신다
3 더럽다 너희 손은 피로
너희 손가락은 죄로 —
너희 입으로 거짓을 말한다
너희 혀로는 사기를 친다

4 바르게 고발하는 자 없다
올바로 재판하는 자 없다
혼란에 기대어 거짓말한다
악을 잉태하고 죄를 낳는다[403)]

5 그들은 독사의 알을 깐다
거미줄을 친다
그 알을 먹는 자 죽으리라
짓이긴 알에서 뱀이 나온다
6 그들이 친 거미줄
옷이 되기는커녕
그들이 만든 것
옷으로 쓸 수 없다
그들이 하는 일 못된 짓거리
손으로 하는 일 오직 폭력뿐
7 그들의 발은 악을 향해 내달리고
죄 없는 사람의 피 흘리기에 바쁘다
품고 있는 생각은 못된 짓거리
파멸과 파괴만이 그들의 길
8 평화의 길은 알지 못하고
그들의 발걸음엔 정의가 없다
그들이 걷는 길 구부러진 길
그 길 따라 걷는 자
평화를 모른다

---

403) 민수기 23.21, 이사야 10.1, 시편 10.7을 보라.

정의가 멀다

9 이 때문에
정의가 우리에게서 멀다
인의가 우리 손에 미치지 않는다
우리는
빛을 간절히 기다리나
아, 어둠뿐이다
빛이 비추기 간절히 바라나
어둠 속에서 걸을 뿐
10 우리는 더듬는다
보이지 않아 벽을 더듬는 자처럼
우리는 대낮에도 넘어진다
어둠 속에 있는 것처럼
건장한 사람들 틈에서
우리는
죽은 자나 다름없다
11 우리 모두
곰처럼 괴로워한다
비둘기처럼 신음한다
간절히 정의를 바라나 어디에도 없다
승리는 멀기만 하구나
우리에게서 —
12 우리는 님께
크나큰 죄를 지었습니다
우리의 허물이 우리를 짓이깁니다

우리의 죄 잘 알고 있습니다
13 믿지 못하고
야훼께 맞서기나 했습니다
님에게서 돌아섰던 것이죠
사기와 협작을 계획했죠
거짓을 마음속에 품고 있었어요
14 정의는 뒷전이고
바른 일은 멀리 서 있을 뿐
진실이 광장에서 걸려 넘어지고
옳은 일 들어올 수 없다
15 진실이 없어
악에서 떠난 자 약탈당한다
야훼께서 보신다
보시기에 악하다
정의가 없는 까닭이다
16 그분이 보신다
아무도 없다
오래도록 보신다
중재하는 자 없다
힘쓰시어 승리하신다
정의가 그분을 떠받친다
17 정의의 옷을 입으신다
승리의 투구를 머리에 쓰신다
열정의 외투로 온몸을 감싸신다
18 그들이 한 대로 되갚으신다
적을 향해 분노하신다

원수가 한 대로 갚아주신다
먼 땅에 살지라도 되갚으신다
19 해 지는 곳에서
야훼님 이름을 무서워하리라
해 뜨는 곳에서
그분의 임재를 두려워하리라
입김 후- 불어 밀려오는 강물처럼
그분이 오신다
20 고엘이 되시어 시온을 찾으신다
죄에서 돌아선 야곱을 찾아오신다
야훼께서 하시는 말씀이다

21 이것이 내가 그들과 굳게 맺은 약속이다. 야훼께서 말씀하신다. 내
숨결을 네 위에 붓는다. 내 말을 네 입에 넣는다.[404] 내 말이 사라지
지 않을 것이다. 네 입에서 네 후손의 입에서 네 자자손손의 입에
서 – 야훼께서 말씀하신다. 지금부터 영원토록!

일어나 빛을 발하라

60장

1 일어나라 비추라 환하게!
아, 네 빛이 다가온다

404) 이사야 51.16을 참조하라.

야훼님[405] 네 위에 빛을 뿌리신다
2 아,
어둠이 땅을 뒤덮었구나
깜깜한 구름이 뭇 백성을—
야훼님, 네 위에 빛을 뿌리신다
그분의 영광이
네 위에 드러난다
3 나아온다 뭇 백성이
네 빛을 향하여—
왕들이
환하게 빛나는 네 빛을 향하여—

물밀듯 몰려오리라

4 여기저기 둘러보라 바라보라
모두 다 몰려든다
너를 향해 다가온다
너의 아들들 멀리서 오고 있다
너의 딸들 젖먹이 안고 온다
5 그때
네가 보듯 네가 빛을 비추리라
네 마음은 뛰리라 요동치리라
아,

405) 문자적으로 '야훼의 영광' 또는 '야훼의 임재'

섬나라[406] 재물이
너를 향해 몰려온다
뭇 나라 재산이
너를 향해 다가온다
6 낙타 떼가
너를 덮으리라
미디안과 에이파에서 젊은 낙타 떼가 —
모두 다 스바에서 오고 있구나
금을 싣고
향을 싣고
야훼께 드리는 노래
절로 흥얼거리리라
7 게달의 작은 가축 떼
모두 네게 몰려들리라
느바욧의 숫양 떼
너를 섬기리라
내 제단에 그 예물 바치니
찬란한 내 집에서
나 영광받으리라
8 대체 누구란 말인가?
구름처럼 날아오르는 이들은?
비둘기 떼처럼 둥지를 박차고 날아오르는 이들은?
9 아, 섬나라들
나를 기다리고 있구나

---

406) 문자적으로 '바다'

다시스 배들[407]이 애초부터
멀리서 네 아이들 태우고 가려고
은을 싣고
금을 싣고 —
네 하느님 나 야훼의 이름으로
너를 영광스럽게 하시는 이스라엘의 거룩하신 이 —

다시 지으리라, 예루살렘

10 외국인들이 네 성벽을 쌓을 것이다
그 왕들이 너희를 섬길 것이다
화가 나 내 너를 내리쳤으나
내 기쁨으로 너를 나 애지중지하리라
11 활짝 열어놓으라 네 대문을 언제나 —
낮에도 밤에도 걸어 잠그지 말라
뭇 나라 재산이 네게 들어오도록
그 왕들이 몰려오도록 —
12 너를 섬기지 않는 나라와 왕국은
망하리라
그런 나라는 쓰러지리라
13 레바논의 영광이 네게 오리라
참나무 소나무 회양목 모두 다 —

407) 이사야 2.16을 보라.

내 성소를 장식하려고
내 발 올려놓는 성소를 영화롭게 하려고—

14 엎드리며 네게 찾아올 것이다
너를 힘들게 하던 자들이다
네 발바닥 앞에 부복할 것이다
네게 욕하던 자들이다
너를 이렇게 부를 것이다
'야훼의 도성
이스라엘의 거룩한 시온'
15 네가 버림받아 거절당하고
지나는 사람 하나 없었으나
그 대신 내가 너를
언제나 자부심으로
세대마다 기쁨으로 삼으리라
16 너는 여러 나라의 젖을 빨리라
여러 왕국의 젖을 먹으리라
그러면 너는 알리라
나 야훼가
바로 너를 구해내는 자
너의 고엘
야곱의 힘센 이라는 것을[408]—
17 구리 대신 금을 가져오리라
쇠 대신 은을 가져오리라

---

408) 16하반절은 이사야 49.26과 같다.

돌 대신 쇠를 가져오리라
평화를 네 법으로
정의를 네 관리로 삼으리라
18 '폭력이다!'
이런 말 다시는 들리지 않으리라
네 땅에서—
'파멸과 파괴이다!'
네 영토에서—
네 성벽을 '승리'라 부르리라
네 성문을 '칭송'이라 하리라

19 이제는 해가 쓸모없어지리라
햇빛이 소용없으리라
달빛도 필요없으리라
야훼께서 영원한 너의 빛이 되신 때문이다
네 하느님이 네 영광이 되실 것이다
20 해가 뜨지 않으리라
달이 지지 않으리라
야훼께서 영원한 너의 빛이 되신 까닭이다
네가 애곡하는 날이 끝날 것이다
21 네 겨레 모두 다 바르다
영원히 땅을 차지하리라
그들은 내가 심은 싹이다
내가 손수 지은 아름다운 작품이다
22 작은 수가 부족을 이루리라
보잘것없는 자가 힘센 나라가 되리라

나 야훼는 속도를 내리라
때가 되면—

이겼다는 소식

61장

1 주님 야훼의 숨결이 내게 내렸다
야훼께서 내게 기름을 부으셨다
짓눌린 사람에게 소식 전하라
그렇게 나를 보내셨다
상처받은 마음 감싸라
포로들에게 해방을 선포하라
갇힌 자에게 자유를 선언하라
2 야훼의 기쁨의 해를
우리 하느님 편들어주시는 날을 선포하라
슬퍼하는 사람마다 위로하라
3 재 대신 터번을
슬픔 대신 기쁨의 기름을
의기소침한 마음 대신 찬양의 옷을 마련하라
4 그들은 옛 폐허를 다시 세우리라
오래전 허물어진 것을 재건하리라
폐허가 되어버린 마을
먼 옛날 버렸던 폐허더미를 다시 세우리라

5 외국인들이 나선다
너희 양떼에게 풀을 먹인다
외국인들이 너희의 농부가
너희 포도원 가지치기가 되리라
6 너희를 '야훼의 사제들'이라
'야훼의 파수꾼'이라 부를 것이다
뭇 나라의 재산을 먹으리라
그들의 부를 한껏 즐기리라
7 갑절이나 부끄러움을 당했기 때문에
'수치가 그들의 몫이야'
사람들이 이렇게 좋아했기 때문에
네 땅에서 영원한 기쁨을
갑절이나 차지하리라
8 나 야훼는 정의를 사랑한다
증오한다 강도짓하며 바치는 예물을—
나는 진심으로
그들이 한 대로 갚으리라
그들과 영원히 굳은 약속 맺으리라
9 그들의 자손이 알려지리라
뭇 나라 가운데에서
그들의 후손이 여러 나라 속에서—
그들을 보는 사람마다 알리라
아, 그들은 복 받은 후손들이라고—

손뼉 치며 기뻐하리라

10 기뻐하리라 나는
야훼님 때문에 손뼉 치며 기뻐하리라
우리 하느님 때문에 펄쩍 뛰며 좋아하리라[409)]
내게 승리의 옷을 입히셨다
정의의 옷을 내게 두르셨다
신랑처럼 터번을 씌워주셨다
신부처럼 온갖 보석으로 꾸며주셨다
11 싹이 돋아나는 땅처럼
가지가 돋아나는 정원처럼
정의가 돋아나리라
찬양이 샘솟으리라
뭇 나라 그 앞에서[410)] —

예루살렘을 구해낸다

62장

1 시온을 생각하며 나는 침묵한다
예루살렘 생각하며 나는 잠잠하다
그가 반짝거리는 빛처럼 이길 때까지

409) 시편 118.24를 참조하라.
410) 시편 85.11을 참조하라.

그가 타오르는 횃불처럼 승리할 때까지 —

2 뭇 나라가 네 승리를
모든 왕국이 네 영광을 보리라
새로운 이름으로 널 부르리라
야훼께서 지어준 이름으로 —

3 너는 멋진 화관이 되리라
야훼께서 직접 만드신
네 하느님 손수 만드신 왕관이 되리라

4 이제는 누구도
'버림받았구나!' 네게 말하지 않으리라
'폐허구나!' 네 땅을 말하지 않으리라
그래, '내 기쁨이야!'[411]
'짝을 찾았네!'
이렇게 말하리라
야훼님 너 때문에 기뻐하신다
네 땅이 짝을 찾았다

5 청춘 남녀가 서로 짝을 찾듯
네 자녀들이 짝을 찾았다
신랑이 신부 때문에 기뻐하듯
네 하느님 너 때문에 기뻐하신다

6 네 성벽 위에, 예루살렘아!
내가 파수꾼을 세우리라

---

411) 흔히 '헵시바'라 부른다.

낮에도 밤에도 언제나
가만히 있어서는 안 된다
나 야훼를 부르는 자들![412]
쉬어서는 안 된다
7 멈춰서는 안 된다
예루살렘이 든든해질 때까지
온 땅에서 유명해질 때까지 —

8 야훼께서 손 휘저으며
힘찬 팔 휘두르며 맹세하신다
네가 농사지은 햇곡식을
네 원수의 먹거리로 넘기지 않으리라
네가 애써 빚은 햇포도주를
이방 녀석들 마시지 못하게 하리라
9 농사지은 자들이 먹으리라
나 야훼를 찬양하리라
거둔 자들이 마시리라
나의 성소 뜰에서 —
10 통과하라 통과하라 성문마다!
겨레야! 길을 나서라
닦아라 닦아라 큰길을!
돌로 꾸미라
깃발을 드높이라
수많은 나라가 볼 수 있도록 —

412) 또는 '야훼님 생각나게 하는 사람들'

11 야훼께서 선언하신다
땅 끝까지 들리도록—
'딸 시온에게 말하라
네가 곧 승리한다
네가 곧 네 임금을
네 보수를 받으리라 내 앞에서—'
12 그들을 부르리라
'거룩한 겨레
야훼가 몸값 갚은 이들
되찾은 자들
버림받지 않은 마을'이라고—

붉은 옷 걸치고

63장

1 도대체 누구인가, 에돔에서 오는 이는?
도대체 누구인가, 붉은 옷 걸치고 보스라에서 오는 이는?
찬란한 옷 차려입고 오는 이는?
성큼성큼 힘차게 내달리는 이는?

나야, 나!
장담하지, 난 이길 것이야!
분명히 난 승리할 거야!

2 어찌하여 그다지도 옷이 붉은가요?
포도주 틀 밟다가 물든 옷 같군요

3 그래, 나 홀로 포도주 틀을 밟았어
사람들이 그리 많아도 내 편은 없더군
씩씩거리며 밟았어
치미는 분노를 어쩌지 못하여 마구 밟았어
그리하여
붉은 즙이 내 옷에 튀었어
붉게 물들었어, 차려입은 이 옷이!

4 되갚아주어야 할 날!
그날만 난 학수고대하였어
드디어 때가 된 거야
5 둘러보아도 아무도 없어
내게 힘이 되어줄 이[413]는!
거들어줄 이 하나도 없어
아무리 두리번거려도!
믿을 건 내 팔뚝 하나뿐
치미는 분노로 해치울 것이야
6 씩씩거리며 그것들을 밟아버릴 것이야
실컷 내 분노에 취하게 할 것이야
영원히 잠재우고야 말 것이야

---

413) 또는 '나를 도와줄 이'

이끄시던 옛날 옛적

7 한없는 야훼님 사랑
나 노래 부르리
야훼께 노래 부르리
야훼님 우리에게 퍼부어주시는 것 모두 다!
한없는 축복
이스라엘 집안에 내려주시니 부어주시니
아기집 사랑으로
한없는 사랑으로!
8 그분 말씀하신다
'그들은, 그래, 내 백성이야
속일 수 없는 아이들이지'
그는 그들의 구원자였다
9 그들이 갖은 고통 겪었기에[414]
그분 또한 고통당하셨다
그분 함께하시는 심부름꾼[415]
그들을 구했다
사랑 때문에 연민 때문에
그분은 그들을
건졌다 들었다 드높였다
멀고먼 그 옛날!
10 그러나 그들은 배반했다

414) 문자적으로 '모든 그들의 고통 때문에'
415) 문자적으로 '그의 얼굴의 천사'

거룩하신 분의 마음을 아프게 했다
하여 그분은
그들의 적이 되어
그들과 다투셨다
11 그리하여도 그분은
당신 백성 건져내신[416] 그 옛날
기억하셨다
어디 있단 말인가?
바다에서 그들을 데리고 올라온 이는?
당신의 양떼를 이끌던 그 목자는?
어디 있단 말인가?
당신의 숨결을 그 한가운데 두었던 거룩하신 분?
12 영광스러운 팔뚝을 모세의 오른쪽에 두신 분?
그들 앞에서 샘을[417] 터뜨리시던 분?
영원한 이름을 두신 분?
13 깊은 바닷속을 지나가게 하신 분?
광야의 말처럼
넘어지지 않게 하신 분?
14 평원으로 내려가는 짐승처럼
야훼께서 숨결로 그들을 이끄신다[418]
그렇듯 님은 당신 백성 이끄신다
영광스러운 이름을 이루시려고—

416) 또는 '모세, 당신 백성'
417) 문자적으로 '물'
418) 또는 '쉬게 하신다'

굽어보소서

15 굽어보소서, 하늘에서!
바라보소서
영광스러운 님의 성소[419] 그곳에서!
어디 갔나요?
님의 열정은?
님의 능력은?
속에서 우러나오는 님의 그 힘은?
나를 향한
님의 아기집 사랑은?
16 아, 님은
우리 아버지시죠
그래요, 아브라함도 몰라요
야곱도 알아채지 못했죠
님은 야훼님 우리 아버지
우리의 고엘
영원토록 님의 이름이죠
17 무엇 때문에, 야훼님,
우리가 님의 길 벗어나게 하시나요?
우리 마음 돌이켜
님 섬기는 일 그만두게 하시나요?
돌이키소서
님의 종들을

419) 문자적으로 '그의 성소 그의 영광'

님의 차지 지파들을 위하여!
18 거룩한 백성
잠깐 차지했던 님의 성소
적들이 짓밟는군요
19 아득한 옛날
우리는 님이 다스린 적 없었죠
님의 이름으로 불린 적이 없어요

내려오소서

찢으소서 하늘을![420]
내려오소서
이 산 저 산 몸부림치게 하소서
님 보고 계시는데!

64장

1 잔나무 가지에 불이 붙듯
불이 물을 끓이듯
님 이름
님의 적들이 알아보게 하소서
님 앞에서
뭇 백성 떨게 하소서

420) 칠십인역과 불가타 역은 여기서부터 64장 1절이 시작된다.

2 놀라운 일 하시기에
우리는 바라지도 않아요
내려오소서
이 산 저 산 몸부림치게 하소서
3 머나먼 옛날 옛적부터
우린 듣지 못했죠
들어본 적 없어요
눈으로 본 적조차 없어요
하느님!
오직 님만이 하시는 일이죠
님에게 의지하는 이들을 위해!
4 님은 치시기도 하셨죠
기꺼이[421] 바른 일 하는 이들
님의 길 따라 님을 기억하는 이들을!
아, 님은 화를 내신 거죠
우리가 내내 잘못한 까닭이죠
우리를 구하시려나요?
5 우리는 모두 다
깨끗하지 못한 것 되었죠
우리가 잘한다고 한 것
누더기 옷과 다를 것 없죠
우리는 이파리처럼 말라가죠, 모두 다!
우리의 허물
우리를 바람처럼 날려버리죠

---

421) 잘 알 수 없는 부분이다.

6 그런데
님 이름 아무도 부르지 않죠
님을 꼭 움켜쥐고자 몸부림쳐 보지만
아,
님은 외면하시는군요[422)]
우리의 잘못
그 손아귀에서 우리를 빼내시죠

도예가

7 아, 야훼님!
님은 우리 아버지시죠
우리는 진흙
님은 도예가
손수 우리 모두 빚어내셨죠
8 화내지 마세요
야훼님, 그렇게 심하게는 마시죠
우리 잘못을 내내
기억하지는 마세요
제발 봐주세요
님의 백성 우리 모두를!
9 님의 거룩한 마을마다
광야가 되었죠

---

422) 문자적으로 '우리에게서 얼굴을 숨긴다'

시온도 광야가 되었어요
예루살렘이 폐허가!
10 거룩한 우리집
우리의 자부심
우리 조상님네 찬양 올리던 곳
불에 타버리고 말았으니
우리의 긍지는
모두 다 참혹하게 되었으니
11 이런 일에도
참으시려나요, 야훼님?
침묵하시려나요?
우리는
그저 고통만 당해야 하나요?

나 이미 거기에

65장

1 나 대답하리라
묻지도 않는 이들에게
찾지도 않는 이들에게
나 이미 거기 있으니
나 말하리라
'나야, 나! 나란 말이야!'
내 이름 부르지 않는

백성에게—
2 하루 종일 내 손 뻗으리라
내게 반기 드는 자들 거슬러—
나쁜 길 가는 자들
제 생각만 따라가는 자들
3 뻔뻔하게도 늘 화를 돋우는 자들
정원에서 예물 바치는 자들[423)]
벽돌 위에다 분향하는 자들
4 무덤들 사이에 앉는 자들
바위틈에서 밤을 지새우는 자들
돼지고기 삶아
그릇에 불결한 탕 먹는 자들
5 '떨어져! 오지 마!
나는 너보다 거룩하다고!'
이렇게 말하는 자들
이 때문에 나는 화가 치밀어
하루 종일 미칠 지경이야
6 자, 내 앞에서 기록되었다
그냥 서 있지만 않을 것이야
되갚을 거야
속속들이 갚고 말 거야
7 너희의 죄 너희 조상의 죄까지—
야훼께서 말씀하신다
그들이

423) 이사야 65.3을 보라.

이 산 저 산 위에서 분향하기 때문이다
이 오름 저 오름 위에서
그렇게 날 조롱하는 까닭이다
그들이 하는 짓을
나는 속속들이 헤아리고야 말리라

8 이렇게 야훼께서 말씀하신다
포도송이에서 햇포도주를 찾고는
'그래, 망가뜨리면 안 돼!
좋은 것 들어 있잖아?'
이렇게 사람들이 말하듯
나 또한 내 종들 때문에
모조리 망가뜨리지는 않으리라

9 나는 야곱에게서 후손을 내리라
유다에게서 내 산의 차지할 자들을 내리라
내가 뽑은 사람들이 차지하리라
거기서 내 종들이 살아가리라

10 샤론은 작은 가축 떼 목초지가 되리라
아골 골짜기에 큰 가축 떼가 편안히 누우리라
나를 찾는 나 겨레를 위해 —

11 너희 나 야훼를 떠난 자들아
거룩한 나의 산을 잊은 자들아
'행운'[424]이라 부르는 신에게
상 차려 바치는 자들아

---

424) 히브리어로 '가드'(גד)

'운명'[425]이라 부르는 신에게
그릇을 가득 채워 바치는 자들아
12 칼에 맞을 운명이 될 것이다
너희 모두 고꾸라질 것이다
잡아 바치는 제물이 될 것이다
내가 불러도 대답이 없구나
내가 말해도 듣지 않는구나
내가 눈뜨고 있는데도
못된 짓만 벌이는구나
내가 바라지 않는 것
그것만 용케 골라서 하는구나

13 그리하여 주님 야훼께서 이렇게 말씀하신다
그래, 나의 종들은 먹는다
너희는 굶주린다
그래, 나의 종들은 마신다
너희는 목마르다
그래, 나의 종들은 기뻐한다
너희는 쓰러진다
14 그래, 나의 종들은 너무 좋아 펄쩍 뛴다
너희는 너무 괴로워 울부짖는다
너무나 고통스러워 가슴을 친다
15 너희는 이름을 남긴다[426]

425) 히브리어로 '므니'(מני)
426) 집회서 44.8의 '어떤 사람들은 후세에 명성을 남겨서 아직도 사람들이 그들을 칭

내가 뽑은 사람들 저주한 것으로 —
'주님 야훼께서 그들을 없애시길!'
하나 그분의 종들은
다른 이름[427]으로 불릴 것이다
16 그 땅에서 복을 비는 사람들
참 하느님의 복을 받을 것이다
그 땅에서 맹세하는 사람들
참 하느님의 이름으로 맹세할 것이다
이전 고통은 잊혀졌다
나의 눈에서 감추어졌다

새 하늘 새 땅

17 자, 이제 내가
새 하늘과 새 땅을 창조한다
옛것은 기억나지 않을 것이다
생각조차 떠오르지 않을 것이다
18 손뼉 치며 기뻐하라
발 구르며 좋아하라 언제까지나 —
내가 창조한다
자, 내가 창조한다
예루살렘을 기쁨으로

송한다'(공동번역)를 참조하라.

427) 여기서 '이름'은 '복'(福)이라는 뜻이다.(NJPS)

그 겨레를 환희로
19 내가 예루살렘을 기뻐한다
내 겨레를 좋아한다
다시는 거기서 들리지 않을 것이다
곡하는 소리
울부짖는 소리
20 제 수명 다 채우지 못하는
젖먹이도 노인도
다시는 거기 그곳에 없을 것이다
백 살에 죽는 사람
청년이라 할 것이다
그리하여 백 살을 다 채우지 못하는 자
죄인이라 할 것이다
21 집 짓고 살 것이다
포도원 가꿔 그 열매 먹을 것이다
22 다른 사람 살 집
세우지 않을 것이다
다른 사람 먹을 과일 나무
가꾸지 않을 것이다
아, 내 겨레가 살아갈 날
나무처럼 길리라
내가 뽑은 사람들
스스로 한 일로 오래오래 살 것이다
23 까닭 없이 고통당하는 일
그들에게 없을 것이다
공포 속에서 아이들 낳지 않을 것이다

그들은 바로
나 야훼가 축복한 자손
그 후손이 그들과 함께할 것이다
24 이런 일 벌어지리라
그들이 부르기도 전에
내가 대답하겠다는 말이다
그들이 말하면
나는 들을 것이다
25 이리와 어린 양이
함께 풀을 뜯으리라
사자가 소처럼 짚을 먹을 것이다
흙은 뱀의 먹거리가 되리라
거룩한 나의 산에는
나쁜 일도 못된 일도 없을 것이다
야훼께서 말씀하신다

하늘은 나의 어좌 땅은 발받침

66장

1 야훼께서 이처럼 말씀하신다
하늘은 나의 어좌
땅은 나의 발받침 —
날 위해 어디다 집을 지으려는가?
내가 쉴 곳을 어디에 세우려는가?

2 이 모든 것
내가 손수 만든 것이다
이 모든 것이 생겨났다
야훼의 말씀이다
이들을 내가 바라본다
짓눌린 사람
마음에 상처 입은 사람
내 말에 깊이 관심을 기울이는 사람

3 소를 잡고 사람을 내리치는 자
양을 살라 바치고 개를 잡아 바치는 자
돼지 피를 예물로 바치는 자
분향하며 거짓 신을 섬기는 자
이러한 길을 따라가고
징그러운 짓 서슴지 않는다
4 나 그들을 비웃음거리로 삼겠다
그들을 공포에 빠뜨리겠다
내가 불러도 대답이 없구나
내가 말해도 듣는 자 없구나
내가 두 눈 멀쩡히 뜨고 있는데
아랑곳하지 않는다
못된 짓 서슴지 않고 벌이는구나
내가 바라지 않는 일만
골라서 하는구나

기뻐하라 예루살렘아

5 야훼님 말씀 들으라
그분께 관심을 기울이는 사람들아
너희를 미워하는 동족들은 말한다
나 때문에 너희를 조롱하는 자들이 말한다
'야훼께서 나타나시겠지?
네가 기뻐하는 꼴 좀 보자고!'
그들은 쓰러지리라
6 도시에서 함성이 들린다
성전에서 나는 목소리
야훼님의 목소리
그분은 원수들에게 되갚으신다

7 몸부림도 치기 전 아기를 낳았다
산통이 시작되기도 전에 아들을 낳았다
8 이런 말 들어본 자 누군가?
이런 것 본 적 있는 자 그 누군가?
땅이 진통을 하던가 한 날에?
한 민족이 갑자기 탄생하던가?
그래,
시온이 산통 겪고 단번에 아이들 낳는다
9 산통 겪고 아이를 낳게 한 이
바로 나 아닌가?
야훼께서 계속 말씀하신다
낳게도 못 낳게도 하는 이

바로 나 아닌가?
네 하느님 말씀하신다
10 기뻐하라 예루살렘아!
즐거워하라
예루살렘을 사랑하는 모든 자들아!
기뻐하고 기뻐하라
예루살렘 때문에 슬퍼하는 모든 자들아!
11 그리하여
배부르게 그의 젖을 빨라
위로받으라
그의 젖꼭지[428]에서 그의 영광 다시 찾으라

12 주 야훼께서 이같이 말씀하신다
이제 내가 그를 위해 손을 쓰리라
강처럼 번창하게 하리라
먹거리 넘쳐나게 하리라
이 나라 저 나라 재물이
와디처럼 몰려들게 하리라
네가 그 젖을 빨리라
그 어깨를 타고 오르리라
그 무릎에서 귀여움 받으리라
13 어미가 제 아이를 편안하게 하듯
나 그렇게 너희를 편안하게 하리라

428) 히브리어 '지즈'(זיז)를 옮긴 말로 앞에 나오는 '가슴'(שד)과 짝을 이룬다. '젖꼭지'라는 뜻의 아카드어 '지주'(zīzu)에서 그 뜻을 유추할 수 있다.(NJPS, AHw 1534)

예루살렘 때문에 편안해지리라
14 너희는 똑똑히 보리라
하여 기쁨이 마음속에서 우러나리라
네 뼈 마디마디 풀처럼 푸릇푸릇 하리라
야훼님 당신의 종들에게 베푸시는
그 손길 알게 되리라
당신의 원수들에게 내시는 그런 화를—

바람 타고 행차하신다

15 아, 야훼님 불속에서 행차하신다
그분 타신 병거는 회오리바람
불길 속에서 타오르는 분노
불꽃 속에서 터져 나오는 고함—
16 아, 야훼님 불속에서
칼을 드시고 모든 목숨과 맞서신다
야훼께 살해당한 자
그 수 헤아릴 수 없다

멀리서도 찾아오리라

17 지도자를 따라 정원에 들어가려고
자신을 거룩하게 하고 깨끗하게 하고도[429)]
돼지고기와 파충류와 쥐를 먹는 자

다 함께 끝장나리라
야훼의 말씀이다
18 나는
그들이 한 일과 그들의 생각을 안다

모든 나라와 여러 언어를 말하는 사람들이 와서 내 영광을 볼 것이
다. 19 그들에게 나는 징조를 보일 것이다. 그들 가운데에서 살아남
은 자들을 여러 나라에 보낼 것이다. 다시스, 풀, 활을 잘 쏘는 루드,
두발, 야반 사람들을 말한다. 그리고 멀리 있는 해변가 사람들이다.
이들은 나에 대한 소문을 듣지 못했다. 또한 나의 영광을 경험해보
지도 못한 사람들이다. 그래서 그들이 나의 영광을 여러 나라 사람
들에게 자세히 얘기해줄 것이다. 20 그들이 너희 형제자매들을 여러
나라 가운데에서 모두 데려올 것이다. 말이나 병거나 노새나 단봉
낙타에 태워 예루살렘으로 데려올 것이다. 야훼께 드리는 예물을 싣
고 올 것이다. 야훼께서 말씀하신다. 이스라엘 사람들이 예물을 깨
끗한 그릇에 담아 나 야훼의 집에 가져오듯 그렇게 할 것이다. 21 또
한 그들 가운데에서 나는 사제들과 레위인들을 뽑아낼 것이다. 야훼
의 말씀이다.

22 내가 만든
새 하늘과 새 땅은
내 뜻대로 설 것이다
야훼의 말씀이다
너희 후손과 너희 이름도

429) 잘 알 수 없는 부분이다.

그렇게 서리라
23 새 달마다 안식일마다
모든 육체가 오리라
내게 엎드리리라
야훼께서 말씀하신다
24 그들이 나가 볼 것이다
나에게 반기 든 사람들의 주검을—
그들을 뜯어먹는 벌레
죽지 않으리라
그들의 불
꺼지지 않으리라
모든 육체에게 공포일 뿐이다

제3부

간추린 한글-히브리어 사전

이사야의 번역 노트이다. 하지만 간편한 한글-히브리어 사전의 역할도 할 수 있을 것이다. 특히 고대 역본들과 현대 역본들은 본문을 어떻게 읽었는가 함께 살펴볼 수 있을 것이다. 한글 용어에 초점을 맞추고자 때때로 한문성경 그리고 중문성경과 비교해볼 수 있도록 나란히 실었다.

성서 히브리어와 고대 시리아-메소포타미아의 인근 언어도 함께 싣고자 노력했다. 아카드어와 우가릿어 그리고 아람어와 시리아어가 이들 언어이다. 이사야에 등장하는 성서 히브리어의 의미를 좀 더 깊이 이해할 수 있도록 도움을 주기 위한 것이다.

1. 동사

(눈을) 감기다, 꽉 감게 하다 be sealed tight, blind (HALOT 1612) ⇦ 샤아 (*שׁעע) (*šāʻāʻ) (qal) (시리아어 ܫܥܐ ethpe. 'be closed up' 페쉬타 역 [Codex Ambrosianus])[1)] (Sokoloff 1531) (사 29.9, 32.2) '시각장애자

1) 이사야 29.9 '이들 보는 자들의 눈을 감게 하지 말라'(ܬܛܫܥ ܥܝܢܝܗܘܢ ܕܐܠܝܢ ܕܚܙܝܢ ܠܐ ܬܬ). Syro-Hexapla(Jerusalem MS)는 '다시는 사람을 믿지 말라'(ܠܒܪ ܡܢ ܐܢܫܐ,

노릇하라 눈을 꼭 감아라' (השתעשעו ושעו) (사 29.9), '보는 자의 눈을 꼭 감게 하라' (ולא תשעינה עיני ראים)[2] (사 32.3). Cf. '악을 보는 것으로부터 눈을 꼭 감으라' (שעו עיני מראות רע) (1QH vii 2–3)

걱정없다, 방해(妨害)받지 않다 carefree, undisturbed (HALOT 1375) ⇦ 샤아나노트 (שאננות) (ša'ănanôt) (⇦ *שאן '조용하다, 걱정거리가 없다') (사 32.9, 32.11, 32.18, 33.20) '천하태평한 여인들아!' (נשים שאננות) (사 32.9), '방해받지 않는 편안한 곳에서' (ובמנוחת שאננות) (사 32.18), '너희가 두 눈으로 똑똑히 볼 것이다 걱정거리 하나 없는 곳 예루살렘을—' (עיניך תראינה ירושלים נוה שאנן) (사 33.20)

계획(計劃)하다 plan, **디자인하다** make a design (NJPS) ⇦ 야아츠 (יעץ) (yā'aṣ) (qal) (사 14.24) '내가 계획한 대로 이루어진다' (היא תקום וכאשר יעצתי) Cf. 에차(עצה)—계획 plan, 섭리 providence, 조언 advice

고꾸라지다, 넘어지다, 수치를 당하다 be humiliated, be disgraced ⇦ *칼람 (*כלם) (kālam) (: : בוש) (nif.) (사 41.11, 45.16–17) '쓰러지리라 또한 고꾸라지리라 모두 다!' (בושו ועם־נכלמו כלם) (사 45.16)

고르다 choose (NJPS) ⇦ 라카흐 (*לקח) (lāqaḥ) (qal) (사 44.14) '그는 피네아 소나무를 오크 나무를 고른다' (ויפח תרזה ואלון)

고함(高喊)치다, 큰소리 지르다 call out, cry out ⇦ 차바흐 (*צוח) (*ṣāvaḥ) (: : *רנן) (사 42.11 +) (Cf. 1QIs[a] יצריח) (우가릿어 ṣḥ G '소리지르다, 부르다'

ܘܠܐ ܬܬܒܩ ܥܝܢܝܗܘܢ ܕܚܙܝܐ)라고 번역한다.

2) 마소라 본문의 '티슈에이나'(תשעינה)는 '샤아'(שעע)의 칼(Qal) 형으로 볼 수 있다. HUB Isaiah를 보라. 또한 Brockelman 764(ܫܥܐ 항목)를 참조하라. 그러나 쿰란 공동체의 『성(聖) 마가 수도원 이사야 두루마리』(1QIs[a])는 '티쉬에나'(תשענה)로 '요드'(י)를 빼고 읽는다. BHK와 BHS는 이 동사(שעע)의 칼(Qal, těšo'eynāh)이나 호팔(Hofal, tušō'eynāh)로 보기도 한다.

[KTU 1.23 32]) (Dahood, Biblia 51 [1970], 401) (HALOT 1011–12) ⇨ 츠바하 (צוחה) '부르짖음, 울부짖음 cry (NJPS), cry of lament (HALOT 1012)' (사 24.11, 렘 14.2, 46.12) '이 산 저 산 꼭대기에서 소리지르라' (מראש הרים יצוחו) (사 42.11)

괭이질하다 hoe (NJPS, HALOT 793) ⇦ 예아데르 (יעדר) (yĕʻāder) (ni. yiqtol, עדר) (사 5.6, 7.25 +) '가지치기하지 않았다, 괭이질하지 않았다' (לא יזמר ולא יעדר) (사 5.6), '괭이로 갈 수 있는 산에는 그 어디에도 가시와 엉겅퀴가 위험스럽게 퍼지지 않았다' (שמה יראת שמיר ושית וכל ההרים אשר במעדר יעדרון לא־תבוא) (사 7.25). Cf. 마다르 (מעדר) (maʻĕdēr) '괭이, 쟁기 hoe, plough' (사 7.25)

기대다, 의지(依支)하다 rely on ⇦ 바탁흐 알– (בטח על־) (bāṭaḥ ʻal) (사 36.6) '그래, 네가 부러진 이 갈대를 지팡이로 삼아 기대는구나 이집트를 기댄다는 말이다' (הנה בטחת על־משענת הקנה הרצוץ הזה על־מצרים)

끌어안다, 안고 다니다, 품고 다니다, 품다, (짐을) 지다 carry, bear, embrace ⇦ 싸발 (סבל) (sābal) (qal) (아람어 סבל '[짐을] 지다' [아히카르 90])(이환진 2012: 165)(DNWSI 774–75) ⇦ '짐' burden 쎄벨 [סבל, sēbel] 시 81.7, 왕상 11.28)(참조 '짐꾼' burden-bearer 싸발 [סבל, sābal] 왕상 5.29, 느 4.4, 대하 2.1, 2.17, 34.13) (사 46.4, 53.4, 53.11, 창 49.15) (HALOT 741) '백발이 될 때까지 나는 너를 안고 다니리라' (אני אסבל ועד־שיבה) (사 46.4)

끝내다, 멈추다 finish (NJPS), stop (CEB) ⇦ *לאה (HUB Isaiah) / *נלה (HALOT 701) (사 33.1 +) '배신하기를 네가 끝낼 때 그들이 너를 배신할 것이다' (כנלתך לבגד יבגדו־בך). Cf. '배신하기를 네가 끝낼 때' (ככלותך לבגד)(1QIs[a]) ⇦ *כלה '끝내다'[3)]

3) 긴스버그(Christian H. Ginsburg)가 편집한 히브리어 성서의 한 사본도 쿰란 공동

끝장내다, 없애다 make an end of, destroy ⇦ *야차 (*יצא) (*yāṣā') (hif.) (= 아람어 ש[י]צי)(*야차[*יצא]의 샤펠[shafel])(NJPS 사 43.17 난하주 d) (Jastrow 1567 참조) (사 43.17) '전차와 군마를 끝장낸 이' (המוציא רכב־וסוס)

낙담(落膽)하다, 낙심(落心)하다, 좌절(挫折)하다, 의기소침(意氣銷沈)하다 be despondent (NJPS), be downhearted ⇦ 아그메이 네페쉬 (אגמי נפש) ('agmēy nefeš) (qal *אגם) (사 19.10) '임금 노동자들이 모두 다 낙담한다' (כל־עשי שכר אגמי־נפש)

(바람에) 날리다, 까불리다 winnow ⇦ 자라 (זרה) (zārāh) (qal 또는 pu.) (사 30.24) '나무 삽과 갈퀴로 까부른 것' (אשר יזרה ברחת ובמזרה). Cf. 집회서 5.9 (게니자 C) '바람이라 해서 모든 바람에 다 까불리지 말고 길이라 해서 모든 길을 다 가지 말라' (אל תהיה זורה בכל רוח ואל תלך בכל שביל)

(길을) 내다 make a road ⇦ *나탄 (*נתן) (*nātan) (qal) ('길'[דרך]이라는 말과 함께) (사 43.16) '바다에 길을 낸 이' (הנותן בים דרך) (pt.)

(길을) 내다 make a road ⇦ *씸 (*שים) (śîm) (qal) ('길'[דרך]이라는 말과 함께) (사 43.19) '아, 내가 빈들에 길을 내리라' (אף אשים במדבר דרך)

넋이 나가다 be drained of spirit (NJPS), 정신이 혼미하다 be disturbed (spirit) (HALOT 150) ⇦ 나부카 루악흐- (נבקה רוח־) (nābqāh rûaḥ) (ni. *בקק) (사 19.3) '이집트인들의 넋이 나갈 것이다' (ונבקה רוח־מצרים בקרבו)

(물을) 대다 provide water ⇦ *나탄 (*נתן) (*nātan) (qal) (사 43.20) '아, 내가 빈들에 물을 대리라' (כי־נתתי במדבר מים) (qatal)

체의 『성(聖) 마가 수도원 이사야 두루마리』(1QIs[a])와 비슷하다. '네가 끝낼 때'(ככלתך)라고 하여 뜻은 같고 다만 '바브'(ו)가 빠진 불완전 서체(scriptio defectiva)로 기록되어 있다.(HUB Isaiah קלו)

대들다, 논쟁(論爭)하다 argue with (NJPS, CEB), quarell with (NASV) ⇦ *리브 (*ריב) (rîb) (qal) (사 45.9) ‘자신을 빚은 이에게 대드는 자에게 화가 있기를!’ (הוי רב את־יצרו)

덕지덕지 붙여놓다 be besmeared ⇦ *타하흐 (*טחח) (*ṭāḥaḥ) (טוח의 다른 형태)(HALOT 374) (qal) ‘덕지덕지 붙여놓아 보지 못한다’ (מראות עיניהם כי טח) (사 44.18 +)

(절기[節期]가) 돌아오다 come in (their) cycles (NJPS), revolve, recur (annual feasts) (HALOT 722), run (their) cycles (Message) ⇦ *나카프 (*נקף) (*nāqaf) (qal) (사 29.1 +) ‘(한 해의) 절기들이 돌아오게 하라’ (חגים ינקפו). Cf. 성서 히브리어 트쿠파 (תקופה) ‘(태양의) 돌기’ (시 19.7), ‘한 해의 시작 또는 한 해의 끝’ (출 34.22, 삼상 1.20), 우가릿어 𐎐𐎖𐎔𐎚 (nqpt) / 𐎐𐎖𐎔𐎐𐎚 (nqpnt) ‘돌기 회전, 선회 turn, yearly cycle’ (KTU 1.12 ii 45 [nqpnt], 1.23 67 [nqpt]) (트롬퍼 128, DULAT 641)

들어올리다 lift up, carry ⇦ 나싸 (נשא) (nāśā’) (qal) (사 46.7) ‘그들을 그것(신상)을 어깨에 멘다’ (ישאהו על־כתף)

디자인하다 make a design ⇦ 야차르 (יצר) (yāṣar) (qal) (사 37.26) ‘먼 옛적 내가 그것을 디자인했다’ (מימי קדם ויצרתיה)

(물을) 뜨다, 푸다 skim off (HALOT 359), ladle (NJPS), cistern (CEB) ⇦ 하싸프 (חשף) (ḥāśaf) (qal) (사 30.14, 학 2.16 +[4)]) ‘웅덩이에서 물을 뜨다’ (ולחשף מים מגבא) ladle water from a puddle (NJPS), to dip out water (CEV), to dip water from a cistern (CEB)

마음대로 하다 be at the mercy of (NJPS) ⇦ 베-야드 (ביד־) (b^eyad) (사

---

4) 성서구절 뒤에 있는 /+/ 표시는 성서 안에 있는 모든 성서구절을 인용했다는 뜻이다.

19.4) '나는 넘기겠다 이집트인들을 가혹한 감독관들이 마음대로 하도록—' (וסכרתי את־מצרים ביד אדנים קשים)

(열매가) 맺다, (열매가) 열리다 yield (NJPS) ⇦ 아싸 (עשה) ('āśāh) (qal) (사 5.2) '그는 포도송이 맺히기를 기대했으나 들포도가 열렸다' (ויקו לעשות ענבים ויעש באשים)

모독(冒瀆)하다(1), 업신여기다, 경멸(輕蔑)하다 blaspheme (NJPS), blasphemere (불가타 역) ⇦ 하레프 (ḥārēf) (חרף) (ḥārēf) (pi.) (시리아어 ܢܚܪܦ [pa. impf.] [페쉬타 역, Codex Ambrosianus], ܡܚܪܦܘ [pa. inf.] 'reproach, revile, maledixit, ignomia affecit' [Syro−Hexapla Isaiah, Jerusalem MS])(Brockelman 245, Sokoloff 474) (사 37.4) '그의 주인 아시리아 왕이 살아 계신 하느님을 모독하라고 보낸 그 장군' (רב־שקה אשר שלחו מלך־אשור אדניו לחרף אלהים חי). Cf. 其主阿西里亞王使之來褻瀆[5)]活神者 (마쉬만−라사르 역), [特願神主, 爾神, 肯聽拉比沙革]被厥主亞西利亞之王, 遣來者, 且願神肯駁倒伊各言 (모리슨 역), 以其主亞述王遣之毁謗[6)]活神 (브리지만−컬벗슨 역), 亞述王遣僕臘沙基, 侮[7)]永生之上帝 (대표본), 亞述王遣拉伯沙基毁謗永生上帝 (시주교역)

모독(冒瀆)하다(2) blaspheme (NJPS), revile (HALOT 180), blasphemere (불가타 역) ⇦ *기데프 (*גדף) (*gidēf) (pi.) (시리아어 ܓܕܦ [pa. pf.] 'revile, blaspheme, conviciatus est, blasphemavit' [페쉬타 역, Codex Ambrosianus]) (Brockelmann 105, Payne Smith 61, Sokoloff 207), ܚܪܦ [pa. pf.] 'maledixit, ignomia affecit' [Syro−Hexapla Isaiah, Jerusalem MS])(Brockelman 245, Payne Smith, Sokoloff 474) (사

5) 설독(褻瀆)—더러움, 더럽힘, 업신여김, 경멸함(민중서림 1874)
6) 훼방(毁謗)—헐어 말함, 헐뜯음, 비방함, 비방(민중서림 1091)
7) 모(侮)—업신여기다, 능멸하다(민중서림 185)

37.6, 37.23 [= 왕하 19.6, 19.22])(민 15.30, 겔 20.27, 집 3.16, 48.18 +) '아시리아 왕의 시종들이 나를 모독한 것을 너는 들었다' (שמעת אשר <u>גדפו</u> נערי מלך־אשור אותי) (사 37.6).[8] '그의 아비를 떠나는 자는 모독하는 자와 같다' (<u>כמגדף</u> העוזב אביו) (집 3.16 게니자 C), '그가 직접 시온을 내리쳤다 뽐내면서 하느님을 모독했다' (ויט ידו על ציון <u>ויגדף</u> אל בגאונו) (집 48.18, 게니자 B)

몸을 덮다 curl up (NJPS), wrap oneself (HALOT) ⇦ 히트카네스 (התכנס) (hitkanēs) (hith. כנס) (사 28.20 +) '몸을 덮기에 이불이 너무 작다' (והמסכה צרה <u>כהתכנס</u>)

몸을 따뜻하게 하다 warm oneself (NJPS, HALOT 328) ⇦ 하맘 (*חמם) (*ḥāmam) (qal) (사 44.15, 44.16, 47.14) '몸을 따뜻하게 하고는 말한다' (אף־<u>יחם</u> ואמר) (사 44.16), '몸을 따뜻하게 할 숯이 없다' (<u>לחמם</u> אין גחלת)[마소라 본문–'라흐맘'(לחמם), 1QIs[a]–'레후맘'(לחומם)] (사 47.14)

무서워하다(1), 두려워하다, 역겨워하다 dread (HALOT 1089), be fearful of, fear, loathe (Levine Numbers 144) ⇦ 쿠츠 (קוץ) (qûṣ) (시리아어 ܩܘܨ '무서워하다, 두려워하다 fear, be afraid, timid, terrible, timuit') (Payne Smith 510, Brockelmann 676, Sokoloff 1382) (사 7.16)(출 1.12, 민 22.3) '네가 무서워하는 두 왕의 땅이 버림받을 것이다' (תעזב אדמה אשר אתה <u>קץ</u> מפני שני מלכיה)

무서워하다(2), 두려워하다, 놀라다 be afraid (HALOT 1671), be frightened

8) 勿因汝所聞之言而懼以是阿西里亞王使之臣<u>讟</u>我也.(마쉬만–라싸르 역) 爾勿懼,因爾所聞之言, 亞西利亞王之僕所用<u>讟</u>罪我者也.(모리슨 역) 爾聞亞述王僕隷<u>侮</u>我之言, 勿畏.(대표본) 勿緣爾所聞之言而懼,卽亞述王之僕<u>褻瀆</u>我之言.(브리지만–컬벗슨 역) 爾聞亞述之臣僕<u>褻瀆</u>我, 勿因其言而懼.(시주교역) 你聽見亞述王的僕人<u>毁謗</u>我, 你不要因那話懼怕.(북경관화역 구약) 你聽見亞述王的僕人<u>褻瀆</u>我的話, 不要懼怕.(화합본)

(NJPS), be fearful (CEB), be dreaded ⇦ *샤타 (*שתע) (*šātā') (//ירא) (qal) (사 41.10, 41.23 +)(HALOT 1671) (우가릿어 ṯt' '공포에 떨다' [KTU 1.5 ii 7])(이환진 바알 154)(트롭퍼 177) (페니키아어 št' '공포에 떨다' [KAI 26 A ii 4])(DNWSI 1199) '무서워 말라 내가 네 하느님이다' (אל־תשתע כי־אני אלהיך) (사 41.10), '한번 놀래나 보자 떨어보기나 해 보자' (ונשתעה ונרא ונראה יחדו)(NJPS) (사 41.23)

밟다 trample ⇦ 라마쓰 (רמס) (rāmas) (qal) (사 1.12, 26.6, 63.3 +) '발이 그것을 밟으리라 가난한 자들의 발이, 빈자들의 발걸음이–' (תרמסנה רגל רגלי עני פעמי דלים) (사 26.6)

(발에) 밟히다 be trampled by foot ⇦ 테람세나 (תרמסנה) (tērāmsenāh) (nif. רמס) (사 28.3 +) '에브라임의 술 취한 자들의 거만한 왕관(또는 화관)이 발에 밟히고야 말 것이다' (תרמסנה עטרת גאות שכור אפרים ברגלים)

버리다 unnoticed, neglected (HALOT 696) ⇦ 누타쉬 (נטש) (nuṭāš) (pu.) (⇦ נטש '묵히다, 그냥 놔두다 leave fallow, uncultivated' [출 23.11]) (: : עזב pu.) (사 32.14)(사 16.8 ['무성하다 be rampant' nif.], 사 21.15 ['(칼을) 빼낸 drawn' qal], 사 33.23 ['헐겁게 두다 hang slack' nif.]) '아, 성곽은 버려졌다 시끄럽던 마을은 버림받았다' (נטש המון עיר עזב כי־ארמון)

(일이) 벌어지다, 생기다 happen (CEV), take place (CEB), come to pass (NJPS) ⇦ 하야 (היה) (hāyāh) (qal) (사 7.7) '성공하지 못한다 일이 벌어지지 않는다' (לא תקום לא תהיה)

[사제(司祭)의 예법(禮法)에] 벗어나다, 어긋나다 be beyond the priestly manual, deviate from the priestly rules ⇦ 타메 (טמא) (ṭāmē') (qal) (사 30.22) '은도금 조각은 사제의 예법에 벗어나는 것으로 간주하여야 한다' (וטמאתם את־צפוי פסילי כספך)

봐주다, 그냥 놔두다 spare (NJPS) ⇦ *하난 (*חנן) (*ḥānan) (hof.) (사 26.9) '악인을 봐주시면 사람들이 정의를 배우지 않습니다' (בל־למד צדק יחן רשע)

부끄러움당하다, 수치를 당하다, 쓰러지다 be shamed, be ruined, be humiliated ⇦ 보쉬 (*בוש) (bôš) (: : נכלם) (qal) (사 45.16–17) '쓰러지리라 또한 고꾸라지리라 모두 다!' (בושו וגם־נכלם כלם) (사 45.16)

부르다 (이름을) invoke (of name), call by name ⇦ 히즈키르 (הזכיר) (hizkîr) (hif. זכר) (Cf. 아카드어 zakāru/zaqāru G)(AHw 1503) (사 48.1) '그들은 이스라엘의 하느님을 부른다' (ובאלהי ישראל יזכירו)

불쌍히 여기다 have pity on ⇦ 후스 (*חוס) (ḥûs) (qal) (: : *רחם) (사 13.18) '아이들을 불쌍히 여기지 않는다' (על־בנים לא־תחוס עינם)

빚다, 짓다, 만들다, 창조(創造)하다 fashion, make, create ⇦ 야차르 (יצר) (yāṣar) (qal) (사 45.7, 45.9, 45.11) '빛을 지은 이 어둠을 창조한 이' (יוצר אור ובורא חשך) (사 45.7), '그를 빚으신 이와 논쟁하는 자는 화가 있다' (הוי רב את־יצרו) (사 45.9)

사라지다(1) be vanished (NJPS) ⇦ 로 하야 (לא היה) (lo' hāyāh) (qal) (사 15.6) '푸성귀가 사라졌다' (ירק לא היה)

사라지다(2) vanish (NJPS), disappear ⇦ 에인 (אין) ('ēyn) (Cf. 페쉬타 역 [Codex Ambrosianus] ܘܠܐ ܢܫܬܟܚ) (사 19.7) '나일 강가에 심은 모든 것이 말라버릴 것이다 바람에 날릴 것이다 사라질 것이다' (נדף ואיננו וכל מזרע יאור ייבש)

산고(産苦)를 겪다, (아기를 낳느라) 배가 아프다 be in labor, writhe in travail, travail ⇦ *힐 (*חיל) (*ḥîl) (qal) (사 13.8, 23.4, 26.17–18, 45.10, 54.1, 66.7) '누구 때문에 배가 아픈 거죠?' (מה תחילין) (사 45.10)

생각하다 think, guess, imagine ⇦ 아마르 (אמר) ('āmar) (사 38.10, 38.11) '정말 나는 생각했다 아직도 살아갈 날이 많은데 (한창 때에, 내 날의

중간에) 떠난다고—' (אני אמרתי בדמי ימי אלכה) (사 38.10), '나는 생각했다 야(훼)님을 야(훼)님을 살아 있는 자들의 땅에서 보지 못한다고—' (אמרתי לא־אראה יה יה בארץ החיים) (사 38.11)

선언(宣言)하다, 선포(宣布)하다, 분명(分明)히 말하다 declare (NJPS) ⇦ 히즈키르 (הזכיר) (hizkîr) (hi. זכר) (참조—아카드어, 우가릿 아카드어 zakāru '부르다, 공표하다, 말하다 nennen, aussprechen', sagen)(AHw 1503–4) (사 12.5) '그분의 이름을 드높이라고 선포하라' (הזכירו כי נשגב שמו)

성공(成功)하다 succeed (NJPS), 이루어지다 happen, 성사(成事)되다 come to pass ⇦ 쿰 (קום) (qûm) (qal) (: : *היה) (사 7.7, 8.10) '성공하지 못한다 일이 벌어지지 않는다' (לא תקום לא תהיה) (사 7.7), '모의하고 모의해보라 성공하지 못한다' (דברו דבר ולא יקום) (사 8.10)

속셈을 갖다 have intention to, 계획하다 plan (NJPS), 섭리하다 providence ⇦ 야아츠 (יעץ) (yā'aṣ) (qal) (사 19.12) '만군을 거느리신 야훼님이 이집트에 대해 무슨 속셈을 갖고 계실까?' (יהוה צבאות על־מצרים מה־יעץ)

숨다, 몸을 숨기다 hide oneself ⇦ 이카네프 (*יכנף) (yikānēf) (ni. yiqtol כנף) (⇦ כנף '날개 wing') (사 30.20 +) '네 인도자가 다시는 숨지 않을 것이다' (ולא־יכנף עוד מוריך). Cf. 페쉬타 역 (Codex Ambrosianus) '그분이 너희를 현혹하는 자들을 또 쫓아내지 않을 것이다' ([illegible]).

슬퍼하다, 애도(哀悼)하다 moan (NJPS) ⇦ 하가 (הגה) (hāgāh) (qal) (사 16.7) '키르-하레셋 사람 [건포도 케이크 NJPS] 생각하고 비통하게 슬퍼하라' (לאשישי קיר־חרשת תהגו אך־נכאים)

쓰러지다(1), 무너지다 collapse, fall down, be knocked down ⇦ *야베쉬 (*יבש [yābēš] 또는 *בוש [bôš]) (qal) (⇦ 부끄럽다, 부끄러워하다 be ashamed) (Cf. 우가릿어 𐎁𐎆𐎘 [bwṯ] '갈기갈기 찢다, 파괴하다',

KTU 1.2 iv 28–30)(트롬퍼 62)(이환진 2005: 89 주 66) (사 30.3) '이집트의 쉼터는 무너지리라' (והיה לכם מצות פרעה לבשת)

쓰러지다(2) fall ⇦ *야라드 (*ירד) (*yārad) (사 34.7) '들소가 그들과 함께 쓰러진다' (וירדו ראמים עמם) Wild oxen shall also fall with them (NJPS, CEB), Wild oxen shall also fall with them (NASV), 野兕牛犢, 俱必喪亡 (대표본)

어여삐 여기다, 애지중지(愛之重之)하다, 가엾게 여기다, 불쌍히 여기다 have pity on ⇦ *리함 (*רחם) (*riḥam) (pi.) (: : *חוס) (아카드어 rêmu '모성애를 갖다, 다정하게 대하다' [Ee i 120 V, BWL 46, 113])(AHw 970–971) (우가릿어 𐎗𐎈𐎎 [rḥm G] '너그럽다, 다정다감하다, 자애롭다, 자비롭다' [KTU 1.16 i 33])(트롬퍼 145, DULAT 737) (아람어 רחם D [아히카르 11, 51])(DNWSI 1068–69)(이환진 2012:169) (시리아어 ܪܚܡ Pa. '자비를 베풀다, 자애롭다' [페쉬타 역 Codex Ambrosianus 창 43.29]) (Payne Smith 537, Sokoloff 1455–56) (사 9.16, 13.18, 14.1, 27.11, 30.18) '홀몸이 된 여인들을 그는 불쌍히 여기지 않았다' (לא ירחם ואת־אלמנתיו) (사 9.16), '그들은 갓난아기들을 가엾게 여기지 않았다' (ופרי־בטן לא ירחמו) (사 13.18), '아, 야훼께서 야곱을 애지중지하신다' (כי ירחם יהוה את־יעקב) (사 14.1)

억압(抑壓)하다, 애먹이다 harass (NJPS), press hard (HALOT 1014) ⇦ 헤치카 (הציקה) (hēṣîqāh) (hi.) (⇦ ציק) (사 29.2, 29.7) (신 28.53, 28.55, 28.57, 렘 19.9 +). Cf. 메치크 (מציק pt.) '억압자 oppressor, tormentor' (사 51.13, 집 4.9 [게니자 A]). 무차크 (מוצק hof. pt.) '억압받는 사람들, 피억압민 an oppressed people (NRSV)' (사 8.23, 집 4.9 [게니자 A]) '피억압민을 억압자에게서 구하라' (הושע מוצק ממציקיו) (집 4.9 [게니자 A])

없다, 부족(不足)하다, 빠져 있다 be absent (NJPS), be missing (HALOT 793)

⇦ 네다르 (נעדר) (neʻĕdār) (ni. עדר) (사 34.16, 40.26, 59.15)(습 3.5, 집 42.20 +) '그들 가운데 없는 것이 없다' (אחת מהנה לא נעדרה) (사 34.16), '그분의 엄청난 능력과 놀라운 힘 덕분에 아무도 부족한 것 없다' (מרב אונים ואמיץ כח איש לא נעדר) (사 40.26), '진실이 없다' (ותהי האמת נעדרת) (사 59.15), '지식이 그에게 부족하지 않다' (שכל לא נעדר ממנו) (집 42.20, 마사다 집회서 두루마리, 게니자 A[9]). Cf. 피엘 (왕상 5.7) '생략하다' יעדרו (yĕʻadĕrû) '어떤 것도 생략하지 않았다' (לא יעדרו דבר)

열다, 터뜨리다 open ⇦ 파타흐 (*פתח) (pātaḥ) (qal) (사 41.18) '나는 산꼭대기마다 강을 내리라' (אפתח על־שפיים נהרות)

울부짖다, 악쓰며 울부짖다 howl (NJPS), lament (HALOT) ⇦ 얄랄 (ילל) (yālal) (hi.) (사 14.31, 16.7, 23.1 [MT הילילו, 1QIs[a] איליל], 52.5 [MT יהילילו, 1QIs[a] והוללו], 65.14) '울부짖으라 성문아! 도성아! 울부짖으라' (הילילי שער זעקי־עיר) (: : זעק) (사 14.31), '그리하여 모압에게 울부짖으라 하라 모두 모압을 위해 울부짖으라 하라' (למואב כלה ייליל לכן ייליל מואב) (사 16.7)

위로(慰勞)하다 comfort ⇦ 니함 (*נחם) (*niḥam) (pi.) (사 40.1) '위로하라 위로하라 내 백성을—' (נחמו נחמו עמי) (사 40.1)

응시(凝視)하다, 바라보다 gaze, look at (HALOT 1610) ⇦ 샤아 (שעה) (šāʻāh) (qal) (아카드어 šaʼjum 'look for, search', Gelb 256; šeʻû 'suchen', AHw 1222–24) (사 17.7, 17.8, 22.4)(사 41.10, 41.23 '둘러보다' [hitp.]) '그날이 되면 사람들이 지으신 분을 바라볼 것이다' (ביום ההוא ישעה האדם על־עשהו) (사 17.7), '제 손으로 만든 제단을 바라보지 않을 것이다' (ולא ישעה אל־המזבחות מעשה ידיו) (사 17.8), '나를 그냥 놔

9) 게니자 A에는 단지 '지식'(שכל)이라는 말 앞에 '콜'(כל)이 빠져 있다.

두라 통곡하고 싶다' (שְׁעוּ מִנִּי אֲמָרֵר בַּבֶּכִי) (사 22.4)

(일을) 이루다 fullfil (NJPS) ⇦ 헤비 (*הֵבִיא) (hēbî') (hi. בוא) (사 37.26) '이제 야 내가 그것을 이루었다' (עַתָּה הֲבֵאתִיהָ)

이름을 부르다, 명예(名譽)로운 이름을 부여(賦與)하다 call someone by name, give someone a name of honor (HALOT 483) ⇦ *키나 (*כנה) (kināh) (pi.) (사 44.5, 45.4) "사람들이 너를 '이스라엘!'이라 부른다" (וּבְשֵׁם יִשְׂרָאֵל יְכַנֶּה) (사 44.5), '내가 네게 명예로운 이름을 부여한다. 네가 나를 모른다 해도—' I hail someone by title (NJPS), I have given you a title of honor (NASV), I gave you an honored title (CEB) (אֲכַנְּךָ וְלֹא יְדַעְתָּנִי) (사 45.4)

잘라내다, 자르다 cut down ⇦ 카라트 (כרת) (qal) (사 44.14) '자기가 쓸 백향목을 잘라낸다' (לִכְרָת־לוֹ אֲרָזִים)

지글지글 끓다 dazzling (NASV), scorching (NJPS) ⇦ 착흐 (צח)[10)] (시리아어 ܨܚܝܚܐ 'clear, bright, powerful (of light), hot, shining, calidus') (Brockelmann 625, Payne Smith 477, Sokoloff 1283) (사 18.4) '태양 때문에 지글지글 끓는 더위처럼' (כְּחֹם צַח עֲלֵי־אוֹר). ܢܘܗܪܐ ܐܝܟ·ܫܡܫܐ·ܨܚܝܚܐ·ܕܥܠ· (페쉬타 역 [Codex Ambrosianus]), 似雨後之明熱 (모리슨 역), 若日之炎熇 (대표본), 如日光炎熇 (시주교역)

찬찬히 바라보다 look to, **확신에 차다** be confident (NJPS) ⇦ 나바트 (*נבט) (*nābaṭ) (hi.) (사 18.4) '나는 평온하다 찬찬히 바라본다 내가 사는 곳에서—' (אֶשְׁקֳטָה וְאַבִּיטָה בִמְכוֹנִי). I rest calm and confident in My

---

10) 기원전 7-6세기 히브리어 『아라드 새김글』(the Arad inscription 20:2)에도 같은 말이 '지글지글 끓는 달'(ירח צח)이라는 표현 속에 등장한다. 그런데 이 용어(צח)를 고유명사로 읽어 '착흐 달'(the month of Ṣaḥ)을 뜻할 수도 있다.(Aharoni 1981: 40, DNWSI 470)

habitation (NJPS),[11] I will look from My dwelling quietly (NASV), I will quietly watch from my own place (CEB), I am not going to say anything, but simply look on from where I live (Message), 我要靜坐, 及顧定居之室 (모리슨 역), 安座在上, 鑒觀於下 (대표본), 我在我之居所, 安座靜觀 (시주교역)

책임(責任)을 맡다 be in charge of ⇦ 알 (עַל־) ('al) (사 22.15) '왕실 책임을 맡고 있는 세브나' (שבנא אשר על־הבית)

치다(1), 공격(攻擊)하다 beat down, attack ⇦ 베이트 (בְּ־) (b) (사 7.6) '올라가 유다를 치자' (נעלה ביהודה)

치다(2), 공격(攻擊)하다 beat down, attack ⇦ 알레이 (עֲלֵי־) ('ăley) (사 8.7) '주님께서 올라오게 하신다 그들을 치라고—' (הנה אדני מעלה עליהם)

치다(3), 공격(攻擊)하다 beat down, attack ⇦ 엘 (אֶל־) ('el) (사 36.10) '올라가라 치라 이 땅을—쓰러뜨리라' (עלה אל־הארץ הזאת והשחיתה)

(열매를) 털다 beat (NJPS) ⇦ 나카프 (נקף) (nāqaf) (qal) (사 17.7) '올리브 나무를 털 때처럼' (כנקף זית)

품다, 품고 다니다 carry ⇦ 나싸 (נשא) (nāśā') (qal) (사 46.3) '아기집을 떠날 때부터 품고 다닌 자들아!' (הנשאים מני־רחם)

행차(行次)하다, 거둥하다 advance, proceed (NJPS) ⇦ 보 (בוא) (bô') (qal) (사 10.28) '그분이 행차하신다 아얏을 향해—' (בא על־עית)

회복(回復)하다 recover (from illness) (HALOT 303, NJPS) ⇦ 하자크 (חזק) (ḥāzaq) (qal) (사 38.1) '그(히스기야)가 아팠다가 회복되었다는 소식을 그(므로닥-발라단)가 들었다' (וישמע כי חלה ויחזק). Cf. 1QIs^{a}—'그가 아팠다가 살아났다는 소식을 들었다'(וישמע כי חלה ויחיה)

---

11) Cf. NJPS Is 18.4 footnote e–히비트 (הביט) '의지하다, 기대다.'(욥 6.19) 마바트 (מבּיט) '희망 hope.'(사 20.5, 20.6)

2. 일반 명사(1)

가르침, 토라 instruction, teaching, Torah ⇦ 토라 (תורה) (tôrāh) (사 51.4, 51.7) '토라가 내게서 나온다' (כי תורה מאתי תצא) (사 51.7)

공포(恐怖), 전율(戰慄), 경악(驚愕) trembling, terror (HALOT), sheer horror (NJPS), agitatio, divexatio, terror (Mandelkern) ⇦ 즈바아 (זועה) (zĕvāʻāh) (사 28.19)(렘 15.4, 24.9, 29.18, 34.17, 대하 29.8 +) '오직 공포뿐－소문을 알아들으라' (והיה רק־זועה הבין שמועה) (사 28.19)

계획(計劃) plan (NJPS) ⇦ 에차 (עצה) (ʻēṣāh) (사 19.3) '그의 계획을 내가 무산시킬 것이다' (ועצתו אבלע)

글 writing ⇦ 쎄페르 (ספר) (sēfer) (사 29.12) '글 모르는 사람에게 글을 넘겨준다. 그리고 말한다. 외치라! 그가 말한다. 나는 글을 읽을 줄 모른다!' (ונתן הספר על אשר לא־ידע ספר לאמר קרא נא־זה ואמר לא ידעתי ספר) Cf. '나는 읽을 줄 모른다'(ܠܐ ܡܨܐ ܐܢܐ ܐܩܪܐ) (Syro－Hexapla Isaiah [Jerusalem MS])

기적(奇蹟), 이적(異蹟), 놀라운 일 miracle, something unusual ⇦ 펠레 (פלא) (pele') (사 29.14) '그리하여, 아, 나는 이 겨레에게 생각지도 못한 일(또는 놀라운 일)을 계속할 것이다. 기적을－' (לכן הנני יוסף להפליא את־העם־הזה הפלא ופלא) to deal amazingly (wonderfully) with someone (HALOT 928), Truely, I shall further baffle that people with bafflement upon bafflement (NJPS), 故我必行異蹟於民間, 神妙莫測, (智者窒其智 明者塞其聰) (대표본), 故我必待斯民以奇績, 奇蹟又奇蹟 (使其智慧者喪智慧, 明哲者失明哲) (시주교역)

끝장(남), 파국(破局) determined end (HALOT 156), destruction (NJPS) ⇦ 네헤라차 (נחרצה) (neḥĕrāṣāh) (ni. pt. חרץ '자르다, 잘라내다, 결정하다, 고정하다') (사 10.23, 28.22)(단 9.27 +) '나는 들었다 끝장났다고 파국

이라고' (כי־כלה ונרחצה שמעתי) (사 28.22)

눈물 tears ⇦ 아다마 (אדמה) ('ădāmāh) (사 15.9) '눈물로 남은 자 위해' (ולשארית אדמה). Cf. 에블라어 'id(i)ma'ātum [i-ti-ma-a-tum] '눈물' (Vocabulary of Ebla 716, DULAT 273)

덧씌움, 도금(鍍金), covering, 상감(象嵌) overlay (HALOT 77) ⇦ *아푸다 (*אפדה) ('ăfudāh) (구문형 אפדת ['ăfudat]) (: : צפוי) (사 30.22) '너의 금도금 신상' (אפדת מסכת זהבך)

도금(鍍金) plating ⇦ 치푸이 (צפוי) (ṣipûy) (: : *אפדה) (사 30.22) '너의 금도금 조각' (צפוי פסילי כספך)

뜻, 생각 will (NJPS) ⇦ 루악흐 (רוח) (rûaḥ) (사 30.1) '내 뜻하고는 상관없이 언약을 마무리짓고' (ולנסך המסכה ולא רוחי)

먼지 dust ⇦ 아바크 (אבק) ('ābāq) (시리아어 ܐܒܩܐ '가루, 고운 먼지, 모래 pulvis, powder, fine dust, sand') (Brockelmann 3, Sokoloff 5, Payne Smith 2) (사 5.24, 29.5)(신 28.24, 겔 26.10, 나 1.3 +)(출 9.9) '그 봉오리는 먼지처럼 날릴 것이다' (ופרחם כאבק יעלה) (사 5.24), '너희 이방인 무리는 가는 먼지 같을 것이다' (והיה כאבק דק המון זריך) (사 29.5)

묵시(默示) revelation (HALOT 302), 예언 (預言, 豫言) prophecy (NJPS) ⇦ 하주트 (חזות) (ḥāzût) (사 21.2, 28.18, 29.11)(단 8.5 +) '무서운 예언이 내게 들렸다' (חזות קשה הגד לי) (사 21.2), '모든 예언이 일어나게 하라 봉인 문서의 글처럼–' (ותהי לכם חזות הכל כדברי־הספר החתום) (사 29.11). Cf. '언약'(言約)(pact)(NJPS)–'죽음과 맺은 너의 계약은 폐기되었다. 스올과 함께 한 묵시(예언)는 서지 못하리라' (וכפר בריתכם את־מות וחזותכם את־שאול לא תקום) (사 28.18)

바름, 바른 것 what is right, righteousness ⇦ 체다카 (צדקה) (ṣĕdāqāh) (사 45.8) '바른 것 다 함께 움트게 하라' (וצדקה תצמיח יחד)

반(半), 절반(折半) half (HALOT 226), middle (NJPS) ⇦ 드미 (d^emî) (דמי) (사 38.10) '내 인생의 한창 때(내 날의 절반) 나는 떠난다' (בדמי ימי אלכה). in dimidio dierum meorum vadam (불가타 역).[12] ܒܦܠܓܘܬ ܝܘܡܝ ܐܙܠ (페쉬타 역)(Codex Ambrosianus).[13] ܒܪܘܡܐ ܕܝܘܡܬܐ ܕܝܠܝ ܐܙܠ (Syro-Hexapla Isaiah Jerusalem MS).[14] בדוון יומי אהך (타르굼 역)[15]

복(福), 행복(幸福), 번영(繁榮), 화합(和合) weal (NJPS), prosperity (CEB), well-being (NASV), harmonies (Peterson) ⇦ 샬롬 (שלום) (šālôm) '행복을 만드는 이 불행을 창조한 이' (עשה שלום ובורא רע) (사 45.7)

선물(膳物), 예물(禮物) gift, present (HALOT 1476), tribute (NJPS) ⇦ 샤이 (שי) (šay) (우가릿어 ṯ' '예물 offering' KTU 1.40:23)(DULAT 892) (사 18.7) (시 68.30, 76.12 +) '그때 만군을 거느리신 야훼께 선물을 바친다' (בעת ההוא יובל־שי ליהוה צבאות) (사 18.7)

(야훼의) 선언(宣言) proclamation ⇦ 네움 (נאם) (n^e'um) (사 3.15, 19.4) '만군을 거느리신 주님 야훼님의 선언이다' (נאם־אדוני יהוה צבאות) (사 3.15), '만군을 거느리신 주 야훼님의 선언이다' (נאמ־האדון יהוה צבאות) (사 19.4)

승리(勝利), 이김 triumph ⇦ 예샤 (ישע) (yeša') (사 45.8) '땅아, 문을 열라! 승리를 열매 맺으라' (תפתח־ארץ ויפרו־ישע)

아기집 입구(入口) cervical opening (HALOT 642), birthstool (NJPS) ⇦ 마쉬베르 (משבר) (mašbēr) (사 37.3 [=왕하 19.3])(호 13.13 +) '아기들이 아기집 입구까지 다다랐다. 그러나 낳을 힘이 없다' (באו בנים עד־משבר וכח אין ללדת) (사 37.3). Cf. quia venerunt filii usque ad partum et

---

12) "내 날의 절반에 나는 내 길을 떠난다"
13) "내 날의 절반에 나는 떠난다"
14) "내 날의 한창 때 나는 떠난다"
15) "내 날의 슬픔(넌더리남) 속에서 나는 떠난다"

virtus non est parienti (불가타 역). ܘܚܝܠܐ ܕܢܝܐ ܘܠܝܬ ܚܝܠܐ ܒܝܠܕܬܐ ܡܛܠ ܕܡ (페쉬타 역 [Codex Ambrosianus]). ܘܚܝܠܐ ܕܝ ܠ ܠܝܬ ܠܗ ܠܡܐܠܕ ܡܛܠ ܕܐܬܝ ܚܒܠܐ ܠܗ ܕܝܕܥܐ (Syro–Hexapla Isaiah [Jerusalem MS]). It's as if children are ready to be born, but there's no strength to see it through (CEB), for children have come to birth, and there is no strength to deliever (NASV), We're like pregnant woman without even the strength to have a baby! (Message)

앞 일, 미래(未來), 장래(將來), 다가올 일, 닥칠 일 destiny (NJPS), future things (CEB footnote), things to come (NASV) ⇦ 오티요트 (**אֹתִיּוֹת**) (**אתה** '오다'의 분사 복수) (cf. **אותות** 1QIs[a]) (사 45.11) '너희가 내게 내 아이들의 장래에 대해 묻는 것이냐?' (**הָאֹתִיּוֹת שְׁאָלוּנִי עַל־בָּנַי**)

언약(言約), 협약(協約), 조약(條約), 맹약(盟約) pact (NJPS), agreement (HALOT 301) ⇦ 호제 (**חֹזֶה**) (ḥozeh) (:: **בְּרִית**) (사 28.15 +) '우리는 스올(저세상)과 언약을 맺었다' (**וְעִם־שְׁאוֹל עָשִׂינוּ חֹזֶה**). dixistis enim percussimus foedus cum morte et cum inferno foecimus pactum (불가타 역), '파멸과 평화를 이루다' (**ועם מחבלא עבדנא שלמא**) (타르굼), '너희가 이렇게 말하기 때문이다 우리는 스올과 언약을 맺었다 죽음과 맹약을—' (ܡܛܠ ܕܐܡܪܬܘܢ ܥܒܕܢ ܩܝܡܐ ܥܡ ܫܝܘܠ ܘܥܡ ܡܘܬܐ ܫܘܝܢ ܩܝܡܐ)(Syro–Hexapla Isaiah [Jerusalem MS]), (爾曹自謂與死亡結約,) 與陰府訂盟 (대표본), (我儕與死亡立約,) 與示阿勒結盟 (시주교역)[16] Cf. 하주트 (**חָזוּת**) (ḥāzût) '언약' (:: **בְּרִית**)—'스올과 맺은 너희의 언약은 서지 못

---

16) 쉐레쉐브스키 주교(Bishop Schereschewsky)는 시주교역(1902)의 이사야 28.15에서 이 용어를 '시아륵'(示阿勒)으로 번역하면서 창세기 37.35를 보라고 말한다. 창세기 37.35의 할주(割註)에는 이 용어를 '황천(黃泉), 음부(陰府), 유명(幽冥), 분묘(墳墓)'라고 번역할 수 있다고[示阿勒有譯黃泉有譯陰府有譯幽冥有譯墳墓下同] 설명한다.

한다’ (וחזותכם את־שאול לא תקום) (사 28.18). (et delebitur foedus vestrum cum morte et) pactum vestrum cum inferno non stabit (불가타 역), ‘파멸과 너희가 이룬 평화가 서지 못한다’ (מחבלא לא יתקיים ושלמכן דעם) (타르굼), ‘아, 죽음과 맺은 너희 언약이 서지 못한다 스올을 향한 너희 희망이 기다리지 않는다’ (ܕܝܠܟܘܢ ܗܘ ܕܠܘܬ ܫܝܘܠ ܠܐ ܢܟܬܪ ܐܠܐ ܐܢ ܐܦ ܬܪܝܡ ܠܕܝܬܩܐ ܕܝܠܟܘܢ ܕܡܘܬܐ ܘܣܒܪܐ), (Syro−Hexapla Isaiah [Jerusalem MS]), (則爾與死亡所結之約不固), 陰府所訂之盟弗堅 (대표본)

영양(羚羊) gazelle ⇦ 츠비 (צבי) (ṣᵉbî) (사 13.14, 23.9) ‘쫓기는 영양처럼, 불러들이는 사람 없는 양처럼 각자 자기 겨레에게로 돌아간다’ (והיה כצבי מדח וכצאן ואין מקבץ איש אל־עמו יפנו) (사 13.14), 人们将如被追逐的羚羊, 又如无人率领的羊群, 各自转向自己的民族 (사고성경), 人必像被追猎的羚羊, 又像无人招聚的羊群, 各自归向本族 (신역본)

요구르트 yogurt (CEV) ⇦ 헴아 (חמאה) (ḥem'āh) (사 7.15, 7.22) ‘그 아이는 요구르트와 꿀을 먹을 것이다’ (חמאה ודבש יאכל) (사 7.15) (『성서 속의 물건들』 421)

이혼증서(離婚證書) the bill of divorce (NJPS), divorce papers (Message), the certificate of divorce (NASV), divorce decree (CEB) ⇦ 쎄페르 크리투트 (ספר כריתות) (sēfer kĕrîtût) (사 50.1)(신 24.1, 24.3, 렘 3.8 +) ‘네 어미의 이혼증서’(ספר כריתות אמכם) (사 50.1)

전염병(傳染病) pestilence (NJPS), 재난(災難) disaster, epidemic (HALOT 1092) ⇦ 케테브 (קטב) (qeṭeb) (사 28.2, 신 32.24, 호 13.14 +) ‘전염병 같은 폭풍 (재난 같은 폭풍)’ (שער קטב). Cf. 악마의 이름 (HALOT 1091−92)

정의(正義) righteousness ⇦ 체데크 (צדק) (ṣedeq) (사 45.8, 51.7) ‘하늘아, 정의를 쏟아부으라’ (ושחקים יזלו־צדק) (사 45.8)

징조(徵兆), 징표(徵標), 점(占), 예언(預言) sign(s), omen(s) ⇦ 오트 (**אות**) ('ôt) (복수 **אתות** ['ôtôt]) (사 20.3, 37.30, 38.7, 38.22, 66.19 [단수], 사 8.18, 44.25 [복수]) '점쟁이의 점(징조)을 무효화시키는 이' (**מפר אתות בדים**) (사 44.25), '내가 그들 가운데 징조를 두리라' (**ושמתי בהם אות**) (사 66.19)

편지 letters ⇦ 쓰파림 (s^efārîm) (**ספרים**) (**ספר**[sēfer]의 복수) (사 38.1) '발라단의 아들 바빌론 왕 므로닥-발라단이 (사람을 통하여) 히스기야에게 편지와 선물을 보냈다' (**שלח מרדך בלאדן בן־בלאדן מלך־בבל ספרים ומנחה אל־חזקיה**)

폭우(暴雨) heavy rain (accompanied with thunder) (HALOT 281–282), 폭풍 storm (NJPS) ⇦ 제렘 (**זרם**) (zerem) (사 4.6, 25.4, 28.2, 30.30, 32.2, 욥 24.8 +) '우박 폭풍처럼–전염병 소나기, 도랑같이 밀려오는 폭풍처럼' (**כזרם ברד שער קטב כזרם מים כבירים שפטים**) (사 28.2)

폭풍(暴風) heavy gale (HALOT 762) ⇦ 싸아르 (**שער**) (śa'ar) (Cf. 아카드어 šāru[m] 'Wind, Atem, Hauch')(AHw 1192–93) (사 28.2) '재난 같은 폭풍' (**שער קטב**)

화(禍), 재앙(災殃), 불행(不幸) woe, doom, calamity ⇦ 라 (**רע**) (rā') (사 45.7) '복을 내리는 이 재앙을 내리는 이' (**עשה שלום ובורה רע**). (이 경우 반대말 '복'은 샬롬[**שלום**]을 가리킴)

3. 일반 명사(2) – 식물

(나무) 가지 branch ⇦ 아미르 (**אמיר**) ('āmîr) (사 17.6) '가지 끝에 달려 있는 베리 두세 개' (**שנים שלשה גרגרים בראש אמיר**)

갈대(1), 부들 reed–mace, rush (NJPS) ⇦ 쑤프 (**סוף**) (sûf) (사 19.6) '갈대와

부들이 썩을 것이다' (קנה וסוף קמלו). Cf. '갈대 바다' (ים סוף, 출 15.4), '해초' (סוף, 욘 2.5) (『성서 속의 식물들』 167–169)

갈대(2) reed (HALOT 882), the Nile papyrus (NJPS) ⇦ 아로트 (ערות) ('ārôt) (단수 ערה ['ārāh]) (사 19.7) '나일 강가의 갈대 (?)' (על־פי־יאור ערות על יאור)

갈대(3), 향긋한 갈대, 창포, 향긋한 창포 fragrant reed (NJPS), sweet cane (NASV), spices (CEB), calamus ⇦ 카네 (קנה) (qāneh) (사 19.6, 43.24) '갈대와 부들이 썩을 것이다' (קנה וסוף קמלו) (사 19.6), '너는 향긋한 갈대를 돈 주고 사지 않았다' (לא־קנית לי בכסף קנה) (사 43.24) (『성서 속의 식물들』 142–143)

곡식(穀食) grains, **소산물(所産物)** product (NJPS) ⇦ 벤- (בן־) (ben) (사 21.10) '내 타작마당의 곡식'(ובן־גרני)

골풀 rush, **갈대** reed (NJPS) ⇦ 아그몬 (אגמון) ('agmôn) (사 9.13, 19.15) '대추야자 잎도 골풀도' (כפה ואגמון)[17] (『성서 속의 식물들』 179–220 참조)

굵어지는 낱알(곡식[穀食]) standing grain, 줄기에 달려 있는 낱알 (곡식) grain still on the stock (HALOT 1107) ⇦ 카마 (קמה) (qāmāh) (사 17.5, 37.27 [= 왕하 19.26]) '추수꾼이 거두고 난 뒤 굵어지는 낱알처럼 되리라' (והיה כאסף קציר קמה) (사 17.5), '지붕 위의 풀, 굵어지는 낱알 앞의 들판(?)' [1QIs^{a} 동풍에 휘날리는 지붕 위의 풀(?)] ([1QIs^{a} קדים] קמה חציר גגות ושדמה לפני) (사 37.27)

근채(根菜), 쿠민 cumin (NJPS) ⇦ 카몬 (כמן) (kamon) (사 28.27) '근채를 타작 썰매 바퀴로 뭉개지 않았다' (ואופן עגלה על־כמן יוסב) (『성서 속의

17) '높은 자도, 낮은 자도'(a person of either high or low station)로 옮길 수도 있다. (NJPS Is 19.15 footnote e 참조)

식물들』 124–125 참조)

기름 나무, 알레포 소나무, 들 올리브 나무, 들감람(橄欖)나무 oil tree, Aleppo pine ⇦ 에츠 쉐멘 (עץ שמן) (‘ēṣ šemen) (사 41.19)(왕상 6.23, 6.31–33, 느 8.15 +) (『성서 속의 식물들』 40–42)

낟알, (곡식[穀食]) 이삭 ears ⇦ 쉬볼림 (שבלים) (šibŏlîm) (단수 שבלת [šibo-let]) (사 17.5) ‘이삭을 한 아름 거둔다’ (וזרעו שבלים יקצור)

대추야자 잎 palm leaf (HALOT 492), 대추야자 가지 palm branch (NJPS) ⇦ 키파 (כפה) (kipāh) (사 9.13, 19.15) ‘대추야자 잎도 골풀도’ (ואגמון כפה)[18]

돌무화과(無花果)나무 sycamore, sycamore-fig tree (HALOT 1644) ⇦ 쉬크밈 (שקמים) (šiqmîm) (단수 שקמה [šiqmāh]) (사 9.9) ‘돌무화과나무를 베어 넘어뜨린다’ (שקמים גדעו) (『성서 속의 식물들』 84–86 참조)

들포도(葡萄) wild grapes (NJPS), sour, unriped berries (HALOT 107) ⇦ 베우쉼 (באשים) (b^e’ušîm) (사 5.2) ‘포도가 맺기를 바랐으나 들포도(덜 익어 신 베리)를 맺었다’ (ויקו לעשות ענבים ויעש באשים)

백향목(柏香木), 레바논 개잎갈나무 cedar ⇦ 에레즈 (ארז) (’erez) (사 41.19) (『성서 속의 식물들』 16–19)

아카시아 acasia ⇦ 쉬타 (שטה) (šiṭāh) (사 41.19) ‘나는 백향목을 심는다 광야에 아카시아 은매화 야생 올리브 나무도–’ (ארז שטה והדס ועץ שמן אתן במדבר)

오크 나무 oak ⇦ 알론 (אלון) (’alôn) (사 44.14) ‘그는 평원 나무와 오크 나무를 택했다’ (ויקח תרזה ואלון)

올리브 나무, 감람(橄欖)나무 olive tree ⇦ 자이트 (זית) (zayit) (사 17.6, 23.13) ‘올리브 나무를 턴 뒤’ (כנקף זית)

---

18) 앞의 주 8을 보라.

월계수(月桂樹) laurel, bay tree ⇦ 오렌 (ארן)[19] ('oren) (사 44.14) (Cf. 아리츠 [ארץ] 시 37.35) (『성서 속의 식물들』 31–33)

은매화(銀梅花) myrtle ⇦ 하다쓰 (הדס) (hădaś) (사 41.19, 55.13)(Cf. 느 8.15, 슥 1.8, 1.10–11 +) (『성서 속의 식물들』 35–36). Cf. 에스더의 다른 이름 '하닷사' (הדסה) (hădāśśāh) (에 2.7)

익은 올리브 ripe olives (HALOT 201), berries (NJPS) ⇦ 가르게림 (גרגרים) (garg^e^rîm) (사 17.6)(집회서 50.10) '익은 올리브 두세 개' (שלשה גרגרים שנים), '익은 올리브가 가득한 푸르른 올리브 나무처럼' (רענן מלא גרגר כזית) (집회서 50.10 [게니자 B])

잔가지 twig ⇦ 싸이프 (*סעיף) (śā'îf) (복수 סעפים [śe'ipîm]) (사 17.6, 27.10 +) '그 잔가지에 달려 있는 열매 네댓 개' (חמשה בסעפיה פריה ארבעה) (Cf. 1QIs^a^는 '헤이'[ה]가 빠진 채 סעפי פריה라고 표기되어 있음)

잣나무, 노송(老松)나무, 이탈리아 편백(扁柏)나무 cypress ⇦ 브로쉬 (ברוש) (b^e^rôš) (사 37.24, 41.19, 55.13) '그의 최상품 잣나무들' (מבחר ברשיו) (사 37.24) (『성서 속의 식물들』 19–23)

주운 곡식(穀食), 낟알, 열매 gleanings (NJPS) ⇦ 올렐로트 (עוללת) ('ôlēlot) (사 17.6, 24.13) '오직 주운 곡식만 남으리라' (ונשאר־בו עוללת) (사 17.6), '올리브 나무 털 때 낟알처럼' (כנקף זית כעוללת) (사 24.13)

파피루스 papyrus ⇦ 고메 (גמא) (gome') (사 18.2) '파피루스 배를 타고 물 위로' (ובכלי־גמא על־פני־מים)

---

19) 마소라 본문에는 마지막 글자 '눈'이 작은 글자로 인쇄되어 있다. 하지만 쿰란 제1동굴에서 나온 『성(聖) 마가 수도원 이사야 두루마리』(1QIs^a^)에는 '오렌'(אורן)으로 분명하게 기록되어 있다.(Millar Burrows ed., *The Dead Sea Scrolls of St. Mark Monastery*. Vol. I.[New Haven: The American Schools of Oriental Resarch, 1951], Plate XXXVII)

포도(葡萄)(송이) grapes ⇦ 아나빔 (ענבים) (‘ănābîm) (사 5.2)

피네아 소나무, 디르사 나무 stone pine ⇦ 티르자 (תרזה) (tirzāh) (사 44.14 +) ‘그는 피네아 소나무와 오크 나무를 택했다’ (ויקח תרזה ואלון) (『성서 속의 식물들』 39–40)

회향(茴香), 검은 쿠민 black cumin (NJPS), black seed, 大茴香 (시주교역) ⇦ 케착흐 (קצח) (qeṣaḥ) (Cf. 우가릿어 𐎖𐎕𐎈 [qṣḥ] ‘회향류’ [KTU 4.751 8, RS 92.2016 5]) (트롭퍼 141, DULAT 716) (사 28.25, 28.27 [x 2]) ‘타작 널판으로 회향을 밀지 않았다’ (כי לא בחרוץ יודש קצח) (사 28.27) (『성서 속의 식물들』 133–134)

4. 일반 명사(3) – 사람, 호칭

겨레, 백성 people ⇦ 암 (עם) (‘am) (사 14.17, 22.4, 51.4 [: : לאום]) ‘내 말 들으라 내 겨레여’ (הקשיבו אלי עמי) (사 51.4), ‘딸 내 겨레’ (בת עמי) (사 14.17, 22.4)

군대(軍隊) forces (GNT), powerful army (CEV), Heeresmacht (DGN), multitude (NJPS), puissance (BFC), ܚܝܠܐ (페쉬타 역) ⇦ 카보드 (כבוד) (kābôd) (사 8.7) ‘아시리아 왕과 그 모든 군대’ (ואת־כל־כבודו את־מלך אשור)

궁전 관리(宮殿 官吏), 궁전 감독관(宮殿 監督官) overseer of a palace ⇦ 쏘켄…알 하-바이트 (סכן…על הבית) (śokēn…‘al ha-bayit) (사 22.15) Cf. 우가릿어 𐎒𐎋𐎐 𐎁𐎚 𐎎𐎍𐎋 (skn bt mlk) ‘궁전 관리, 궁전 감독관’ (KTU 2.21:8, 3.1:38, 4.36:3 등), 아카드어 sākinu ‘장관 Präfekt’ (AHw 1012). ‘가라 이 궁전 관리 세브나에게–’ (על־שבנא אשר על־הבית לך בוא אל־הסכן הזה)

귀인(貴人)(1), 귀족(貴族) nobles ⇦ 츠비 (צְבִי)[20] (ṣᵉbî) (사 23.9) '(야훼께서) 모든 귀인들의 거만을 끝내시려고, 땅의 모든 귀족들을 내치시려고' (ולחלל גאון כל־צבי להקל כל־נכבדי־ארץ). Cf. 우가릿어 𐎑𐎁𐎊 (ẓby) Gazelle, a term for 'nobles' and 'warriors' (KTU 1.15 iv 18) (DULAT 1007), 아카드어 ṣabītu(m) 'Gazelle' (AHw 1071), 시리아어 ܛܒܝܐ '영양 gazella dorcas' (신 12.15) (Brockelmann 266)

귀인(貴人)(2), 귀족(貴族) noble (NJPS) ⇦ 나디브 (נָדִיב) (nādîb) (사 32.5) '멍청이를 다시는 귀인이라 부르지 않을 것이다' (ולא יקרה עוד לנבל נדיב)

귀인(貴人)(3) noble, eminent (HALOT 1444) ⇦ 쇼아 (שׁוֹעַ) (šô'a) (:: נדיב) (우가릿어 ṯ' '귀족, 지배자, 주인, 임금, Hero, Noble' KTU 1.14 iv 37) (트롭퍼 144, DUALT 892–3) (아카드어 śuwā'u[m] [šu–u'–u/šu–u'–û = šar–ru] 'Herr, lord' BWL 80/6, 188) (AHw 1295, CAD š/3 417, Gelb 256) (사 32.5)(욥 34.19 +) '악당을 귀인이라고 말하지 않을 것이다' (ולכילי לא יאמר שוע)

금속 세공(金屬 細工), 금속 세공인(金屬 細工人) a goldsmith, a metal worker ⇦ 초레프 (צ[ו]רף) (ṣorēf) (사 40.19, 41.7, 46.6) (:: 므차레프 [מצרף] [mᵉṣārēf] 말 3.2) (Cf. 우가릿 아카드어 ṣāripūtu '금속(金屬) 담금질하는 사람, 금속 제련공(金屬 製鍊工) metal smelter' [Ugaritica 5:92, 5], 이집트 아람어 צרפ '금세공인 goldsmith')(DNWSI 976)(HALOT 1057) ⇦ 차라프 (צרף) (ṣāraf) '금속(金屬)을 녹이다, 녹여 깨끗하게 하다, 정

---

20) 우가릿 문학에서 이 용어(צבי)가 '귀인'이나 '전사'를 가리키는 것을 보면 히브리어 성서에서도 '지도자'나 '귀인'을 뜻할 수 있을 것이다.(*Dahood Biblica* 40 [1959]: 161f.) NEB가 바로 이런 뜻으로 이사야 23.9하반절을 'to prick the noble's pride' 라고 옮겼다.(HALOT 998) 곧 '들소'가 '지도자'를 뜻하는 것과 마찬가지의 경우이다. HALOT는 이 용어를 I과 II로 구분하지만 '영양'에서 그 뜻이 발전하여 인간의 종류를 가리키는 경우이므로 구분할 필요는 없을 듯하다.

련(精鍊)하다' 사 1.25, 40,19, 41.7, 48.10)(Cf. 아카드어 ṣarāpu '불어 달구다, 정련(精鍊)하다')(AHw 1083-84)(HALOT 1057) '그들은 세공에게 임금을 준다 (세공을 고용한다)' (ישכרו צורף) (사 46.6)

대변인(代辯人), 대변자(代辯者) spokesperson ⇦ 멜리츠 (מליץ) (mēlîṣ) (복수 מליצים [melîṣîm]) (사 43.27) '네 대변인들도 나를 거슬러 못된 짓 했다' (ומליציך פשעו בי)

독재자(獨裁者) tyrants ⇦ 아리침 (עריצים) ('ārîṣîm) (사 29.5) '독재자 무리(또는 독재자들의 재산)는 겨처럼 날릴 것이다 순식간에—' (וכמץ עבר המון עריצים והיה לפתע פתאם)

마전장이, 빨래 빠는 사람 fuller (NJPS) ⇦ 코베쓰 (כובס) (kôbēs) (사 7.3, 36.2) '빨래 빠는 사람 밭으로 가는 길로' (אל־מסלת שדה כובס) (사 7.3)

매매춘 여성(賣買春 女性) harlot (NJPS) ⇦ 조나 (זונה) (zônāh) (사 22.15) '매매춘 여성 노래처럼' (כשירת הזונה)

멍청이 villain (NJPS) ⇦ 나발 (נבל) (nābāl) (: : כילי) (사 32.5) '멍청이를 다시는 귀인이라 부르지 않을 것이다' (ולא־יקרא עוד לנבל נדיב)

몸 body (NJPS) ⇦ 네페쉬 (נפש) (nefeš) (사 15.4) '그의 몸은 움찔움찔한다' (נפשו ירעה לו)

무뢰한(無賴漢), 악한(惡漢), 악당(惡黨) knave (NJPS) ⇦ 킬라이 (כילי) (kîlay) (사 32.5) / 켈라이 (כלי) (kēlay) (כילי, 1QIs[a]) (사 32.7 +) '악당을 귀인이라고 말하지 않을 것이다' (ולכילי לא יאמר שוע) (사 32.5), '악당이 그의 도구가 악당짓이다' (וכלי כליו רעים) (사 32.7). Cf. 사 32.7a–As for the knave, his tools are knavish (NJPS), As for the villains, his villainies are evil (CEB)

무리 mass (NJPS) ⇦ 카보드 (כבוד) (kābôd) (사 17.3, 17.4) '아람의 남은 자는 이스라엘 무리처럼 되리라' (ושאר ארם ככבוד בני־ישראל יהיו) (사 17.3), '야곱 무리가 줄어들리라' (ידל כבוד יעקב) (사 17.4)

병력 military forces ⇦ 하일 (**חיל**) (ḥayil) (사 35.2) '아시리아 왕이 수많은 병력과 함께 장군 한 사람을 보냈다' (**וישלח מלך־אשור את־רב־שקה ... בחיל כבד**)

부하들 minions (NJPS), fellow, servant, attendant (HALOT 707) ⇦ *네아림 (nĕʻārîm) (***נערים**) (우가릿어 𐎐𐎓𐎗 [nʻr] '종, 머슴, 군인들 servants, servitors, soldiers' [KTU 1.14 ii 5, : : bnm])(트롭퍼 123, Fisher Parallel I 277–78, Gordon 445) (사 37.6) '아시리아 왕의 부하들' (**נערי מלך־אשור**) (구문형)

사관(史官), **역사기록 담당 관리**(歷史記錄擔當 官吏) commentarius (불가타 역), recorder (NJPS), 史官 (마쉬만-라싸르 역)[21] ⇦ 마즈키르 (**מזכיר**) (mazkîr) (사 36.3, 36.22 [= 왕하 18.18, 18.37])(삼하 8.16, 20.24, 왕상 4.3, 대상 18.15, 대하 34.8 +) '아삽의 아들 사관 요아' (**ויואח בן־אסף המזכיר**) (사 36.3)

사람 humans, men (HALOT 95) ⇦ *아쉬쉬 (***אשיש**) ('āšîš) (복수 **אשישים**) (사 16.7)(렘 48.31, 48.36) **אנש** (타르굼 역), ܐܣܝܬܐ '기둥' '(도성의) 망루'(Cf. 아카드어 asītu) (페쉬타 역). '키르-하레셋 사람 생각하고 비통하게 슬퍼하라' (**לאשישי קיר חרשת תהגו אך־נכאים**). Cf. 건포도 케이크 ⇦ 아쉬샤 (**אשישה**) (사 16.7) raisin-cakes (NJPS, CEB, NASV), the fine food (GNT), fine fruitcakes (Message)

서기관(書記官) scribe ⇦ 쏘페르 (**ספר**) (sofēr) (사 36.3) '서기관 세브나' (**ושבנה הספר**)

시체(屍體) carcass, 몸(뚱아리) body (NJPS) ⇦ 카보드 (**כבוד**) (kābôd) (사

---

21) 한문성경 가운데 대표본(1854), 브리지만-컬벗슨 역(1864), 시주교역(1902)이 이 번역어를 따른다. 중문성경 북경관화역(1874)도 마찬가지이다. 모리슨 역(1823)은 '록사자'(錄史者)라고 번역한다.

10.3, 10.16, 22.18) '어떻게 네 시신 건지려느냐?' (ואנה תעזבו כבודכם) (사 10.3), '그의 몸뚱아리 아래에서 불이 타오르리라' (ותחת כבדו אש) (사 10.16), '거기서 네가 죽으리라 거기서 병거 위의 시체가 되리라' (שמה תמות ושמה מרכבות כבודך) (사 22.18)

장인(匠人) craftman ⇦ 하라쉬 (חרש) (ḥārāš) (사 44.12, 44.13) '쇠를 다루는 장인' (חרש ברזל) (사 44.12), '나무를 다루는 장인' (חרש עצים) (사 44.13)

점쟁이(1) diviners (NJPS), oracle priests (HALOT 109) ⇦ 바딤 (בדים) (badîm) (사 44.25) '점쟁이의 징표(점, 징조, 예언)를 무효화시키는 이' (מפס אתות בדים)

점쟁이(2) augurs (NJPS), diviners (NASV) ⇦ 코스밈 (קסמים) (qośmîm) (사 44.25) '점쟁이를 바보로 만든다' (קסמים יהולל) (Cf. '브올의 아들 점쟁이 발람' [בלעם בן־בור הקוסם] 수 13.22) ('전사, 용사, 사사, 선지자[נביא], 예언자[קסם],[22] 지도자를 이스라엘에서 데려가신다' 사 3.2)

편, 옹호자, 변호자 (법정에서) vindicator (NJPS), champion (Message) ⇦ 마츠딕 (מצדיק) (maṣdîq) (사 50.8) '내 편이 다가오신다' (קרוב מצדיקי) The one who will declare me innocent is near (CEB) (여기 40.8 צדק의 히필형[מצדיק]은 40.9 רשע의 히필형(ירשיע)과 짝을 이룬다. 법정 용어로 이해할 수 있다. 시 4.1의 '나를 바르다 하시는 하느님'[צדקי אלהי] 참조)

(때를 아는) 현자(賢者)들 the sages (who know the time) ⇦ 이드오님 (ידענים) (yid'onîm) (사 8.19, 19.5) '조상신들을 그리고 때를 안다는 현자들을 찾아가라' (דרשו אל־האבות ואל־הידענים)

---

22) 영어 성서 NJPS는 '점쟁이'(augur)로 읽는다. 하지만 HALOT(1115)는 순수한 '예언자'로 읽을 수 있는 가능성을 제시한다.

5. 일반 명사(4) – 건축 구조물, 자연

고향(故鄕) 땅 (their) own soil (NJPS), (their) own land (Koren) ⇦ 아다마 ('ădāmāh) (אדמה) (사 14.1) '그들의 고향 땅에서 자리잡게 하신다' (והניחם על־אדמתם)

궁정, 왕실 palace, king's house ⇦ 바이트 (בית) (bāît) (사 36.3) '궁정을 책임 맡고 있는 엘리야김, 힐기야의 아들' (בן־חלקיהו אשר על־הבית אליקים)

깊은 물, 심연(深淵) the deep, the depths ⇦ 줄라 (צולה) (ṣûlāh) (: : מצולה 출 15.5) "깊은 물에게 '말라버리라!' 말하는 이" (האמר לצולה חרבי) (사 44.27 +)

깨끗한 땅, 폐허 (?) cleared land (HALOT 616), brushland, desert (NJPS footnote c–c) ⇦ 메아로트 (מערות) (m^e'ārôt) (사 32.14 +) '성채와 망루가 폐허(?)가 될 것이다 내내–' (עפל ובחן היה בעד מערות עד־עולם)

누리, 땅 earth ⇦ 에레츠 (ארץ) ('ereṣ) (사 14.7) '온누리 고요하다 조용하다' (נחה שקטה כל־הארץ)

드넓은 땅 a broad land (NJPS) ⇦ 에레츠 라하바트 야다임 (ארץ רחבת ידים) ('ereṣ raḥăbat yādayim) (사 22.18). Cf. 야드 미–후츠 라–마하네 (יד ··· מחוץ למחנה) (신 23.13) '옥외 변소 privy, lavatory', 야도트 (ידות) '(병거) 굴대, 축 axles of the wheels)' (왕상 7.32 등) (HALOT 388).

땅, 밭 land ⇦ 카르 (כר) (kar) (Cf. 아카드어 kirium, kirû[m] '정원, 과수원 orchard, Baumgarten')(AHw 485, Gelb 149) (사 30.23) '넓은 땅' (כר נרחב)

망루(望樓) watch–tower (HALOT 119), tower (NJPS) ⇦ 바한 (בחן) (baḥan) (사 32.14 +) '성채도 망루도 버려질 것이다 내내–' (מערות עד־עולם

עפל ובחן היה בעד)

메마른 곳, 메마른 지역(地域) dry landscape, dry region (HALOT 1022) ⇦ 치야 (ציה) (ṣiyyāh) (시리아어 ܨܗܝܐ 'dry, thirsty, sitiens, aqua egens, aridus')(Brockelmann 622, Sokoloff 1275, Payne Smith 474) (사 35.1, 41.18, 49.8, 53.2) '메마른 사막이 기뻐하리라 광야가 즐거워하리라' (יששום מדבר וציה ותגל ערבה) (사 35.1)

메마른 땅 dry land (HALOT 1022) ⇦ 차욘 (ציון) (ṣāyôn) (사 25.5, 32.2) '메마른 땅의 물줄기처럼' (כפלגי־מים בציון) (사 32.2)

사막 steppe ⇦ 아라바 (ערבה) ('ărābāh) (사 41.19)

산(山), 바위 mountain, rock ⇦ 추르 (צור) (ṣûr) (Cf. 우가릿어 𐎙𐎗 [ğr] '산' KTU 1.1 iii 12)(트롭퍼 73) (사 30.29) '야훼의 산으로 이스라엘 산으로' (לבוא בהר־יהוה אל־צור ישראל)

산(山), 산악지대(山岳地帶) mountains (CEB), mountainous land (HALOT 239) ⇦ 하라림 (הררים)(1QIs[a]) ⇦ 하두림 (הדורים) (hădûrîm) (사 45.2) (칠십인역 ορος '산', 페쉬타 역[Codex Ambrosianus] ܚܘܪܐ '울퉁불퉁한 곳, 거친 지역', 불가타 역 gloriosos terrae '유명한 지역')

산꼭대기 hilltop ⇦ 슈파임 (שפיים) (šᵉfāyîm) (Cf. 우가릿어 šp '언덕, 모래언덕 dunes' [KTU 1:23.2])(DULAT 835)(HALOT 1628) (사 41.18) '내가 산꼭대기마다 강을 내리라' (אפתח על־שפיים נהרות) (사 41.18)

성채(城砦) citadel (NJPS), acropolis ⇦ 오펠 (עפל) ('ofel) (Cf. '성채 acropolis [of Qeriḥo]' KAI 181:22)(DNWSI 879, KAI-Kommentar 177) (사 32.14)(느 3.26, 왕하 5.24) '성채와 망루는 버려진 곳이 되었다 내내-' (עפל ובחן היה בעד מערות עד־עולם)

아래 beneath ⇦ 타하트 (תחת) (taḥat) '아래로 땅을 쳐다보라' (מתחת והביטו אל־הארץ) (사 51.6)

아래세상, 저세상 underworld, netherworld, hereafter ⇦ 슈올 (שאול)

(šᵉ'ôl) (사 5.14, 38.10) '저 세상이 목구멍 벌린다' (**הרחיבה שאול נפשה**). '저 세상 문턱에 나는 내팽겨쳐졌다' (**בשערי שאול פקדתי**) (사 38.10). Cf. 이사야 38.10-吾生年將絶之日云·吾不得享壽之餘者·將到墳穴之門. (마쉬만-라싸르 역) 云我必通走過冢之門, 我年之餘已絶 (모리슨 역), 我享綏安之時, 自謂壽齡將絶, 必臨窀穸.[23](대표본) 我曾云於我諸日見絶之時, 我必入於墓門, 我不得享我年之餘 (브리지만-컬벗슨 역), 我正指望平安時, 乃將不免進入陰府間, 不得享我的餘年 (북경관화역), 我自謂, 正異綏安時, 乃將入示阿勒(示阿勒見創世記卅七章卅五節)之門, 不得享我之餘年 (시주교역), 我說, 正在我中年(或作晌午)之日, 必進入陰間的門, 我餘剩的年歲不得享受 (화합본), 我曾想过: "正当我的中年, 我就要离去; 我的馀年将被交于阴府之门" (사고성경), 我担忧在如日中天的年華, 我会一命归阴, 无法享受天年 (현대중문역본 수정판), 我曾说: 在我盛年之祁, 我竟要进入阴间之门; 我余剩的年日, 竟被夺去 (신역본)

연못, 갈대가 자라는 연못 pool, reed-pool (HALOT 11) ⇦ 아감 (**אגם**) ('ăgam) (사 14.23, 35.7, 41.18, 42.15) '내가 광야를 연못이 되게 하리라' (**לאגם־מים אשים מדבר**) (사 41.18)

와디 wadi (NJPS), 시내 stream (CEB, CEV, NASV), 개울, 실개천(開川) mere trickle (Message) ⇦ 나할 (**נחל**) (naḥal) (사 11.15) '(유프라테스 강을) 일곱 와디로 쪼개어 신발을 적시지 않고 건너게 한다' (**והכהו לשבעה נחלים והדריך בנעלים**)

웅덩이 puddle (NJPS), cistern (HALOT 170) ⇦ 게베 (**גבא**) (gebe') (사 30.14, 겔 47.11 +) '웅덩이에서 물을 뜨기' (**ולחשף מים מגבא**) (사 30.14)

위 웅덩이 운하(運河) the conduit of the Upper Pool (NJPS) ⇦ 트알랏 하-브

23) 窀穸(둔석)-광중에 관을 내림. 매장(埋葬)함. 또 묘혈, 광중. '窀穸之事' (左傳) (민중서림 1509)

레카 하-엘요나 (תעלת הברכה העליונה) (te'ālat hab^{e}rēkāh hā'elyônāh) (사 7.3, 36.2) '위 웅덩이 수로 끝으로'(אל־קצה תעלת הברכה העליונה) (사 7.3)

유황(硫黃) 개울 a creek of sulfur ⇦ 나할 고프리트 (נחל גפרית) (naḥal gofrît) (사 30.33) '야훼의 거친 숨 격랑하는 유황 개울과 같다' (גפרית בערה בה נשמת יהוה כנחל) Cf. and the Lord will start the fire by breathing out flaming sulfur (CEV), The breath of the Lord, like a stream of brimstone, ignites it (CEB), God's breath, like the river of burning pitch, starts the fire (Message), 耶和華之氣若硫黃, 使烈燄四熾焉 (대표본),[24] 主之氣如川流之硫, 磺燃焉 (시주교역)[25]

자폰 Zaphon (NJPS) ⇦ 차폰 (צפון) (ṣāfôn) (사 14.13) '자폰 꼭대기에' (בירכתי צפון). Cf. 우가릿어 𐎕𐎔𐎐 (ṣpn) (KTU 1.6 i 56–59) (트롬퍼 153)

토성(土城), 공성(攻城) siegeworks (NJPS, CEB), siege ramps (Message), battle towers (NASV) ⇦ 메추로트 (מצרות) (meṣurôt) (사 29.3) '나는 너를 에워싸고 토성을 쌓아올릴 것이다' (והקימותי עליך מצרות). * 『성(聖)마가 수도원 이사야 두루마리』(1QIs^{a})를 따라 메추도트 (מצודור)로 읽는다.(HUB Isaiah) 페쉬타 역(Codex Ambrosianus)의 '망루'(ܡܓܕܠܐ)를 참조하라.

하늘(1) skies ⇦ 샤마임 (שמים) (šāmayim) (사 45.8, 51.6) '하늘아, 위에서 쏟아부으라' (הרעיפו שמים ממעל) (사 45.8)

하늘(2), 높은 곳 sky ⇦ 마롬 (מרום) (mārôm) (사 40.26) '하늘을 향해 네 눈을 들어올리라, 보라' (שאו מרום עיניכם וראו) Lift high your eyes and

---

24) '여호와의 기(氣)는 유황과 같다. 활활 타오르는 기세가 세 사방을 불사른다'
25) '주님의 기(氣)는 유황이 흐르는 시내처럼 불사른다'

see (NJPS)

하늘(3), 구름 heavens, clouds ⇦ 슈하킴 (שחקים) (šᵉḥāqîm) (사 45.8) '하늘아 정의를 쏟아부으라' (שחקים יזלו־צדק)

6. 일반 명사(5) – 도구

(까부르기) 갈퀴 winnowing fork ⇦ 미즈레 (מזרה) (mizreh) (사 30.24)(렘 15.7 +) '나무 삽과 까부르기 갈퀴로 까부른 것' (אשר יזרה ברחת ובמזרה) (『성서 속의 물건들』 18 참조)

나무 삽 wooden shovel ⇦ 라하트 (רחת) (raḥat) (사 30.24 +) '나무 삽과 까부르기 갈퀴로 까부른 것' (אשר יזרה ברחת ובמזרה) (『성서 속의 물건들』 17–18 참조)

덮개(1), 가리개 covering ⇦ 로트 (לוט) (lôṭ) (사 25.7) '그분은 이 산에서 (장막) 덮개를 없애신다' (ובלע בהר הזה פני־הלוט)

덮개(2), 가리개, 이불 covering (HALOT 605), cover (NJPS), shroud (CEB) ⇦ 마쎄카 (מסכה) (masēkāh) (: : לוט 사 25.7) (사 28.20) "모든 나라 사람들을 감싸는 (모든 나라 사람들 위에 드리워진) 덮개" (והמסכה הנסוכה על־כל־הגוים), (사 25.7) '이불이 몸을 덮기에 너무 좁다' (והמסכה צרה כהתכנס) (사 28.20)

도끼, 도구 ax, tools ⇦ 마아차드 (מעצד) (maʻăṣād) (Cf. 우가릿어 mʻṣd '낫, 도끼, 손도끼'[KTU 4.625:3])(트롭퍼 105)(HALOT 615) (사 44.12, 렘 10.3 +) '쇠를 다루는 장인이 도구로 일한다' (חרש ברזל מעצד ופעל בפחם) (사 44.12), '도끼(도구)로 작업하는 장인이 손수 만든 작품' (מעשה ידי־חרש במעצד) (렘 10.3) For it is the work of a craftsman's hands. He cuts down a tree in the forest with an ax (NJPS)

바퀴 wheel (NJPS) ⇦ 오판 (אופן) (’ôfan) (사 28.27) ‘타작 썰매 바퀴로 회향을 뭉개지 않았다’ (ואופן עגלה על־כמן יוסב)

분향단(焚香壇) (portable) incense altar (HALOT 329) ⇦ 하모님 (חמנים) (ḥāmōnîm, ḥāmānîm) (: : אשרים) (사 17.8, 27.9)

불빛, 빛, 불, 동쪽 (불이 있는 곳) firelight, lights (NJPS), fire, East (region of fire) (CEB, HALOT 25, Peterson, NASV) ⇦ 우르 (אור) (’ûr) (사 24.15, 31.9, 44.16, 47.14, 50.11, 겔 5.2 +) ‘동쪽에서 야훼를 경배하라’ (בארים כבדו יהוה) (사 24.15), ‘아이구, 따뜻하네! 불이 있잖아?(나는 불[온기]을 느낀다)’ (האח חמותי ראיתי אור) (사 44.16)

숯불 charcoal (from wood) ⇦ 페함 (פחם) (peḥām) (사 44.12, 54.16)(잠 26.21) (Cf. 파힘[פחים] 시 11.6) ‘숯불에 놓고 다룬다’ (ופעל בפחם) (사 44.12), ‘아, 내가 숯불에 부채질하는 장인을 지었다’ (נפח באש פחם הנה אנכי בראתי חרש) (사 54.16)

조각, 부스러기 fragment (HALOT 582) ⇦ *므키타 (*מכתה) (mekitāh) (⇦ כתת ‘부수다, 산산이 부수다’) (사 30.14 +) ‘도자기 조각(부스러기)을 찾을 수 없다’ (ולא־ימצא במכתתו חרש)

조각품, 우상(偶像) carved divine image, idol ⇦ 페셀 (פסל) (pesel) (사 40.19, 40.20, 42.17, 44.9, 44.10, 44.15, 44.17, 45.20, 48.5) ‘내 조각품, 내가 빚은 것이 그들을 명했다’(ופסלי ונסכי צום) (사 48.5)

지팡이, 지지대(支持臺) support, staff (HALOT 650) ⇦ 미쉬에네트 (משענת) (mišě‘enet) (: : משען/משענה) (참조. 시리아어 ܣܡܟܐ ‘support, fulcrum’ [Codex Ambrosianus], ܫܘܛܪܐ [Syro–Hexapla Isaiah] ‘rod, staff, virga, baculus’)(Brockelmann 228, 480, Sokoloff 423, 1019) (사 36.6)(출 21.19, 민 21.18, 삿 6.21, 왕하 4.29, 4.31, 18.21, 겔 29.6, 시 23.4 +) ‘아, 네가 부서진 이 갈대를 지팡이로 의지하는구나’ (הנה בטחת על־משענת הקנה הרצוץ הזה)

질그릇 조각, 파편 potsherd, shard, sherd ⇦ 헤레스 (**חרש**) (ḥereś) (사 30.14, 45.9) '깨진 것에 파편 하나 남지 않으리라' (**ולא־ימצא במכתתו חרש**) (사 30.14), '흙으로 빚은 질그릇 조각에 지나지 않는 자여' (**חרש את־חרשי אדמה**) (사 45.9)

침대(寢臺), 침상(寢牀) bed (NJPS), blanket (NASV) ⇦ 마차 (**מצע**) (maṣāʻ) (사 28.20 +) '침대가 너무 짧아 펼 수가 없다' (**קצר המצע מהשתרע**). Cf. *야추아 (**יצוע***) '침대' couch (HALOT 427), lectus (Mandelkern), tabulatum (불가타 역) (창 49.4, 시 63.7, 132.3, 욥 17.13, 집 34.19, 47.20 [게니자 B] +)

타작(打作) 널판 threshing board (NJPS), threshing sledge (HALOT 352) ⇦ 하루츠 (**חרוץ**) (ḥārûṣ) (사 28.27)(암 1.3, 욥 41.22 +) '회향을 타작 널판으로 밀지 않았다' (**כי לא בחרוץ יודש קצח**) (『성서 속의 물건들』 15–17)

타작(打作) 썰매 threshing sledge ⇦ 아갈라 (**עגלה**) ('ăgālāh) (사 28.27, 28.28 +) '타작 썰매 바퀴로 근채를 뭉개지 않았다' (**ואופן עגלה על־כמן יוסב**) (사 28.27)

항아리 jar ⇦ 네벨 (**נבל**)[26] (nēbel) (복수 **נבלים** [n^{e}bālîm]) (사 22.24, 30.14) '모든 작은 그릇, 주발부터 온갖 종류의 항아리까지' (**כל כלי הקטן מכלי האגנות ועד כל־כלי הנבלים**) (사 22.24), '도예공이 흙그릇을 박살내듯 박살난다 인정사정 볼 것 없이—' (**ושברה כשבר נבל יוצרים כתות לא יחמל**) (사 30.14)

---

26) '누가 하늘 항아리로 차양을 치겠는가?' (**ונבלי שמים מי ישכיב**) (욥 38.37), '은하수의 배는 하늘 항아리, 창공을 수놓아 찬란히 비추는—' (**כלי צבא נבלי מרום מרצף רקיע מזהירתו**) (집 43.8 게니자 A). *여기서 '하늘 항아리'는 '구름'을 뜻한다 (HALOT 664). Cf. '(그 이름처럼 계절에 따라 놀랍게 자라난다) 창공에서 환히 비추는 하늘 군대의 배—' [illegible] (페쉬타 역) (Codex Ambrosianus). 이 코덱스는 상반절에서 마사다 사본과 닮았다.(마사다 벤시라 두루마리 Plate 7)

화관(花冠)(1) wreath, diadem (HALOT 1048) ⇦ 츠피라 (**צפירה**) (ṣᵉfîrāh) (구문형 **צפירת** [ṣᵉfîrat]) (: : **עטרת**) (사 28.5) '(그가) 당신 백성의 남은 자들에게 영광스러운 화관이 되실 것이다' (**ולצפירת תפאתה לשאר עמו**)

화관(花冠)(2), 왕관(王冠) crown, garland, diadem (HALOT 815) ⇦ 아타라 (**עטרה**) ('ăṭārāh) (구문형 **עטרת** ['ăṭeret]) (사 28.1, 28.3, 28.5, 62.3) '에브라임의 술 취한 자들의 거만한 화관' (**עטרת גאות שכורי אפרים**) (사 28.3), '찬란한 화관' (**עטרת צבי**) (: : **צפירה**) (사 28.5)

화로(火爐) brazier (NJPS), fireplace (HALOT 430) ⇦ 야쿠드 (**יקוד**) (yāqûd) (사 30.14 +) '화로에서 숯불을 꺼내기' (**ולחתות אש מיקוד**) to scoop coals from a brazier (NJPS), to take fire from a hearth (CEB), big enough to carry hot coals (CEV)

횃불 firebrands (NJPS, NASV) ⇦ 지코트 (**זיקות**) (zîqôt) (사 50.11 +) '횃불을 에워싸고 (**מאזרי זיקות**)… 횃불을 들고 (**ובזיקות בערתם**)'

7. 고유명사 – 지명

갈데아 Chaldea ⇦ 카스딤 (**כשדים**) (kaśdîm) (사 43.14, 48.14) (HALOT 502) (Cf. 사 47.1의 '갈데아 사람들'[**כשדים**])

바빌론 Babylon ⇦ 바벨 (**בבל**) (bābel) (사 47.1, 48.14) (Cf. 사 43.14의 '바빌론으로' (**בבלה**)

사바 Saba ⇦ 쓰바 (**סבא**) (sᵉbā') (사 43.3)

에디오피아 Ethiopia ⇦ 쿠쉬 (**כוש**) (kûš) (사 43.3)

유다 Judah ⇦ 예후다 (**יהודה**) (yᵉhûdāh) (사 44.26)

이집트 Egypt ⇦ 미츠라임 (**מצרים**) (miṣrayim) (사 43.3)

8. 특별한 표현(1) – 일반적인 경우

고난(苦難)의 빵과 고통(苦痛)의 물 bread of suffering and water of pain ⇦ 레헴 차르 우-마임 라하츠 (לחם צר ומים לחץ) (leḥem ṣār û-mayim laḥaṣ) (사 30.20) (My Lord will provide for you) meager bread and scant water (NJPS), (The Lord has given you) trouble and sorrow as your food and drink (CEV), bread of privation and water of oppression (NASV), during the hard times (Message), (耶和華雖供爾以)餅, (給爾以)水, 使嘗艱苦 (대표본)

기름지고 맛있다 fatty and delicious, rich and fat (NJPS) ⇦ 다쉔 베-샤멘 (דשן ושמן) (dāšen vᵉšāmen) (사 30.23) "(밥/빵이) 기름지고 맛있다" (והיה דשן ושמן)

기름진 fertile ⇦ 벤 샤멘 (בן־שמן) (ben šāmen) (사 5.1) '기름진 언덕에' (בקרן בן־שמן) on a fruitful hill (NJPS), in a very fruitful hill (Koren), on a fertile hill (the son of fatness [footnote], NASV), a fine, well-placed hill (Message), on a very fertile hill (GNT), (that was) on the side of a fertile hill (CEV), on a fertile hillside (CEB), auf fruchtbarem Hügel (DGN), auf einer fetten Höhe (Luther), sur un coteau fertile (BFC), 其地膏腴[27] (대표본), (立)在肥美山岡[28] (북경관화역), (植)

---

27) 膏(고) – 기름, 기름지다, 고약, 연지, 살진고기, 기름진 땅, 염통밑, 은혜, 기름지게 하다, 기름치다. 고유(膏腴) – 땅이 기름져 걺, 또 그 땅, 풍요함, 맛있는 음식. '九州膏腴'(구주는 기름진 땅) (漢書) (民衆書林 編, 『漢韓大事典』, 1698). 腴(유) – 살찌다, 고기, 기름기, 기름지다, 기름지게 하다. 腴膏(유고) – 살져서 기름기가 흐름(民衆書林 編, 『漢韓大事典』, 1696).

28) 肥美(비미, féměi) – fertile, rich 肥美的 土地 rich soil, fertile land (外研社 精编 英汉汉英事典, 163); 山冈 (山岡, 산강, shàngáng) – low hill, hillock (外研社 精编 英汉汉英事典, 542)

於膏腴之山岡 (시주교역), 在肥美的山岡上 (화합본)

나는 '그'이다, 내가 '그'이다 I am He (NJPS, Koren, NASV) ⇦ 아니 후 (**אני הוא**) ('ănî hû') (사 43.10, 43.13) I am the one (CEB)

나를 거슬러 against me ⇦ 비 (**בי**) (bî) (**י** ['나'] + **ב** ['거슬러']) (사 43.27) '너희 대변자들이 나를 거슬러 못된 짓 했다' (**ומליציך פשעו בי**)

나쁜 것을 거부(拒否)하고 좋은 것을 택(擇)하다 avoiding something bad and choosing something good ⇦ 마오쓰 바-라 우-바호르 바-토브 (**מאוס ברע ובחור בטוב**) (mā'ôs bārā' û-bāḥôr baṭôb) (사 7.15, 7.16). to reject the bad and choose the good (NJPS), to refuse evil and choose good (NASV, CEV), able to make moral decisions (Message), (old enough to know) how to choose between right and wrong (CEV), (迨其知識已啓) 以別善惡 (7.15, 대표본), 明睿未開(之日) (7.16, 대표본), (迨其明)棄惡擇善(時) (7.15, 시주교역), (蓋此子未明)棄惡擇善(之先) (7.16, 시주교역)

나 야훼 I Yahweh ⇦ 아니 아도나이 (**אני יהוה**) ('ănî Yhwh) (사 41.4, 43.15, 45.6, 45.7) '나 야훼는 처음이다' (**אני יהוה ראשון**) (사 41.4), '나 야훼는 너희의 거룩한 이' (**אני יהוה קדושכם**) (사 43.15), '나 야훼가 그것을 창조했다' (**אני יהוה בראתיו**) (사 45.6), '나 야훼는 이 모든 것을 지은 이이다' (**אני יהוה עשה כל־אלה**) (사 45.7), '나 야훼가 그것을 창조했다' (**אני יהוה בראתיו**) (사 45.8) (참조 – '나는 야훼이다 다른 이는 없다' [**אני יהוה ואין עוד**] 사 45.5, 45.6) *아노키 아도나이 (**אנכי יהוה**) (사 44.24) '나 야훼는 모든 것을 지은 이' (**אנכי יהוה עשה כל**)

내가, 내가 '그'이다 I, I am He ⇦ 아노키 아노키 후 (**אנכי אנכי הוא**) ('ānokî 'ānokî hû') (사 43.25)

눈 깜짝할 사이에, 순식간(瞬息間)에, 갑자기 all of a sudden, suddenly, unexpectedly (Levine Numbers 1–20, 222) ⇦ 라-페타 피트옴 (**פתאם**

לפתע) (l^{e}feta‘ pit’om) (사 29.5) ‘순식간에 벌어질 일이다’ (לפתע פתאם והיה). Cf. 시리아어 페쉬타 역 ܡܢ ܫܠܝܐ (Codex Ambrosianus), ܐܝܟ ܦܣܘܩܬܐ ܠܦܣܘܩܬܐ ܕܪܓܥܐ (Syro−Hexapla Isaiah [Jerusalem MS]), ως στιγμη παραχρημα (칠십인역), בתקיף אתרגושא (타르굼)

* (1) 순서가 거꾸로 나오는 경우 — 피트옴 라-페타 (פתאם לפתע) ‘순식간에 금이 간다’ (פתאם לפתע יבוא שברה) (사 30.13). (2) 전치사 베이트 (ב)와 결합하여 등장하는 경우 — ‘아, 순식간에 죽음이 그에게 닥칠 것이다’ (כי־ימות מת עליו בפתע פתאם) (민 6.9). (3) 베-페타(בפתע)만 등장하는 경우 — ‘그러나 살의 없이 갑작스레 다른 사람을 쓰러뜨렸을 경우’ (ואם־בפתע בלא־איבה הדפו) (민 35.22). (4) 페타(פתע)[29]만 등장하는 경우 — ‘순식간에 부서져 내릴 것이다 회복될 수 없다’ (ואין מרפא פתע ישבר) (잠 6.15, 29.1), ‘갑자기 네 빚쟁이(채권자, 고리대금업자)가 일어설 것 아니냐?’ (הלא פתע יקומו נשכיך) (합 2.7 +)

다시스 상선(商船) ships of Tarshish (NJPS) ⇦ 오니오트 타르쉬쉬 (תרשיש אניות) (’ŏnîyôt taršîš) (사 23.1, 23.14, 60.9)

든든하게, 믿음직스럽게 solidly and trustworthily ⇦ 에무나 오멘 (אמונה אמן) (’ĕmûnāh ’omen) (사 25.1) ‘먼 옛날부터 든든하게 믿음직스럽게 이끄시는 (그분의) 섭리’ (עצות מרחוק אמונה אמן). counsels of steadfast faithfulness (NJPS), with perfect faithfulness (NASV), well−thought−out plans, solid and sure (Message), (爾施異蹟) 自昔以來, 言出惟行 (대표본), 以誠以信, (成主)自古所定之謀 (시주교역). Cf. ‘믿음직스러움이 그(메시아)의 허리에 둘려 있다’ (והאמונה אזור חליציו) (사 11.5) (腰束以誠) 臂繫以信 (대표본), (以公義爲繫腰之紳) 以誠信爲束身之帶 (시주교역)

---

29) temporis momentum, subito, repente, fortuito (Mandelkern 980)

리라 lyre (NJPS) ⇦ 키노르 (**כנור**) (kinôr) (사 22.16, 24.8, 30.32) '리라를 들고 마을을 돌라' (**קחי כנור סבי עיר**) (사 22.16), '흥겨운 리라 가락 사라졌다' (**שבת משוש כנור**) (사 24.8). Cf. '사람들은 소고 치고 리라 뜯으며 (좋아라 한다)' (**מוסדה אשר יניח יהוה עליו בתפים ובכנרות**) (사 30.32)는 잘 이해가 되지 않는 표현이다. 한문성경 대표본(1854)[30]이나 쉐레쉐브스키 주교가 번역한 북경관화역 구약(1874)[31]과 시주교역(1902)[32]을 따라 '사람들이 소고 치고 수금을 뜯는다' 등으로 읽을 수도 있다.

마음에 들어 in grace (NJPS), **좋은 이유로** in good reason (CEB) ⇦ 베-체데크 (**בצדק**) (사 42.6) '마음에 들어 나 야훼가 너를 불렀다' (**בצדק אני יהוה קראתיך**)

머리도 꼬리도 either head or tail (NJPS) ⇦ 로쉬 베-자나브 (**ראש וזנב**) (ro'š v^e^-zānāb) (사 9.13, 19.15) '이집트인들 하는 일마다 되는 일 하나 없다 머리도 꼬리도-' (**ולא יהיה למצרים בכל־מעשה אשר יעשה ראש וזנב**) (사 19.15). '머리와 꼬리'라는 말이지만 '큰 자도, 작은 자도'나 '높은 자도, 작은 자도'로 옮겨야 할 것이다.

몸소, 친(親)히 by oneself ⇦ 쉠 (**שם**) (šem) (사 30.27) '아, 야훼께서 몸소 멀리서 오시는구나!' (**הנה שם־יהוה בא ממרחוק**)

빌어먹을 놈들! damn it! ⇦ 호이 (**הוי**) (hôy) (사 5.8, 5.11, 5.18, 5.20, 5.21, 5.22). 워이(ܘܝ)(페쉬타 역)(Ah! Oh! woe! alas!, Payne Smith 107),[33] woe to those… (NASV), doom to those… (Message), Ah, those… (NJPS), You are doomed! (GNT), Weh dennen, die… (DGN), Quel

---

30) '사람들이 수금을 치고 거문고를 뜯을 것 아닌가?'[民將鼓琴彈瑟不已]

31) '사람들이 북을 치고 수금을 뜯을 것이다'[民必擊鼓彈琴]

32) 위의 북경관화역 구약(1874)과 같다.

33) 'vae!'(Brokelmann 185), 'woe!' (Sokoloff 357), 'woe!' (Nöldeke, Compendious Syriac Grammar §62).

malheur de voir ces gens (BFC). '빌어먹을 놈들! 새벽부터 일어나 밤늦도록 독주에 절어 사는 자들! 술이 그들을 불태워버리리라' (הוי משכימי בבקר שכר ירדף מאחרי בנשף יין ידליקם) (사 5.11) 너희는 비참하게 되리라 (공동), (… 에게) 재앙이 닥친다 (새번역), (…자들은) 화 있을진저 (개역개정), 불행하여라 (가톨릭성서)

빨래 빠는 사람의 밭 the Fuller's field (NJPS) ⇦ 쓰데 코베쓰 (שדה כובס) ($ś^{e}$dēh kôbēs) (사 7.3) '빨래 빠는 사람 밭으로 가는 길로' (אל־מסלת שדה כובס)

상한 갈대, 부서진 갈대 splintered reed (NJPS Is 36.6), a bruised reed (NJPS Is 42.3), a broken reed (HALOT 1285) ⇦ 카네 라추츠 (קנה רצוץ) (qānēh rāṣûṣ) (사 36.6 [=왕하 18.21], 42.3 +) '이 상한 갈대를 지팡이로 삼아' (על־משענת הקנה הרצוץ הזה) (사 36.6), '상한 갈대를 꺾지 않으신다' (קנה רצוץ לא ישבור) (사 42.3)

새벽별 morning star ⇦ 벤 샤하르 (בן־שחר) (ben šāḥar) (사 14.12) '새벽별 헬렐아!' (הילל בן־שחר)

석회석(石灰石) lime stones ⇦ 아브네이 기르 (אבני גר) ('abnēy gir) (Cf. 아카드어 kīru[m] '[Asphalt-]Ofen' ⇦ 수메르어 gir)(AHw 484) (아람어 גיר 'lime, plaster')(Jastrow 241) (HALOT 201) (사 27.9) '석회석처럼 부서져 서지 못하리라' (כאבני־גר מנפצות לא־יקמו)

손대지 않고, 건드리지도 않고 untouched, unscathed (NJPS) ⇦ 샬롬 (שלום) (šālôm) '그는 그들을 추적한다 그는 지나간다 손대지 않고—' (ירדפם יעבור שלום) (사 41.3) He pursues them, passing on in safety (NASV), He chases them and comes through unscathed (Peterson), He pursues them and passes untouched (CEB), He pursues them, he goes on unscathed (NJPS)

(…의) 손에 in the hand of, (… 를) 통해 through, (… 에) 의해서 by ⇦ 바드

(בְּדֵי־) (= יַד ['손'] + בְּ ['에']) (bad) (사 16.6) (나 2.13, 합 2.13, 욥 11.3, 39.25, 41.4)(NJPS 사 16.6 footnote d). Cf. 우가릿어 𐎁𐎄 (bd) '… 의 손에, … 의 손에 의해, … 를 통하여'(KTU 2.4:22)(트롭퍼 56). 아카드어 ina qātīšu (EA 254:35), ina iuqá-ti aplim ('durch [die Hand] von')(BWL 156, 11. 16)(AHw 911). '까닭없이'(?) (לֹא־כֵן בַּדָּיו) (사 16.6) without reason (CEV), his empty boasting (CEB), but their boasts are empty (GNT), false are his pratings (Koren), His idle boasts are false (NASV), full of hot air (Message), Doch seine ganze Prahlerei ist leeres Geschwätz (DGN), de sa vantardise sans raison (BFC)

약(弱)한, 아픈 infirm, sick ⇦ 다바 (דָּוָה) (dāvāh) (사 30.22)(레 15.33, 20.18 +) '아픈 사람처럼 대하라' (תִּזְרֵם כְּמוֹ דָוָה) (사 30.22). Cf. 메다베 (מַדְוֶה) '병'(病) (신 7.15, 28.60)

언약(言約)을 마무리하다 conclude an agreement (HALOT 605), weaving schemes (NJPS) (⇦ 헌주[獻酒]를 붓다 pour a libation) ⇦ *네쏘크 마쎄카 (*נְסֹךְ מַסֵּכָה) (n^{e}sok masēkāh) (사 30.1) '내 뜻과는 상관없이 계획을 마무리하고' (וְלִנְסֹךְ מַסֵּכָה וְלֹא רוּחִי)

옳아! right! (?), victor (NJPS), champion (Peterson) ⇦ 체데크 (צֶדֶק) (ṣedeq) '누가 해뜨는 곳에서 일으켰는가? '옳아!' 이렇게 그의 발걸음을 부르는가?' (מִי הֵעִיר מִמִּזְרָח צֶדֶק יִקְרָאֵהוּ לְרַגְלוֹ) (사 41.2) Who has roused a victor from the East, Summoned him to his service? (NJPS), Who has awakened one from the east and has authority to summon him to serve-(CEB), Who has aroused one from the east Whom He calls in righteousness to His feet? (NASV), Who got things rolling here, got his champion from the east on the move? (Peterson)

주문(呪文) incantation (HALOT 527), whispered prayer (NJPS) ⇦ 라하쉬 (לחש) (laḥaš) (시리아어 ܠܘܚܫܬܐ '주문, 부적 악마의 속삭임 susurratio, incantatio, carmen magicum')(Payne–Smith 237, Brockelmann 364) (사 3.3, 3.20, 26.16) '괴로워하며 속삭이는 기도 (?)' (צקון לחש) (사 26.16) Cf. HALOT 1014 ('magic constraint'), NJPS Isaiah 26.16 footnote d (lit. 'anguish'; taking *ṣaqun* as a noun formed like *zadon* and *sason*).

파피루스 배 papyrus vessels (NJPS), επιστολη βιβλινος ('종이 편지 paper letters', 칠십인역), ܡܐܢܐܕܦܦܝܪܘܢ ('파피루스 배', 페쉬타 역[Codex Ambrosianus]), vasis papyri ('파피루스 배', 불가타 역), דגוגין ('고깃배', 타르굼), 葦舟 ('갈대 배', 시주교역), 萑造之舟 ('억새풀로 만든 배', 브리지만–컬벗슨 역), des canots papyrus (BFC), Papyrusbooten (DGN), boats made of reeds (GNT) ⇦ 클레이 고메 (כלי־גמא) (kelēy gome') (사 18.2) '파피루스 배를 타고 바다를 건너' (ובכלי־גמא על־פני־מים) 以萑爲舟, 浮水沿河而至 (대표본),[34] 乘葦舟浮水而至[35] (시주교역)

9. 특별한 표현(2) – 하느님(하나님)

거룩하신 분 the Holy One (NJPS) ⇦ 카도쉬 (קדוש) (qādôš) (사 40.25) '거룩하신 분이 말씀하신다' (יאמר קדוש)

고엘, 구속자(救贖者) Goel, redeemer (NJPS) ⇦ 고엘 (*גאל) (go'ēl) (사 44.24, 48.17) '너의 고엘 야훼께서 이같이 말씀하신다' (כה־אמר יהוה גאלך)

---

34) '물억새로 배를 만들어 물에 떠 연안과 강에 다다르라'

35) '갈대 배 타고 물에 떠 다다르라'

(사 44.24)

너의 인도자 your leader ⇦ 모레카 (מוריך) (môreykā) (⇦ מורה) (사 30.20) '너의 인도자가 다시는 무시당하지 않을 것이다. 너희가 너의 인도자를 직접 볼 것이다' (ולא־יכנף עוד מוריך והיו עיניך ראות את־מוריך) your Guide (NJPS), your Teacher (NASV), your teacher (Message)

만군을 거느리신 야훼님 Yahweh who leads hosts ⇦ 아도나이 체바오트 (יהוה צבאות) (Yhwh ṣᵉbā'ôt) (사 17.3). '만군을 거느리신 야훼님의 선언이다' (נאם יהוה צבאות). 諸軍之神 (모리슨 역), 軍士之耶賀華 (마쉬만-라싸르 역), 萬有之主 (대표본, 시주교역), 萬有的主耶和華 (북경관화역), 萬軍之耶和華 (브리지만-컬벗슨 역, 화합본), 万军上主 (사고성서), God-of-the-Angel-Armies (Message), the Lord of hosts (NASV), the Lord of heavenly forces (CEB), the Lord of Hosts (NJPS), der Herr der ganzen Welt (DGN), le Seigneur de l'univers (BFC)

만군을 거느리신 주 야훼님 The Lord Yahweh who leads hosts ⇦ 아도나이 하쉠 체바오트 (אדני יהוה צבאות) ('ădonāy Yhwh ṣᵉbā'ôt) (사 3.15, 10.23, 10.24, 22.12, 22.14, 22.15, 28.22 +) My Lord God of Hosts (NJPS), the Lord All-Powerful (CEV). Cf. '야훼님 만군을 거느리신 하느님 주님' (יהוה אלהי צבאות אדני) (암 5.16)

만군을 거느리신 주님 야훼님 The Lord Yahweh who leads hosts ⇦ 하-아돈 아도나이 체바오트 (האדון יהוה צבאות) (hā'ādôn Yhwh ṣᵉbā'ôt) (사 1.24, 3.1, 10.16, 10.33, 19.4 +) The Sovereign Lord of Hosts (NJPS), the Lord God of heavenly forces (CEB), The mighty Lord All-Powerful (CEV)

야, 야(훼)님 Yah (NJPS) ⇦ 야 (יה) (yāh) (사 12.2, 26.4, 38.11 +) '아, 야훼님이 바로 야이시다 영원한 바위이시다' (כי ביה יהוה צור עולמים) (사

26.4), '야(훼)님은 나의 힘 [나의] 노래, 야훼님, 나의 승리이시라' (כי־עזי וזמרת יה יהוה ויהי־לי לישועה) (사 12.2 [= 출 15.2] [≒ 시 118.14]), '나는 생각했다 산 자들의 땅에서 야, 야를 보지 못한다고 – ' (אני אמרתי לא אראה יה יה בארץ החיים) (사 38.11)

야훼, 야훼님 Yahweh ⇦ 아도나이 (יהוה) (사 22.11, 45.5, 45.6) '야훼께서 가나안에게 명령하신다' (יהוה צוא אל־כנען) (사 22.11), '나는 야훼이다. 더는 없다(다른 이는 없다)' (אני יהוה ואין עוד) (사 45.5, 45.6)

엘 El ⇦ 엘 (אל) ('ēl) (사 46.9) '아, 나는 엘이다 더는 없다(다른 이는 없다)' (כי אנכי אל ואין עוד)

이기게 하시는 하느님 God who gives victory (to someone) ⇦ 엘로헤이 이샤 (אלהי ישע) ('ĕlohēy yēša') (사 17.10) '너를 이기게 하시는 하느님' (אלהי ישעך), the God who saves you (NJPS, CEV), the God who rescues you (GNT), dein Gott…der dich retten (DGN), the God of your salvation (NASV), God–Your–Salvation (Message), 全能之上帝, 援手爾, 扶翼爾 (대표본), 救爾之上帝 (시주교역)

이스라엘의 하느님 God of Israel, 이스라엘의 거룩하신 분 the Holy One of Israel ⇦ 크도쉬 이스라엘 (קדוש ישראל) (q^edôš yiśrāēl) (사 17.7) '이스라엘의 하느님을 그가 똑똑히 보리라' (אל־קדוש ישראל תראינה ועיניו). Cf. 우가릿어 𐎖𐎄𐎌 (qdš) (KTU 1.16 i 11 등) '신명 거룩하신 분 일루의 별칭' (트롭퍼 우가릿어 사전 138). 以色列族之聖主 (대표본, 시주교역), 以色列之聖一者 (브리지만–컬벗슨 역), 以色列的聖主 (북경관화역)

* 참조 – 크도쉼 (קדושים) (슥 14.5) ⇨ 諸聖者 (대표본, 브리지만–컬벗슨 역, 시주교역), 諸聖 (북경관화역), 衆聖者 (모리슨 역), 聖(せい)なる御使(みつかい) (신공동역), all the holy beings (NJPS), his holy angels (CEV)

10. 특별한 표현(3) – 이방신

느보 Nebo ⇦ 느보 (נבו) (n^ebô) (사 46.1)

벨 Bel ⇦ 벨 (בל) (bel) (사 46.1)

신(神), 신상(神像), 신(神) a god, image, idol ⇦ 엘 (אל) ('ēl) (사 44.15, 44.17, 46.6) '나머지로 신상을 만든다 조각품을—' (ושאריתו לאל עשה לפסלו) (사 44.17), '그(세공)는 그것(돈)으로 신상을 만든다' (ויעשהו אל) (사 46.6)

신(神)들, 우상(偶像)들 gods, idols (NJPS) ⇦ 엘릴림 (אלילים) ('ĕlîlîm) (사 19.3) '그들은 묻는다 신들에게, 죽은 혼령들에게, 조상신들에게 그리고 때를 아는 현자들에게—' (ודרשו אל־האלילים ואל־האטים ואל־האבות ואל־הידענים)

아세라, 아세라 상(像) Asherah (HALOT 99), wooden poles of Asherah, sacred posts, sacred stands (NJPS) ⇦ 아쉐림 (אשרים) ('ăšērîm) (:: חמנים) (사 17.8, 27.9) '아세라 상도 분향단도' (והאשרים והחמנים) (사 17.8), '아세라 상도 분향단도 서지 못하리라' (לא־יקמו אשרים וחמנים) (사 27.9)

조상신(祖上神) ancestral gods ⇦ 오보트 (אבות) ('obôt) (사 8.19, 19.3, 29.4 [오브 'ôb, אוב]). Cf. 우가릿어 𐎛𐎍𐎛𐎁 (ilib) '조상신' (KTU 1.17 i 26) (DULAT 52). '조상신들을 찾아가라' (דרשו אל־האבות) (사 8.18), '그들은… 조상신들을 찾아간다' (ודרשו … אל־האבות) (사 19.3), '네 목소리는 땅 밑에 있는 조상신의 목소리 같다' (והיה כאוב מארץ קולך) (사 29.4)

죽은 혼령(魂靈), 망령(亡靈), 혼백(魂魄) shades (NJPS), spirit of a dead person (HALOT 37), the spirits of the dead (CEV) ⇦ 이팀 (אטים) ('iṭîm) (사 19.3 +). Cf. 아카드어 eṭemmu '혼백' ('Totengeist', AHw 263)

• 주요 참고문헌 •

『舊新約聖書 文理』. 聖經公會. (British and Foreign Bible Society, Shanghai, 1933, [Ed. No. 2908]. Wenli Bible, Delegates' Version) (원출판년 1854) (대표본)

『舊新約全書』. 福州: 大美國聖經會, 1896. (Classical Bible. Bridgman and Culbertson's Version. American Bible Society, 1896) (원출판년 1864) (브리지만-컬벗슨 역)

『舊約聖經 串珠 淺文理 上帝』. 上海: 美國聖經會, 1925. (Easy Wenli Reference Old Testament, Bishop Schereschewsky's Version. Term *Shangti*. American Bible Society, 1925) (원출판년 1902) (시주교역)

『舊約全書』. 京都: 美華書院, 1874. (북경관화역)

로버트 쿱스(Robert Koops) 지음. 권성달 역. 『성서 속의 식물들』 (*Each According to Its Kind: Plants and Trees in the Bible*). 서울: 대한성서공회, 2015.

民衆書林 編輯局 編. 『漢韓大字典』. 全面改訂 增補版. 파주: 民衆書林, 1997.

思高圣经学会. 『圣经』. 南京: 中国天主教主教团, 2009. (원출판년 1967) (사고성경)

『圣经新译本』(简体 · 神字版). 第二版. 香港: 环球圣经公会, 2005. (The Holy Bible-Chinese New Version. [Simplified Character. Shen Edition]) (신역본)

『新舊約全書』(聖經 和合本 上帝版). 香港: 香港聖經公會, 1961. (The Holy Bible Chinese Union Version [Shangti Edition]) (원출판년 1919) (화합본)

申葳 責任編輯. 『外研社 精编 英汉汉英事典』(FLTRP Concise English-Chinese Chinese-English Dictionary). 大字本. 北京: 外国语学与研究出版社, 2010.

『神天聖書』. 말라카: 1823 (道光三年). (모리슨 역)

요제프 트롭퍼(Josef Tropper) 지음. 주원준 개역. 『우가릿어 사전』 (Kleines Wörterbuch des Ugaritischen). 의정부: 한님성서연구소, 2010. (트롭퍼)

이환진. 『우가릿의 바알』. 서울: 한모임, 2005.

Aharoni, Yohanan. *Arad Inscriptions.* trans. Judith Ben-Or. Jerusalem: The Israel Exploration Society, 1981.

Brock, Sebastian P. · George A. Kiratz. *Gorgias Concise Syriac-English, English-Syriac Dictionary.* Piscataway, New Jersey: Gorgias Press, 2015. (Brock-Kiratz)

Brockelmann, Carolo. *Lexicon Syriacum.* Editio Seconda Aucta et Emendata. Halis Saxonum: Sumptibus Max Niemeyer, 1928. (Brockelmann)

Burrows, Miller. ed. *The Dead Sea Scrolls of St. Mark's Monastery. Vol. I: The Isaiah Manuscript and the Habakkuk Commentary.* New Haven: The American Schools of Oriental Research, 1950. (성[聖] 마가 수도원 이사야 두루마리 = 1QIs[a])

Ceriani, Antonio Maria. ed. *A Facsimile Edition of the Peshiṭto Old Testament Based on Codex Ambrosianus* (*7a1*). Translatio Syra Pescitto Veteris Testamenti: Ex codices Ambrosiano, Sec. fere VI. Introduction by Emidio Vergani. Piscataway, New Jersey: Gorgias Press, 2013. (Codex Ambrosianus)

Del Olmo Lete, G. & J. Sanmartín. *A Dictionary of the Ugaritic Language in the Alphabetic Tradition.* Part One [ʻ(a/i/u)-k]. Part Two [l-z]. HdO. Leiden · Boston: Brill, 2003. (DULAT)

Dietrich, Manfried, Oswald Loretz, Joaquín Sanmartín. *The Cuneiform Alphabetic Texts from Ugarit, Ras Ibn Hani and Other Places.* (KTU: second, enlarged edition). Münster: Ugarit-Verlag, 1995. (KTU)

Donner, Herbert · Wolfgang Röllig. *Kanaanäische und aramäische Inschriften.* Band 1. 5., erweitete und überarbeitete Auflage. Band II

Kommentar (Dritte unveränderte Auflage, 1973). Wiesbaden: Harrassowitz Verlag, 2002. (KAI)

Donner, H.-W. Röllig. *Kanaanäische und aramäische Inschriften.* Band II: Kommentar. Dritte unveränderte Auflage. Wiesbaden: Harrassowitz Verlag, 1973. (KAI-Kommentar)

Fisher, Loren F. ed. *Ras Shamra Parallels. Vol. I: The Texts from Ugarit and the Hebrew Bible.* Analecta Orientalia 49 (1972). *Vol. II: The Texts from Ugarit and the Hebrew Bible.* Analecta Orientalia 50 (1975). *Vol. III: The Texts from Ugarit and the Hebrew Bible.* Analecta Orientalia 51 (1981). Roma: Pontificium Institutum Biblicum.

Gelb, I. J. *Glossary of Old Akkadian.* Materials for the Assyrian Dictionary 3. Chicago, Illinois: The University of Chicago Press, 1957. (Gelb)

Gordon, Cyrus H. *Ugaritic Textbook.* Glossary. Indices. 2nd ed. Analecta Orientalia 38. Roma: Editrice Pontificio Istituto Biblico, 1998.

Goshen-Gottstein, Moshe H. ed. *The Hebrew University Bible. The Book of Isaiah.* Jerusalem: The Magness Press, The Hebrew University, 1995. (HUB Isaiah)

Hoftijzer, J. & K. Jongeling. *Dictionary of the North-West Semitic Inscriptions.* Part One ('-L). Part Two (M-T). Leiden · New York · Köln: E. J. Brill, 1995. (DNWSI)

Holy Bible. Common English Bible. A Fresh Translation to Touch the Heart and Mind. Nashville, Tennessee: www.CommonEnglishBible.com, 2011. (CEB)

Holy Bible. Contemporary English Version. New York: American Bible Society, 1995. (CEV)

JPS Hebrew-English TANAKH. The Traditional Hebrew Text and the New JPS Translation-Second Edition. Philadelphia: The Jewish Publication Society, 1999. (NJPS)

Koehler, Ludwig & Walter Baumgartner. *The Hebrew and Aramaic Lexicon of the Old Testament.* Vol 1: א–ע. Vol. 2: פ–ת. Student Edition. Translated and Edited under the Supervision of M. E. J. Richardson. Leiden · Boston · Köln: Brill, 2001. (HALOT)

Lambert, W. G. *Babylonian Wisdom Literature.* Winona Lake, Indiana: Eisenbraus, 1968. (BWL)

Mandelkern, Solomon. *Veteris Testamenti Concordantiae Hebraicae Atque Chaldaicae.* Tel Aviv: Sumptibus Schocken Hierosolymis, 1986. (Mandelkern)

Muraoka, T. *A Greek-English Lexicon of the Septuagint.* Chiefly of the Pentateuch and the Twelve Prophets. Louvain · Paris · Doudley, MA: Peeters, 2002. (Muraoka)

Rummel, Stan. ed. *Ras Shamra Parallels. Vol. III: The Texts from Ugarit and the Hebrew Bible.* Analecta Orientalia 51. Roma: Pontificium Institutum Biblicum, 1981.

Smith, J. Payne. *A Compendious Syriac Dictionary.* Founded upon the Thesaurus Syriacus of R. Payne Smith. Oxford: The Clarendon Press, 1903. (Payne Smith)

Sokoloff, Michael. *A Syriac Lexicon.* A Translation from the Latin, Correction, Expansion, and Update of C. Brockelmann's *Lexicon Syriacum.* Winona Lake, Indiana: Eisenbrauns / Piscataway, New Jersey: Gorgias Press, 2009. (Sokoloff)

Sperber, Alexander. *The Bible in Aramaic.* The Pentateuch according to Targum Onkelos. The Former Prophets according to Targum Jonathan. The Latter Prophets according to Targum Jonathan. Leiden · Boston, Brill: 2004. (Targum)

The Book of Ben Sira. Text, Concordance and an Analysis of the Vocabulary. The Historical Dictionary of the Hebrew Language. Jerusalem: The

Academy of the Hebrew Language and the Shrine of the Book, 1973. (집회서 게니자)

Von Soden, Wolfram. *Akkadisches Handwörterbuch*. Band I: A–L(1985). Band II: M–S(1972). Band III: S–Z(1981). Wiesbaden: Otto Harrassowitz. (AHw)

Vööbus, Arthur. *The Book of Isaiah in the Version of the Syro-Hexapla*. A Facsimile edition of MS. St. Mark 1 in Jerusalem with an Introduction. Lovanii: Aedibus E. Peeters, 1983. (Syro-Hexapla Isaiah [Jerusalem MS])

Yadin, Yigael. *The Ben Sira Scroll from Masada*. with Introduction, Emendations and Commentary. Jerusalem: The Israel Exploration Society and The Shrine of the Book, 1965. (마사다 집회서 두루마리)